Gran Canaria

Zeit für das Beste!

HIGHLIGHTS | GEHEIMTIPPS | WOHLFÜHLADRESSEN

»Roque Nublo, roque nublo, lyrischer Mondstein… du bist die Seele meiner Heimat, Feuer und Lava aus dem Meer.«

(Los Sabadeños)

Gran Canaria

Zeit für das Beste!

Sabine Virgin
Christoph Mohr

BRUCKMANN

INHALT

Las Palmas bei Nacht mit dem Auditorio Alfredo Kraus

Das sollten Sie sich nicht entgehen lassen	8
Willkommen auf Gran Canaria	12

DIE HAUPTSTADT

1	Las Palmas	28
2	Las Palmas – Museen	36
3	Las Palmas – Parks	42
4	Las Palmas – Strände	46
5	Poema del Mar	50
6	Las Palmas – La Isleta	56

DIE WESTKÜSTE

7	Agaete	62
8	La Aldea de San Nicolás	68
9	Stauseen im Aldea-Tal	74

DER SÜDEN

10	Puerto de Mogán	78
11	Von Taurito bis Playa de los Amadores	84
12	Puerto Rico	88
13	Patalavaca und Anfi del Mar	92
14	Arguineguín	94
15	Meloneras	98
16	Pasito Blanco	100
17	Maspalomas	102
18	Playa del Inglés	110
19	San Agustín	116
20	Bergoase Fataga	120

Folklore in Form traditioneller Musik und der alten Tänze wird auf Gran Canaria in Ehren gehalten und gepflegt.

DER OSTEN

21	Juncalillo del Sur und Castillo del Romeral	130
22	Pozo Izquierdo	132
23	Vecindario	134
24	Arinaga	136
25	Agüimes	140
26	Ingenio	146
27	Telde	148
28	Montaña de las Cuatro Puertas	160
29	Die Küste von Telde	162
30	Santa Brígida	166

S. 2/3: Auf Gran Canaria findet jeder seine eigene Variante, die Batterien aufzutanken.
S. 8/9: Die Dünen von Maspalomas sind ein faszinierendes Naturphänomen und einzigartig auf den Kanaren.

MEHR WISSEN

→ Feste auf Gran Canaria　52

→ Golfen auf Gran Canaria　124

→ Die Kultur der Canary　156

→ So isst Gran Canaria　196

Nächtliche Stadtromantik im Parque San Telmo im Zentrum von Triana in Las Palmas

MEHR ERLEBEN

→ Vom Glück, auf Gran Canaria zu leben 22

→ Gran Canaria für Kinder und Familien 280

DER NORDEN

31	Arucas	172
32	Valleseco	178
33	Moya	180
34	Firgas	184
35	Teror	188
36	Cenobio de Valerón	194
37	Santa María de Guía	200
38	Gáldar	206
39	Sardina del Norte	212

DIE MITTE

40	La Vega de San Mateo	218
41	Valsequillo	224
42	San Bartolomé de Tirajana	230

links: Segelschiffe liegen im Hafen von Puerto de Mogán vor Anker.

43 Santa Lucía de Tirajana	236
44 Roque Nublo	240
45 Tejeda	246
46 Artenara	250

AUSFLÜGE RUND UM DIE INSEL

47 Tauchcenter	256
48 Teneriffa	258
49 Fuerteventura	262
50 Lanzarote	268

REISEINFOS

Gran Canaria von A–Z	274
Kleiner Sprachführer	284
Register	286
Impressum	288

Blick vom Pico de las Nieves, mit dem Roque Nublo im Hintergrund

Abendstimmung über dem Atlantik

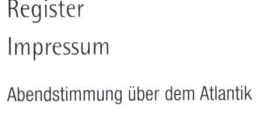

DAS SOLLTEN SIE SICH NICHT ENTGEHEN LASSEN

1 Inselhauptstadt Las Palmas (S. 28)

Gran Canarias Hauptstadt Las Palmas hat vieles zu bieten und ist auf jeden Fall einen Besuch wert. Es ist eine Stadt voller Gegensätze, vom mondänen Stadtleben über eine malerische Altstadt voller Geschichte bis hin zu einem entspannenden Strandleben, die sich harmonisch zusammenfügen. Eine ganze Fülle von Eindrücken und Anregungen kann man bei einem Besuch auf sich wirken lassen. Daneben gibt es interessante Restaurants und Bars sowie ein anspruchsvolles Kulturleben. Wer Stadturlaub mag, sollte sich überlegen, ob dies nicht auch das Haupt-Urlaubsziel sein könnte.

2 Poema del Mar (S. 50)

Ab Juni 2017 ist das neue Riesenaquarium Poema del Mar im Hafen von Las Palmas ein absolutes Muss, das bei keiner Urlaubsplanung fehlen sollte. Egal, ob man mit Kindern unterwegs ist oder als Erwachsener – dieser Faszination kann sich niemand entziehen. Die Unterwasserwelt ist auf spektakuläre Weise zum Greifen nah. Nur durch eine Scheibe ist der Mensch von ihr entfernt.

3 Agaete und die Westküste (S. 62)

Das zauberhafte Fischerdorf Agaete ist malerisch verträumt, einfach reizend. Der Besuch lässt sich gut mit einer atemberaubenden Fahrt entlang der Steilklippen an der Westküste kombinie-

Das sollten Sie sich nicht entgehen lassen

ren. Dabei ist ein Halt in La Aldea de San Nicolás unbedingt zu empfehlen. Ein verschwiegener, romantischer Teil der Insel mit netten, einheimischen Lokalen. Einkehren und genießen ist angesagt.

❹ Puerto de Mogán (S. 78)

Das kleine Venedig der Kanaren wird das Fischerdorf Puerto de Mogán gern genannt. Tatsächlich verströmt es mit seinen kleinen Gassen und Kanälen ein ganz besonderes Urlaubsflair. Es ist der Außenposten des touristischen Südens. Ein Ort, der Märchenhaftes und modernes Strandleben gleichermaßen verkörpert.

❺ Playa de los Amadores (S. 84)

Lust auf eine Auszeit in einer türkisblauen Lagune? Die Playa de los Amadores bei Puerto Rico ist eine zauberhafte Option, um die Seele an einem Strandtag baumeln zu lassen. Blaues Wasser, Sandstrand und ein Horizont, der zum Träumen einlädt. Wer es weniger sandig mag, kann sich eine Liege im nahe gelegenen Beach-Club mieten und sich nach Herzenslust verwöhnen lassen. Urlaub pur.

❻ Die Dünen von Maspalomas (S. 102)

Auch wer keine Lust auf großen Urlaubstrubel hat und die touristischen Hochburgen lieber meidet, darf die Dünen von Maspalomas nicht auslassen. Das einzigartige Naturschutzgebiet, das eine Mischung aus Lagune und Wüstenlandschaft zu sein scheint, ist betörend schön. Einfach mal die Dünen durchwandern, kurz ins Wasser springen und den Blick schweifen lassen. Wer sich von dem direkten Strand fernhält, bekommt von den vielen Urlaubern nur wenig mit.

❼ Fataga (S. 120)

Der Barranco, der in die Oase von Fataga führt, ist wild-romantisch und das Bergdorf selbst zauberhaft. Auf dem Weg empfiehlt sich ein Stopp beim Themenpark Mundo Aborigen, in dem die Welt der Ureinwohner lebendig und erfahrbar präsentiert wird. Auch mit Kindern ist dies ein aufregender Zwischenstopp während der Inselerkundungstour. Fataga selbst lädt zum Spaziergang ein. Nur so ist das Idyll wirklich spürbar. Hier scheint die Zeit stillzustehen.

❽ Agüimes (S. 140)

Agüimes ist ein verschlafenes Nest im Hinterland der Ostküste. Bezaubernd, aber auch nicht sehr groß. Dennoch ist

Aufregende Freizeitaktivitäten und einfach nur entspannen am Strand – auf Gran Canaria ist beides möglich.

Spiel von Schatten und Licht auf dem Roque Bentayga

es einfach schön, in das Dorfleben einzutauchen. Vor allem aber kann der Ausflug gut mit einem Besuch des Barranco de Guayadeque kombiniert werden, der tatsächlich imposant ist. Auch der aufregende Krokodilpark, Cocodrilo Park, liegt im Einzugsbereich der Gemeinde.

9 Gáldar (S. 206)

Weit weg vom Tourismusrummel, an der Nordküste, liegt Gáldar. Eine historische Altstadt und versteckte Badebuchten im nahe gelegenen Sardinas del Norte machen den Ort interessant. Am allermeisten überzeugt allerdings das Museum Cueva Pintada. Eine echte archäologische Schatztruhe, die auf Funden eines ehemaligen Dorfes der Ureinwohner beruht. Unweit kann der Besuch mit einem Abstecher zu Cenobio de Valerón (Kapitel 36) verbunden werden.

10 Roque Nublo (S. 240)

Das Naturschutzgebiet rund um den 1803 Meter hohen Roque Nublo ist das grüne Dach der Insel. Tiefe Schluchten, dichter Wald, urwüchsige Natur und verschlafene Bergdörfer wie Artenara und Tejeda machen die Gegend so interessant. Sie steht im direkten Kontrast zum turbulenten Strand- und Urlaubsleben. Ein Urlaubstag sollte für einen Ausflug in die Höhe auf jeden Fall reserviert werden. Wer gern zu Fuß unterwegs ist, kann einfach eine Wanderung einplanen. Ein weit verzweigtes Netz von Wanderwegen durchzieht die Bergregion.

WILLKOMMEN AUF GRAN CANARIA

Die Insel des ewigen Frühlings

Die Kanarischen Inseln sind als »Inseln des ewigen Frühlings« bekannt, wobei Gran Canaria, Lanzarote und Fuerteventura besonders warm und regenarm sind. Mit nur etwa 44 Regentagen im Jahr und Temperaturen, die etwa zwischen 17 und 24°Celsius schwanken, bietet die Insel ein sehr mildes Klima. Selbst in den heißesten Monaten Juli bis September kühlt es nachts angenehm ab. Gran Canaria profitiert von den Passatwinden, die aus dem Nordosten feuchte, frische Luft mit sich bringen. Am Relief der Insel steigen die feuchtigkeitsschwangeren Luftmassen auf und treffen in rund 1500 Metern auf die warme Luftschicht aus dem Westen. Dadurch bildet sich das sogenannte »mar de nubes«, das »Wolkenmeer«. Vor allem im Frühling und Sommer, wenn man am Nachmittag zum Himmel schaut, ist manchmal eine grau-weiße Wolkendecke, die *parza del burro*, »Eselsbauch«, zu sehen. Diese merkwürdige Bezeichnung ist auf die Hirten zurückzuführen, die sich gern zur Siesta in den Schatten unter ihre Esel legten. Machten sie die Augen

Rosafarbener Mandelblütenzauber

nach dem Schläfchen wieder auf, blickten sie auf den grauen Bauch des Tieres. Den Winden und der Feuchtigkeit, die sie mit sich bringen, ist die grünere und üppigere Vegetation im Norden und Nordosten der Insel sowie den mittleren Höhenlagen zu verdanken. Insgesamt gibt es auf Gran Canaria 14 verschiedene Mikroklimata. Deshalb empfiehlt sich bei Ausflügen der Zwiebel-Look. Eine besondere Wetterlage ist der heiße Wind aus der Sahara, Calima genannt. Er bringt eine sehr trockene Luft mit feinsten Sandpartikeln mit sich, die wie Nebel aussieht.

Die sympathische Art steht den Menschen ins Gesicht geschrieben.

Blühende Gärten und Haine

Das milde Klima ist für Garten- und Balkonpflanzen ein wahrer Segen. Überall, wo von Menschenhand gegossen wird, blüht und sprießt es in einer unglaublichen Farbenpracht. Bougainvilleen leuchten in den kräftigsten Farben, Hibiskus wächst meterhoch und duftender Oleander betört die Sinne. Geranien, die beliebtesten Topfblumen auf deutschen Balkonen, wachsen auf Gran Canaria das ganze Jahr über, und das sogar wild. Wenn in Deutschland die grauen Töne in der Natur Einzug halten, wecken die ersten Regentropfen auf Gran Canaria die schönsten Wildkräuter und Blumen aus ihrem Sommerschlaf. Leuchtend rote Weihnachtssterne künden die Adventszeit an. Gran Canaria begeistert zudem durch die Pracht der Obstbaumblüte. Mandelhaine verwandeln im Januar und Februar ganze Täler und Hänge in ein romantisches, weißrosa Blütenmeer – der bezaubernde Anblick zieht stets viele Hobby- und Profi-Maler an. Besonders schön blüht es in den Obstgärten von Fataga und in den mittleren Höhenlagen im Nordosten.

Die Insel der großen Hunde?

Der Ursprung des Namens Gran Canaria, »Großes Canaria«, ist unbekannt. Das »Gran« bezieht sich wahrscheinlich nicht

Willkommen auf Gran Canaria

Schmetterlinge lieben den süßen Nektar der prächtigen exotischen Pflanzen.

auf die Größe der Insel, denn mit einer Fläche von rund 1560 Quadratkilometern ist Gran Canaria nach Teneriffa und Fuerteventura nur die drittgrößte Insel der Kanaren. Während einige Historiker den Namen Canaria auf einen nordberberischen Stamm namens Canarii zurückführen, leiten ihn andere aus dem Lateinischen ab. Das Wort *canis*, die lateinische Bezeichnung für »Hund«, soll hierfür Pate gestanden haben. Seefahrer, die von den Inseln berichteten, erzählten nämlich von großen Hunden, die früher die Insel bevölkerten. Dazu würde passen, dass der römische Gelehrte Plinius der Ältere schon im 1. Jahrhundert n. Chr., also bereits vor der Ankunft der Berber auf den Kanaren, von Inseln im Ozean berichtete, die er »Canaria« nannte. Diese Hunde sollen übrigens dem Preso Canario ähnlich gewesen sein, einer heute noch existierenden Rasse. Diese großen Hunde haben einen massiven Körperbau, aber ein ruhiges und freundliches Wesen.

Pflanzen- und Tierwelt

Dank der verschiedenen Vegetationszonen auf der Insel trifft man in unterschiedlichen Höhenlagen eine breite Vielfalt von Pflanzen an. Einst war die ganze Inselmitte von dichtem Wald bedeckt, der jedoch zum Bau von Häusern, Möbeln, Balkonen oder Schiffen radikal abgeholzt wurde. Das führte zu Bodenerosion. Einst grüne Täler und Schluchten, die sogenannten Barrancos, wurden zu trockenen Steinwüsten. Mit gezielter

Wiederaufforstung soll dieser Fehler korrigiert werden. Ein guter Ansatz, der allerdings Zeit braucht. Der Süden der Insel ist eher karg und wüstenähnlich. Wo nicht bewässert wird, wachsen vor allem genügsame Sukkulenten und Kakteen. Überall auf der Insel gedeihen mehrere Palmenarten, wobei die Kanarische Palme unter Naturschutz steht. Je höher, umso üppiger ist die Vegetation. Man trifft auf Reste der Lorbeerwälder, Kanarische Kiefern und Pinien, Baumheide, Tajinasten, Glockenblumen, Kleegewächse, Zistrosen und viele endemische Arten, die nur auf den Kanaren vorkommen, wie z. B. der Kanarenginster und der Kanarische Geißklee. In den Hochregionen wachsen vor allem Moose, Flechten und die Kanarische Kiefer. Dieser Baum wächst auf den Kanaren schon seit der Tertiärzeit. Heute trifft man ihn ab rund 600 Meter Höhe an. Seine Zapfen werden bis zu 20 Zentimeter lang. Die Kanarische Kiefer kann sehr alt werden und ist perfekt auf die Umweltbedingungen vor Ort angepasst. Geschützt von einer dicken, feuchten Rinde, kann sie große Hitze aushalten. Sogar nach Waldbränden schlägt sie meistens wieder aus. Ihre spitzen Nadeln »melken« die Wolken. Das bedeutet, sie pieksen mit ihren feinen Spitzen die Wolken sozusagen an und nehmen so die Feuchtigkeit auf. Das Wasser kondensiert an den Nadeln und tropft auf den darunterliegenden Boden. Dort versickert es im Erdreich und sorgt für ausreichende Feuchtigkeit für Bodendecker und Pilze. In der freien Natur trifft man auf wenige Wildtiere, und schon gar nicht auf gefährliche Exemplare. Auf der Insel gibt es weder giftige Schlangen, Skorpione, Spinnen noch andere Tiere und Insekten, die dem Menschen gefährlich werden könnten. In erster Linie begegnet man Vögeln mit ihrem lustigen Gezwitscher, darunter auch typische Einheimische wie den Kanaren-Pieper, Kaninchen und Eidechsen. Die Reptilien scheinen in ihrer Urwüchsigkeit ein Relikt aus der Vergangenheit zu sein. Tatsächlich bevölkern sie die Inseln schon seit Jahrtausenden und haben dabei endemische Unterarten entwickelt. Sie haben eines mit den Urlaubern gemeinsam: Allzu gern halten sie ihren Kopf der Sonne entgegen und genießen es, den Bauch auf den warmen

Das Töpferzentrum Centro Locero mit der ehemaligen Höhlenwohnung von Panchito in Atalaya bei Santa Brígida

Willkommen auf Gran Canaria

Steinen aufzuheizen. Wenn man sie nicht stört, halten sie dabei genauso still wie so mancher sonnenhungrige Tourist auf dem Liegestuhl.

Archäologisches Schatzkästchen

Auf keiner anderen Insel der Kanaren fand man bislang so viele archäologisch bedeutende Stätten der hier »Canary« genannten, altkanarischen Bevölkerung wie auf Gran Canaria. Wandmalereien, Wohn- und Vorratshöhlen, Relikte aus dem Alltagsleben und Grabhügel ermöglichen es, Rückschlüsse auf die Lebensweise der Canary zu ziehen. Dabei darf man nicht dem Trugschluss erliegen, dass die Ureinwohner aller Kanarischen Inseln eine einheitliche Kultur besaßen. Gravierende Unterschiede, zum Beispiel in der Sprache, stellten schon die spanischen Eroberer fest. Als Fernando de Lugo einen Canary als Unterhändler nach Teneriffa mitnahm, musste er verwundert feststellen, dass dieser sich dort nicht verständigen konnte.

Es geht rund!

Zumindest beim Verkehr auf Gran Canaria. Aber keine Angst, damit ist nicht gemeint, dass die Einheimischen chaotisch, wild hupend und nach unbekannten Verkehrsregeln die Insel unsicher machen. Im Gegenteil, es geht in der Regel sogar sehr zivilisiert zu. »Es geht rund« ist vielmehr wörtlich gemeint: Ohne Kreisverkehr geht auf Gran Canaria gar nichts. Selbst mitten in den Bergen wird der Verkehr auf diese Weise geregelt. Generell gilt innerorts ein Tempolimit von 50 Kilometern pro Stunde, wobei einige Gemeinden auf Tempo-30-Zonen umgestellt haben. Auf Landstraßen darf man 90 Kilometer pro Stunde schnell fahren und auf Autobahnen höchstens 120. Die Promillegrenze liegt in Spanien bei 0,25 und ist damit niedriger als in Deutschland. Alkoholkontrollen werden regelmäßig durchgeführt, und Trunkenheit am Steuer ist auch auf den rotweinverwöhnten Kanaren kein Kavaliersdelikt.

Souvenirladen mit kanarischen Hüten und Tellern in Fataga

Steckbrief Gran Canaria

Lage: Etwa 1250 Kilometer vom spanischen Festland, von der marokkanischen Küste sogar nur 210 Kilometer entfernt.

Fläche: 1560 km², Durchmesser rund 50 km

Küstenlänge: 236 km

Hauptstadt: Las Palmas de Gran Canaria

Landesflagge:

Amtssprache: Spanisch mit Anklängen an das südamerikanische Spanisch

Einwohner: 2011 zählte das statistische Landesamt INE 850 391 Einwohner.

Währung: Euro

Zeitzone: MEZ −1 Stunde, von Ende März bis Ende Oktober Anpassung an die MESZ. Gran Canaria liegt also ganzjährig eine Stunde hinter Deutschland zurück.

Geografie: Der höchste Berg ist der erloschene Vulkan Pico de la Nieves (ca. 1949 m). Etwas niedriger ist das Wahrzeichen Gran Canarias, der 1813 m hohe Roque Nublo mit seinem rund 80 m hohen, bizarr geformten Monolithen auf dem Gipfel.

Staat und Verwaltung: Seit 1483 gehört Gran Canaria zu Spanien. Dessen Staatsgebiet ist seit 1833 in 50 Provinzen und die beiden autonomen Städte auf dem afrikanischen Kontinent, Ceuta und Melilla, aufgeteilt. Die Kanaren selbst untergliedern sich in zwei Teile: die Ostprovinz, bestehend aus Gran Canaria, Fuerteventura und Lanzarote, und die Westprovinz mit Teneriffa (Hauptinsel) und den kleineren Inseln La Palma, La Gomera und El Hierro. Jede hat ihre eigene Inselregierung. Der gesamte Archipel wird zentral über das Gobierno de Canarias verwaltet.

Wirtschaft: Wichtigster Wirtschaftsmotor ist der Tourismus. Als Urlaubsdestination überzeugt die Insel mit ganzjährig milden Temperaturen und ihrer großen Nähe zum europäischen Kontinent – von dort ist Gran Canaria in nur rund vier Flugstunden erreichbar. Jedes Jahr besuchen rund 2,8 Millionen Urlauber Gran Canaria und generieren dabei etwa 2,5 Milliarden Euro Umsatz. Der zweitwichtigste Sektor ist die Landwirtschaft. Seit der Verlegung eines unterseeischen Hochgeschwindigkeitskabels zwischen Spanien und Teneriffa im Jahr 2011 spielen Gran Canaria und Teneriffa eine Schlüsselrolle in der wirtschaftlichen Erschließung Afrikas.

Religion: Die meisten Spanier gehören der römisch-katholischen Kirche an.

Bevölkerung: Gran Canaria weist mit rund 545 Einw./km² die größte Bevölkerungsdichte der Kanaren auf. In der Hauptstadt Las Palmas de Gran Canaria leben ca. 383 000 Menschen, etwa 45 % der Gesamtbevölkerung. Vor allem Deutsche und Briten nutzen die Insel gern als Altersruhesitz oder als Winterquartier.

Willkommen auf Gran Canaria

Tanz in traditionellen Trachten im Pueblo Canario in Las Palmas

Kleider machen Leute

Dieser geflügelte Spruch des Schweizer Dichters Gottfried Keller gilt auch im Urlaub. Zugegeben, wer aus den kühleren Gefilden kommt, lebt bei den warmen Temperaturen meist erst so richtig auf. Leichte Kleidung statt Jacke und Schal und Bade- statt Thermohose vermitteln doch ein ganz anderes Lebensgefühl – eine wahrliche Leichtigkeit des Seins. Schließlich gilt es als wissenschaftlich erwiesen, dass Sonnenlicht sich positiv auf die menschliche Gemütsverfassung auswirkt und Glückshormone freisetzt. Diese Wärme auf der Haut und die leichte Brise, die den Körper streichelt, soll auch jeder Urlauber in vollen Zügen genießen. Allerdings sollte man dabei ein wenig darauf achten, wo man sich gerade befindet. Beim Gang ins Restaurant oder zum Supermarkt zum Beispiel sollte man sich schon ein bisschen an die Etikette halten. Wenigstens ein Hauch von Kleidung sollte als ein Zeichen des Respekts gegenüber den Einheimischen immer vorhanden sein. Man darf einfach nicht vergessen, dass die Canarios selbst nicht im Urlaub sind, sondern ganz normal ihrem Alltag nachgehen. Und dabei ist es einfach angenehmer, von bekleideten Menschen umgeben zu sein.

Weltoffene Gesellschaft

Die Bewohner Gran Canarias bezeichnen sich selbst gern als weltoffene Menschen, die Fremden tolerant gegenüber stehen. Diese Einschätzung entspricht durchaus der Wahrheit. Vielleicht liegt es daran, dass die Insel schon seit Jahrhunderten immer wieder von Fremden besucht wurde. Viel mehr als das Auto, das der Nachbar fährt, interessiert es ihn, ob er von ihm gegrüßt wird. Dabei spielt es auch keine Rolle, ob derjenige wirklich »richtig« Spanisch kann. Die Einheimischen versuchen eigentlich immer, ihr Gegenüber irgendwie zu verstehen, auch wenn dabei mehr Gestik und Mimik zum Einsatz kommen als Worte. Vor allem die Bewohner der Hauptstadt Las Palmas rühmen sich gern als tolerante Weltbürger. Gran Canaria ist ein Schmelztiegel vieler verschiedener Nationalitäten. Stolz ist man auf die eigene kanarische Identität, aber auch auf das harmonische Miteinander der Multi-Kulti-Gesellschaft.

Innenraum der Pfarrkirche San Sebastian Agüimes

Kultur wird großgeschrieben

Ein Sinn für Kunst und Kultur gehört zur kanarischen Volksseele. Kultur heißt auch, dass sich religiöse, folkloristische und traditionelle Elemente perfekt vermischen. Kein anderes Volk versteht es so gut, weltliche Ausgelassenheit und religiöse Ehrfurcht zu verbinden. Die Kunst und vor allem der Respekt vor dem Künstler sind tief verankert. Das mag auch daran liegen, dass man stolz auf große kanarische Persönlichkeiten ist, die als Maler, Poeten, Architekten, Musiker, Komponisten oder Bildhauer weit über die Insel hinaus bekannt wurden. Internationales Niveau findet man vor allem in den Ausstellungssälen und Museen in der Hauptstadt Las Palmas.

Im Bereich der Musik ist das Auditorium Alfredo Kraus eine hochkarätige Adresse. Das eigene Symphonie-Orchester und bekannte Stargäste aus aller Welt sorgen für ein attraktives Kulturangebot.

Mystisches Gran Canaria

Magische Legenden wie der Garten der Hesperiden aus der griechischen Mythologie werfen ein geheimnisvolles Licht auf die Insel. Im Garten der Nymphen stand ein Baum mit goldenen Äpfeln, den einst die Erdmutter Gaia der Hera schenkte, als diese sich mit Zeus vermählte. Die goldenen Äpfel verliehen ewige Jugend. Um an diesen Quell der Unsterblichkeit zu gelangen, tötete Atlas den Drachen Ladón, der den Baum bewachte. Der Legende nach lag der Garten im Okeanos. Vermutlich waren die Kanarischen Inseln gemeint.

Geschichte im Überblick

Vor ca. 10 Mio Jahren Entstehung der kanarischen Inselgruppe durch vulkanische Aktivitäten.

Ab 3000 v. Chr. Erste Siedler vermutlich aus Europa und Afrika bevölkern Gran Canaria.

1. Jh. n. Chr. Plinius der Ältere berichtet in seinem Buch *Naturalis Historia* von einer Inselgruppe, die er »Canaria« nennt.

6.–9. Jh. n. Chr. Die Ureinwohner, die auf Gran Canaria Canary oder Altkanarier genannt werden, wandern auf der Insel ein. Vermutlich handelt es sich um Berberstämme aus Nordafrika.

1312 Der Italiener Lancelotto Malocello erobert Lanzarote. Der Name der Insel geht auf ihn zurück.

1402 Jean de Bethencourt schließt einen Friedensvertrag mit König Guardafia und erobert damit Fuerteventura und El Hierro. Teneriffa, La Palma und Gran Canaria widersetzen sich und bleiben zunächst unabhängig.

1478 Nach mehreren vergeblichen Versuchen, Gran Canaria zu unterwerfen, gelingt es dem kastillischen Kapitän Juan Rejon, im Auftrag der spanischen Krone trotz heftigen Widerstands der Ureinwohner an Land zu gehen. Er gilt als der Gründer von Las Palmas.

1483 Am 29. April gilt Gran Canaria als erobert.

1492 Christoph Kolumbus landet in Amerika. Zuvor hatte er auf Gran Canaria einen Zwischenstopp eingelegt.

1500 Der Handel zwischen Europa, Afrika und den Kanaren erblüht. Gehandelt werden vor allem landwirtschaftliche Produkte und Sklaven.

1599 Am 26. Juni gelingt es dem holländischen Piraten Pieter von der Does an Land zu gehen. Er raubt, brandschatzt und hinterlässt eine Spur der Verwüstung.

18. Jh. Die Kanaren verlieren wirtschaftlich an Bedeutung.

1822 Santa Cruz de Tenerife wird zur kanarischen Hauptstadt erklärt. Rund 30 Jahre später wird die Freihandelszone eingerichtet.

1881 Der Hafen La Luz in Las Palmas wird fertiggestellt, die Insel erlebt einen wirtschaftlichen Aufschwung.

1927 Der Archipel wird in die Westprovinz mit Teneriffa, La Palma, La Gomera und El Hierro sowie die Ostprovinz mit Gran Canaria, Lanzarote und Fuerteventura aufgeteilt.

1930 Das erste Flugzeug landet auf dem Flughafen Gando.

1936 General Franco (1892–1975) putscht von der Nachbarinsel Teneriffa aus. Es folgen drei Jahre Spanischer Bürgerkrieg und 36 Jahre Franco-Diktatur.

1954 Die Landung des ersten deutschen Charterflugzeugs löst einen Urlauberstrom aus, der bis heute anhält.

1960er-Jahre Der Süden Gran Canarias erfährt einen Bauboom durch ausländische Investoren.

1975 Nach Francos Tod wird Spanien ein demokratisches Land. König Juan Carlos I. kehrt aus dem Exil zurück.

1986 Spanien wird Mitglied der EU, die Kanaren erhalten aufgrund der ultraperipheren Lage einen Sonderstatus.

1980er- und 1990er-Jahre Gran Canaria erlebt einen Boom als Urlaubsinsel. Die Südspitze entwickelt sich zum Tourismuszentrum.

2000 Die Kanaren erleben mit über 10 Millionen Gästen einen neuen Urlauberrekord. Gran Canaria und Teneriffa konkurrieren traditionell auf dem Tourismusmarkt.

2005 Am 29. November richtet der Tropensturm Delta großen Schaden auf der Insel an. Unwiederbringlich wird der Felsen, der an der Küste von Agaete als Finger Gottes, Dedo de Dios, bekannt ist, von den Windböen abgerissen und im Meer versenkt. Den Windböen von bis zu 130 Stundenkilometern, die der Sturm erreichte, konnte das Naturmonument nicht standhalten.

2007 Die geplatzte Immobilienblase und die internationale Finanzkrise lösen eine große wirtschaftliche Flaute und eine hohe Arbeitslosigkeit auf den Kanaren aus.

2011 Der Hafen von Las Palmas, Puerto de la Luz, wird von der internationalen Fachzeitschrift *Dream World Cruise Destinations* zum besten Kreuzfahrt-hafen der Welt gewählt.

2011 Ein Glasfiber-Hochgeschwindigkeitskabel für schnelle Datenübertragung und Telekommunikation wird zwischen Spanien und Teneriffa verlegt. Auch Gran Canaria soll angeschlossen werden. Die Kanaren werden zur neuen Plattform von Handelsbeziehungen zwischen Europa, Afrika und Amerika.

2011 Erstmals seit Beginn der Wirtschaftskrise steigen wieder die Touristenzahlen. Zum Teil wird die positive Tendenz auch durch die politischen Unruhen in nordafrikanischen Urlaubsländern ausgelöst.

2012 33,75 Prozent der aktiven Bevölkerung in der Provinz Gran Canaria sind arbeitslos. Hoffnungen ruhen auf dem sich weiter vergrößernden Tourismusmarkt.

2014 Aufgrund der Auswirkungen des arabischen Frühlings verzeichnet Gran Canaria einen neuen Tourismusboom.

2016 Die Politiker setzen auf die Diversifikation der Wirtschaft. Im Mittelpunkt stehen unter anderem erneuerbare Energien.

VOM GLÜCK,
auf Gran Canaria zu leben

Boote liegen im Hafen von Castillo del Romeral. Dahinter weist der Leuchtturm den Weg.

Der kanarische Archipel zählt nicht nur zu den Inseln des ewigen Frühlings, sondern der Legende nach auch zu den Inseln der Glückseligkeit. Und genau das empfinden viele Menschen, die Gran Canaria als Wahl- oder Zweitheimat auserkoren haben. Es gibt vieles, was diese Insel zu einem kleinen Paradies im Ozean macht. Nicht zuletzt die Menschen, die Lebensfreude, die vielfältige Natur und die Sonne.

Hochburg der Gastlichkeit

Ungeachtet dessen, woher der Name der Insel stammt: Die wichtige Rolle, die die kanarische Insel Gran Canaria im Tourismus spielt, ist unbestritten. Über drei Millionen Menschen verbringen jedes Jahr ihre Ferien oder gleich die ganzen Wintermonate auf der Insel. Die Tendenz ist dabei steigend. Darüber hinaus verzeichnet Gran Canaria mit knapp 1,1 Millionen Einwohnern die größte Bevölkerungszahl und -dichte der Kanarischen Inseln. Große Stücke halten vor allem die Deutschen auf »ihre« Urlaubsinsel. Mit etwas mehr als 15 000 sogenannten Residenten stellen sie die größte Gemeinschaft von Zuzüglern mit einem nicht-spanischen Pass dar. Viele erkoren ihr langjähriges Urlaubsziel zur Wahlheimat oder zum zweiten Zuhause, entweder während der Wintermonate oder gleich ganz für den Ruhestand. Sie schätzen die große Zahl der Sonnenstunden. Das Licht und die Wärme heben das Lebensgefühl. Gerade für die Deutschen mag das wichtig sein, da sie es lieben, draußen auf dem Balkon oder der Terrasse zu leben. Während sie nicht genug von der Sonne bekommen können, sperren die Einheimischen sie mit Jalousien und Fensterläden gern aus. Auch die Vorliebe für das Essen unter freiem Himmel quittieren die Einheimischen eher kopfschüttelnd. Trotz der seltsamen Eigenheiten der Zugezogenen werden die neuen Nachbarn von den Einheimischen meist sehr freundlich und offen aufgenommen. Ein freundlicher Gruß, ein kleines Schwätzchen oder auch eine Tüte mit frisch geernteten Leckereien von Baum und Feld sind unter Nachbarn ganz normal. Umgekehrt kann man ihnen mit deutschen Weihnachtsplätzchen oder einem bunt gefärbten Osterei ebenfalls eine große Freude machen. Wer offen auf die Menschen zugeht, wird mit herzlicher Gastfreundschaft aufgenommen. Nennenswert ist für viele auch das kulturelle Angebot. Gerade in der Hauptstadt Las Palmas bieten das Auditorium, die verschiedenen Theater, die Ausstellungsräume und die Museen ein attraktives und sehr abwechslungsreiches Programm. Das milde Klima mit den geringen

Vom Glück, auf Gran Canaria zu leben

Schwankungen lindert so manches Zipperlein des Älterwerdens und wirkt sich auf jeden Fall positiv auf das gesamte Lebensgefühl aus. Auch wenn der Ursprung des »Gran« im Inselnamen vielleicht immer ungeklärt bleibt, so wird doch jeder, der mit aufmerksamem Blick und offenem Herzen die Insel erkundet, vieles entdecken, das des Adjektivs »groß« oder sogar »großartig« würdig ist.

Toleranz wird großgeschrieben

Zur Gastfreundschaft gehört für die Canarios zweifelsohne eine große Toleranz. Solange man niemanden mit seiner Lebensweise belästigt, sind die Einheimischen sehr offen. Kinder sind überall willkommen und ein ganz selbstverständlicher Teil des Lebens. Zu allen Festen oder Einladungen können die Kinder gern mitgebracht werden. Aber nicht nur Familien mit Kindern wissen diese offene Einstellung der Menschen zu schätzen. Schon seit Jahrzehnten ist die Homosexuellenszene auf Gran Canaria zu Hause. In Maspalomas und Playa del Inglés haben sich viele Ausländer schon vor Jahrzehnten niedergelassen, als ein homosexuelles Pärchen in ihrer jeweiligen Heimat noch mit großem Misstrauen beäugt wurde. Die Szene ist inzwischen etabliert und hat im Yumbo sogar ein eigenes Einkaufszentrum gefunden. Außerdem findet die Gay Pride Maspalomas im Mai und seit Kurzem noch einmal als Winter Pride im November statt. Tausende Homosexuelle aus der ganzen Welt finden sich dann zu einem Mega-Party-Festival im Süden der Insel ein und feiern eine Woche lang nahezu durch. Eine Riesenpartystimmung, die sich durchaus lukrativ für die lokalen Geschäftsleute zeigt.

Urige Tapas und Karaoke Bar in Arguineguin

Händchen haltendes Urlaubsglück

Wanderparadies Gran Canaria

Wer die Sandalen zwischendurch gern gegen Wanderschuhe tauscht, findet auf Gran Canaria ein wahres Paradies, um sich auf den Weg zu machen. Auf einem weitverzweigten Netz von Wanderrouten lässt sich die großartige und abwechslungsreiche Landschaft von den schönsten Ecken an der Küste bis zu den höchsten Gipfeln erkunden. Der Kontrastreichtum der Insel, von karg bis üppig, bezaubert ganz besonders, wenn er mit Zeit und Muße entdeckt wird. Gran Canarias 14 Klimazonen sind in den verschiedenen Regionen der Insel erfahrbar. Je nachdem, ob man an der Küste oder in den Bergen wandert, sich auf der West-, Nord-, Ost- oder Südseite der Insel befindet – überall zeigen sich neue Facetten, und immer wieder ist etwas Neues, Überraschendes zu entdecken. Langweilig wird es dabei bestimmt nicht, und es macht auch Freude, das neue kanarische Zuhause dem Besuch aus der Heimat zu zeigen.

Auch wenn in diesem Reiseführer einige Tipps für lohnende Wanderungen gegeben werden, erhebt er nicht den Anspruch, ein Wanderführer zu sein. Wer seine Freizeit mit Wanderfreuden füllen möchte, sollte sich geführten Wanderungen anschließen oder auf Fachliteratur zurückgreifen.

Im Kakteenpark »Cactualdea« von La Aldea de San Nicolás

DIE HAUPTSTADT

1 Las Palmas
Pulsierende Metropole mit Herz 28

2 Las Palmas – Museen
Schatzkästchen der Geschichte
und der Kunst 36

3 Las Palmas – Parks
Es grünt so grün 42

4 Las Palmas – Strände
Die Metropole für Badenixen 46

5 Poema del Mar
Faszinierende Unterwasserwelt
ganz nah 50

6 Las Palmas – La Isleta
Anhängsel mit Qualitäten 56

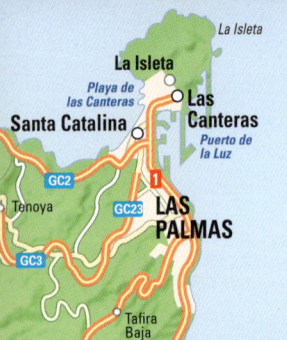

Vorangehende Doppelseite: Musik und Tanz im Pueblo Canario
Mitte: Die Kathedrale Santa Ana in der Altstadt La Vegueta
Unten: Das Centro Atlantico de la Arte Moderno
Rechte Seite: Die Plazuela del Peso del Harina

Die Hauptstadt

1 Las Palmas
Pulsierende Metropole mit Herz

Las Palmas de Gran Canaria ist die Hauptstadt der Insel Gran Canaria sowie der gleichnamigen Provinz, zu der auch die Inseln Lanzarote und Fuerteventura gehören. Sie ist zudem Sitz der kanarischen Regierung. Die beschwingte Metropole vereint auf einmalige Weise Stadt- und Strandleben, hektisches Geschäftsleben und Freizeitspaß, Alltag und Urlaubsstimmung zu einem heiteren, harmonischen Ganzen.

Die Geburtsstunde von Las Palmas de Gran Canaria schlug am 24. Juni 1478: An diesem Tag gingen die spanischen Truppen unter Juan Rejón an der Nordostküste Gran Canarias an Land. Ihr Lager richteten sie an einem Palmenhain mit einem Wasserlauf im Barranco Guiniguada ein, den sie »La Vegueta« nannten, kleine Flussaue. Las Palmas war zunächst also ein Militärstützpunkt, der sich jedoch bereits sechs Jahre nach der Eroberung zu

GUT ZU WISSEN

GEKLAUT WIRD ÜBERALL ...

Generell zählen die Kanaren zu den sichersten Urlaubsregionen der Welt. Das heißt aber nicht, dass man auf sein Hab und Gut nicht achten muss. Langfinger, die teils in Banden organisiert sind, und typische Beschaffungskriminalität sind auch in Las Palmas anzutreffen. Vor allem in den belebten Fußgängerzonen, auf großen Festivals oder am Strand sollte man seine Wertsachen stets sicher verstaut und gut im Auge haben. An den Strand nimmt man sich am besten nur ein bisschen Kleingeld für eine Erfrischung mit.

einer Stadt entwickelt hatte. Wo sich heute die Altstadt mit der Kathedrale Santa Ana, der Casa de Colón und der Kapelle San Antonio Abad ausbreitet, entstand allmählich der Stadtkern. Rund um den Barranco entstanden feste Häuser, ließen sich mehr und mehr Menschen nieder. Las Palmas war der erste überseeische Standort in Europa im Dreieckshandel zwischen Afrika, Amerika und Europa. Im Verlauf der Jahrhunderte sollte die Siedlung bei der Gründung Hunderter neuer Städte von Patagonien bis zu den Vereinigten Staaten als Vorbild dienen.

Mit der Kolonialisierung kam auch das Zuckerrohr. Es wurde rund um die Stadt für den europäischen Markt angebaut und brachte den Bewohnern den ersten Wohlstand. La Vegueta wurde für die neuen Siedler schnell zu klein, und so breitete sich die Stadt auf der anderen Seite des Barranco weiter aus. Der Stadtteil Triana bildete dabei von Anfang an das Geschäfts- und Handelszentrum. Hier entstand darum auch der erste Hafen San Telmo, der fortan die Anbindung der Stadt an den Rest der Welt garantierte.

Einfach gut!

STADTRUNDFAHRT
Wer sich schnell in der Stadt orientieren möchte, dem sei eine Stadtrundfahrt im offenen Doppeldecker-Bus empfohlen. Per Kopfhörer erhält man Infos zu allen Sehenswürdigkeiten in acht verschiedenen Sprachen, auch in Deutsch. Ganz nach Lust und Laune kann man unterwegs aus- und wieder zusteigen. Die Route führt etwa zum Parque Santa Catalina, zum Kaufhaus El Corte Inglés, zum Pueblo Canario, nach La Vegueta, zum Teatro Pérez Galdós und zur Playa de Las Canteras mit dem Auditorium Alfredo Kraus.

Stadtrundfahrt. Tgl. im 30-Minuten-Takt ab der Bushaltestelle San Telmo; Tickets: 15 €, vor Ort oder online. www.city-sightseeing.com

Oben: An der Playa El Confital werden lokale und internationale Wettbewerbe im Surfen ausgetragen.
Unten: 1492 besuchte Kolumbus auf seinem Weg nach Amerika den Gouverneur Juan Rejón in diesem Haus, das heute ein Museum mit Erinnerung an Kolumbus ist.

Die Hauptstadt

Aufgrund seiner strategischen Schlüsselposition mitten im Atlantik lockte Las Palmas im 16. und 17. Jahrhundert immer wieder Freibeuter und Piraten an, die die Herrschaft über die Stadt zu erlangen versuchten. Während die *canarios* im Oktober 1595 den Angriff einer 27 Schiffe starken Flotte unter John Hawkins und Francis Drake zurückschlagen konnten, mussten sie dagegen vier Jahre später eine herbe Niederlage einstecken. Im Juni 1599 gelang den Holländern unter General Van der Does eine Invasion. Nach zweitägigem Widerstand flohen die *canarios* in die Berge nach Santa Brígida, wurden von dort aber wieder in die Stadt zurückgetrieben. Hilflos mussten sie mit ansehen, wie die Niederländer alle kostbaren Schätze aus Häusern und Kirchen wegtrugen und die Stadt nahezu in Schutt und Asche legten.

Die Invasoren hinterließen eine Spur der Zerstörung, von der sich die Stadt lange Zeit nicht erholte. Erst als der in Telde geborene Ingenieur Juan León y Castillo Ende des 19. Jahrhunderts in die spanische Zentralregierung berufen wurde, erwachte Las Palmas langsam wieder aus seinem Dornröschenschlaf. Er sorgte für den Ausbau des Puerto de la Luz, der damals wie heute als Tor zur Welt große Bedeutung besitzt. Über diesen Hafen kamen Spanier, Portugiesen, Italiener und Flamen auf der Suche nach einem Stück Land und einer neuen Zukunft auf die Insel. Heute ist Las Palmas mit rund 383 000 Einwohnern die größte Stadt der Kanaren. Mit Santa Cruz de Tenerife, der Hauptstadt der größten Kanareninsel Teneriffa, verbindet Las Palmas seit Jahrhunderten eine tief verwurzelte Rivalität. »Wer ist die Wichtigste auf den Kanaren?«, scheinen die miteinander konkurrierenden Städte den kanarischen »Schneewittchen-Spiegel« ständig zu fragen. Dabei ist das völlig unnötig, haben doch beide Zentren ihre Reize und Besonderheiten. Was Las Palmas geblie-

Las Palmas

Rundgang durch La Vegueta

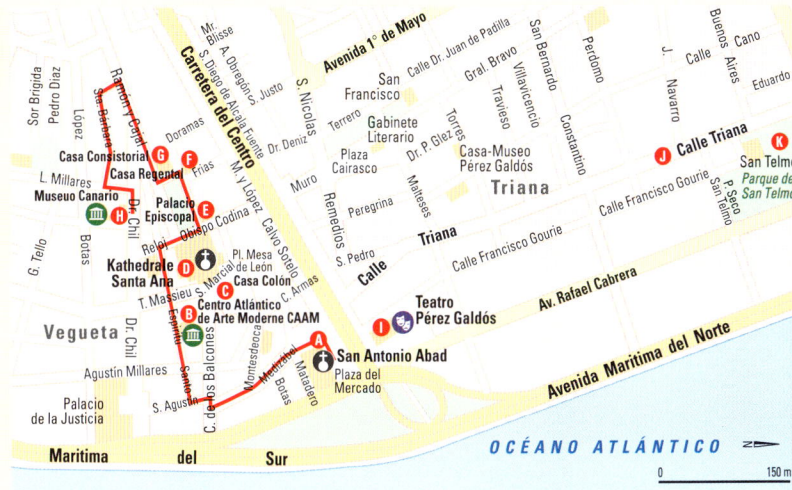

Von der Plaza del Mercado mit der Kapelle San Antonio Abad Ⓐ folgt man der Calle Mendizábel bis zum Palacio de la Justicia und weiter der Calle Espiritú Santo zum Centro Atlántico de Arte Moderno CAAM Ⓑ. Danach sieht man rechts die Casa Colón Ⓒ; das Museum erinnert an den Aufenthalt von Christoph Kolumbus auf Gran Canaria. Direkt gegenüber ragt das bedeutendste Gebäude auf: die dreischiffige Kathedrale Santa Ana Ⓓ. Nach einer ersten Bauphase von 1478 bis 1570 wurde das Gotteshaus erst rund zwei Jahrhunderte später vollendet. Links daneben befindet sich der Patio de los Naranjos vor dem Museo de Arte Sacro, dem Museum für sakrale Kunst, und rund um die Plaza Santa Ana gruppieren sich weitere historisch bedeutende Gebäude. Vom Palacio Episcopal Ⓔ, dem Bischofspalast, ist nach dem Einfall der Niederländer nur das Portal übrig. Im Haus des Regenten, der Casa Regental Ⓕ mit dem spanischen Königswappen, wohnten einst militärische Würdenträger und hochrangige Persönlichkeiten. Nördlich davon schließt sich das alte Rathaus Casa Consistorial Ⓖ an. Überquert man danach die Plaza del Espiritú Santo und folgt der Calle Dr. Chill gen Südosten, passiert man das archäologische Museum, Museo Canario Ⓗ. Abendunterhaltung bietet das Teatro Pérez Galdós Ⓘ in Triana. Die Calle Triana Ⓙ, die bis zum Parque San Telmo Ⓚ führt, ist ein wahres Shoppingparadies.

Ⓐ **Kapelle San Antonio Abad**

Ⓑ **CAAM, Museum für moderne Kunst**

Ⓒ **Casa Colón**

Ⓓ **Kathedrale Santa Ana**

Ⓔ **Bischofspalast, Palacio Episcopal**

Ⓕ **Casa Regental**

Ⓖ **Casa Consistorial**

Ⓗ **Museo Canario**

Ⓘ **Teatro Pérez Gáldos**

Ⓙ **Calle Triana**

Ⓚ **Parque San Telmo**

Die Hauptstadt

Oben: Die Calle Triana ist die Haupteinkaufsstraße von Las Palmas.
Mitte: Frisches Obst und Gemüse auf dem Mercado de Vegueta
Unten: Die eindrucksvolle Fassade der Casa de Colón. Das imposante Portal wurde bei Umbauarbeiten in den 1950er-Jahren integriert.

ben ist, ist der Ruf einer gastfreundlichen Stadt und einer friedlichen und harmonischen Multi-Kulti-Gesellschaft.

Die zentralen Stadtteile

Die Altstadt La Vegueta steht kurz davor, zum Weltkulturerbe der UNESCO erklärt zu werden. Dieser älteste Stadtteil von Las Palmas verströmt noch das herrschaftliche Flair vergangener Zeiten. Seitdem in jüngster Zeit viele der heruntergekommenen historischen Gebäude saniert und zahlreiche Fassaden restauriert worden sind, weht hier wieder ein reizvoller Hauch von Romantik und Nostalgie durch die engen Gassen. Zuvor galt das Viertel eher als sozialer Brennpunkt; dies hat sich im letzten Jahrzehnt jedoch grundlegend geändert. La Vegueta wurde zu einem »In«-Viertel, in dem man wieder gern wohnt. Schnuckelige Bars und Restaurants sowie schöne Plätze, die als Treffpunkt für Alt und Jung dienen, sorgen für eine angenehme Atmosphäre.

Gleich auf der anderen Seite des Barranco Guiniguada schließt sich nördlich von Vegueta der Stadtteil Triana an. Die beiden Viertel gehen fast nahtlos ineinander über. Gleichsam als Schnittstelle dient die Plaza Cairasco. Dort kann man gemütlich im Schatten schöner alter Bäume in einem der vielen Straßencafés sitzen, um die nächsten Schritte der Erkundungstour zu planen. Das bedeutendste Gebäude am Platz ist das Gabinete Literario aus dem Jugendstil. Im »Literarischen Kabinett« finden heute vor allem Vorträge, Ausstellungen und andere kulturelle Veranstaltungen statt. Größtenteils als Fußgängerzone konzipiert, lädt die Hauptstraße Calle Mayor de Triana mit ihren Läden und Straßencafés zum Bummel zwischen Jugendstilhäusern ein. Ebenfalls aus dem verspielten Jugendstil stammt der kleine

Pavillon im Park San Telmo. Die kleine grüne Lunge von Triana ist nach dem Schutzpatron der Seefahrer, San Telmo, benannt, dessen Figur in der gleichnamigen kleinen Kapelle verehrt wird.

»Projecto Guiniguada« heißen die großen Pläne der Stadt, die eine grundlegende Umstrukturierung dieses Innenstadtbereichs vorsehen. Ihnen zufolge sollen La Vegueta und Triana künftig noch enger miteinander verknüpft werden. Geplant sind weitere »Paseos« genannte Fußgängerbereiche und Parks zum Spazieren und Flanieren. Darüber hinaus soll eine direkte Anbindung zum Atlantik für mehr maritimes Flair sorgen. Im Moment ist dies zwar noch Zukunftsmusik, doch wird diese schöne Vision voraussichtlich eines Tages auch in die Tat umgesetzt werden.

Der dritte große Stadtteil im Herzen der Stadt ist Santa Catalina. Er bildet die Ost-West-Verbindung zwischen der Strandpromenade Playa de Las Canteras und dem Hafen La Luz. Das Herzstück von Santa Catalina ist der schöne Stadtpark Parque Santa Catalina, sein markantes Wahrzeichen ist seit 2003 das 60 Meter hohe Wohn- und Geschäftshaus Torre Woermann. Über dessen grau-grüne futuristische Fassadengestaltung kann man in

Nicht verpassen

AUDITORIUM ALFREDO KRAUS

Das direkt am Atlantik gelegene Auditorium Alfredo Kraus wurde am 5. Dezember 1997 eingeweiht und sieht von Weitem aus wie eine sandsteinfarbene moderne Trutzburg. Der eindrucksvolle Komplex heißt nach dem kanarischen Startenor Alfredo Kraus, der am 24. November 1927 in Las Palmas geboren wurde. Der international berühmte Sänger wurde 1991 mit dem Premio del Príncipe de Asturias ausgezeichnet und trat bis zu seinem Tod im Jahr 1999 auf den großen Bühnen der klassischen Musik auf. Modernes Ambiente und eine erstklassige Akustik machen das Auditorium zum führenden Kulturtempel von Las Palmas. Das abwechslungsreiche Programm wird teils von den eigenen Musikern des Orquesta Filarmónica de Gran Canaria der Sociedad Filarmónica de Las Palmas oder international agierenden Orchestern bestritten.

Avenida Príncipe de Asturias s/n,
Tel. 928 49 17 70,
www.auditorio-alfredokraus.com

Die Hauptstadt

PER RAD DURCH DIE STADT

Geheimtipp

Seit 2008 bietet Las Palmas einen Mietservice für Fahrräder an. Maximal drei Stunden lang kann man auf zwei Rädern die Stadt erkunden. Aufgrund der großen Resonanz wurden mittlerweile elf Punkte eingerichtet, an denen man die Drahtesel leihen und zurückgeben kann. Diese Form des nachhaltigen Tourismus kommt auch bei den Bewohnern von Las Palmas gut an.

Und so geht's: Man meldet sich als Nutzer an und erhält damit einen PIN-Code. Möchte man nun ein Fahrrad ausleihen, schickt man eine SMS mit dem Code und der Kennnummer des Fahrrads an die Zentrale. Daraufhin wird das Rad freigeschaltet. Nach der Rundfahrt gibt man es an einem der Ausleihpunkte ab. Demnächst soll der Service mit Magnetkarte angeboten werden. Wer zum ersten Mal ein Rad mieten möchte, wendet sich am besten an das Tourismusbüro am Parque Santa Catalina und lässt sich bei der Anmeldung helfen.

Fahrradverleih. Sommer 8–20 Uhr, Winter 8–18.30 Uhr.
www.biciambiental.org

puncto Ästhetik zwar streiten, unbestritten ist aber die Rolle des Turmes als moderner Orientierungspunkt. Auf der Westseite von Santa Catalina dient am südlichen Ende der Playa de Las Canteras das Auditorium Alfredo Kraus seit 1997 als Zentrum des erstklassigen Kulturangebots der Stadt. Darüber hinaus ist Santa Catalina mit seinen zahlreichen Clubs und Bars für sein reges Nachtleben bekannt. Von Salsa über Rock und Jazz bis hin zu Milongas, organisiert von Tango-Gran Canaria, bietet das Viertel eine große Bandbreite abendlicher Unterhaltung. Im Parque Santa Catalina finden zudem zahlreiche Fiestas und Open-Air-Veranstaltungen statt.

Die Playa de Las Alcaravaneras – Bademöglichkeit an der Küstenpromenade. Im Hintergrund weniger romantisch – der Containerhafen

Malerischer Innenhof des Restaurants Casa Montesdeoca in der gleichnamigen Straße im Stadtteil Vegueta. Historisches Ambiente aus dem 16. Jahrhundert und eine sehr gute Küche

Las Palmas

Infos und Adressen

ESSEN UND TRINKEN

La Alquitara. Das sehr schöne Restaurant in der Fußgängerzone von Triana serviert leckere kanarisch-baskische Küche, darunter feine Salate, Kabeljau und Fleisch vom Grill im gemütlichen Lokal oder an Tischen im Freien. Calle Domingo J. Navarro 9, Tel. 928 38 49 59, www.laalquitara.es

Te lo dije Pérez. Diese empfehlenswerte »In-Kneipe«, ein modernes Szenelokal nahe der Kathedrale Santa Ana, bietet eine große Auswahl internationaler Biere und *picoteos* genannter kleiner Gerichte. Calle Obispo Codina 6, Tel. 928 24 90 87, www.telodijeperez.com

ÜBERNACHTEN

Hotel Madrid. Das ehrwürdige Hotel im klassischen Kolonialstil überzeugt mit seinem Ambiente. Es ist sauber, freundlich und sehr zentral zwischen La Vegueta und Triana gelegen. Kein Luxus, aber schlichter Komfort und Charme. Plaza Cairasco 4, Tel. 928 36 06 64, www.elhotelmadrid.com

Hotel Parque. Das Drei-Sterne-Stadthotel ist zentral am Parque San Telmo in der historischen Innenstadt, aber nicht unmittelbar am Strand gelegen. Es bietet modernen Komfort, einen netten Service und einen tollen Blick auf den Atlantik. Muelle Las Palmas 2, Tel. 928 36 80 00, www.hparque.com

AC Hotel Iberia Las Palmas. Das moderne, komfortable Vier-Sterne-Hotel liegt zentral nahe dem Parque San Telmo in der Innenstadt. Vom Pool auf der Dachterrasse blickt man über den Atlantik. Avenida del Alcalde José Ramírez Bethencourt 8, Tel. 928 36 11 33

Santa Catalina. Sehr hübsches Fünfsternehotel, in einem tropischen Park nahe dem Jachthafen gelegen. Das restaurierte historische Gebäude besticht durch ein wunderschönes Ambiente mit antiken Möbeln sowie ein Casino, einen Pool im exotischen Park und einen überdachten Wellnessbereich.

Calle Leon Y Castillo 292, Tel. 902 15 14 75, www.dimehoteles.com

AUSGEHEN

Bar Buddha. Originelle Bar mit asiatischem Flair in der Altstadt. Gepflegte Drinks und Shishas. So–Do 17–1.30 Uhr, Fr/Sa bis 2.30 Uhr, Calle Peregrina 7

El Altar. Interessante Bar im Azteken-Look. Originelle Deko, gute Drinks und Tanzmusik. Calle Secretario Artiles 1, Las Palmas

Charleston. Morgens ab 10 Uhr herrscht hier normaler Café-Betrieb, abends ist das Charleston ein echter Geheimtipp für Musikliebhaber. Insider-Ambiente und tolle Musik von Jazz über Blues und Rock-Pop bis Tango. Täglich 10–5 Uhr, Livemusik Mi–Sa ab 21 Uhr, Calle Buenos Aires 14

La Veguetita. Klein-Havanna mitten in Las Palmas: Das La Veguetita ist ein Tanzpalast für Tango und lateinamerikanische Tänze. Geschmackvolles Ambiente, tropischer Innenhof. Tango-Nacht Fr 21 bis 24 Uhr, Calle Remedios, neben Plaza Las Ranas

Sala Paraninfo. Tagsüber Surferkneipe, nachts Hotspot auf zwei Ebenen, alle Musikrichtungen. Rund 300 m von der Playa de Las Canteras entfernt. Tgl. 10–5 Uhr, Calle Franchy Roca 17

Gern sitzen die Einheimischen in lauen Nächten im Freien, wie hier auf der Plaza Cairasco.

Die Hauptstadt

2 Las Palmas – Museen
Schatzkästchen der Geschichte und der Kunst

Gran Canarias Hauptstadt Las Palmas blickt auf eine über 500-jährige Geschichte zurück. In dieser langen Zeit hinterließen in der Metropole zahlreiche Persönlichkeiten, die hier lebten oder aufwuchsen, ihre Spuren. Wie in jeder modernen Stadt, die ihren Bewohnern und Besuchern Freizeitvergnügen mit Niveau bieten möchte, spielen auch in Las Palmas Kunst und Kultur eine wichtige Rolle.

Museo Canario

Das Museo Canario ist der Zeit vor der spanischen Eroberung gewidmet. Es besteht schon seit 1879 und ist das archäologische Zentrum der Insel. Unter anderem befindet sich hier der Sitz der Verwaltung, die Lizenzen für neue Ausgrabungen vergibt. Das Museum präsentiert eine kostbare Sammlung archäologischer Funde und historischer Objekte – sie gilt als die vollständigste und umfangreichste auf den gesamten Kanaren.

Wissenschaftler gehen davon aus, dass die Altkanarier vermutlich aus Nordafrika kamen und ab etwa 500 v. Chr. bis ins 15. Jahrhundert auf Gran Canaria lebten. In dieser Zeit haben sie eine Entwicklung durchlebt. Das Museo Canario beschäftigt sich damit, wie die »Canary« genannten Altkanarier gelebt haben, woran sie glaubten und wie ihr Alltag aussah. Gezeigt wird, welche Werkzeuge sie benutzten, welche Jagdtechniken sie beherrschten, wie sie Tierhäute, Palmblätter und andere Pflanzenfasern verwendeten und ihre Toten bestatteten. Zu bewundern sind zudem *pintaderas*

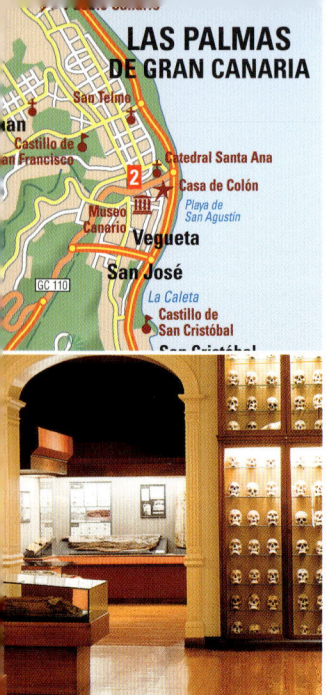

Mitte: Gebeine und Totenköpfe der Ureinwohner im Museo Canario
Unten: In dieser nachgebauten Höhle kann man nachempfinden, wie die Altkanarier gelebt haben.

(eine Art Stempel) sowie eine eindrucksvolle Sammlung von Keramikarbeiten aus altkanarischer Zeit. Wie heute noch im hiesigen Kunsthandwerk üblich, modellierten sie den Ton ohne Hilfsmittel wie Töpferscheiben allein mit ihren geschickten Händen.

Casa Museo de Colón

Das Museumshaus Casa de Colón stammt aus dem 16. Jahrhundert und ist ein bemerkenswertes Beispiel für die historische kanarische Architektur. Typisch für die damalige Bauweise sind große Innenhöfe, wertvolle Holzarbeiten, Holzbalkone und Steinmetzarbeiten. In dem eindrucksvollen Gebäude wohnte Christoph Kolumbus während seines Aufenthalts auf Gran Canaria im Jahr 1492. Ein Teil der Ausstellung in der Casa de Colón beschäftigt sich mit Kolumbus' Zwischenstopps vor seiner Atlantiküberquerung, mit seinen Reisen und mit dem Amerika der damaligen Zeit. Des Weiteren ist eine berühmte Sammlung mit wunderbaren, wertvollen Gemälden aus dem 16. bis 19. Jahrhundert zu sehen. Selbst Werke von Goya können hier bestaunt werden. Bis heute ist das Haus ein wichtiges Zentrum der kanarisch-amerikanischen Beziehungen.

Nicht verpassen

CASTILLO DE SAN CRISTÓBAL

Da Gran Canaria in den ersten Jahrhunderten nach seiner Eroberung häufig von Piraten und feindlichen Flotten angegriffen wurde, errichteten die Spanier Burgen und Befestigungsmauern, um die Küsten der Insel zu bewachen. Einer dieser Wehrbauten ist das Castillo de San Cristóbal im gleichnamigen Ortsteil im Süden von Las Palmas. Das Castillo wurde 1578 vom Gouverneur Diego Melgarejo unter König Felipe I. erbaut. Nach den Schlachten gegen Francis Drake (1595) und Pieter van der Does (1599) musste es restauriert werden. Bis 1878 wurde das Bauwerk militärisch genutzt, seit 1949 steht es unter Denkmalschutz. Eine weitere Trutz- und Schutzburg ist das Castillo de San Francisco, das derzeit allerdings wegen Restaurierungsarbeiten geschlossen ist. Über seine letztendliche künftige Nutzung ist noch nicht entschieden. Es ist Teil des Befestigungsringes, der bis zum Castillo de Mata führte. Dieser Schutzwall umgab hauptsächlich die heutige Altstadt La Vigueta.

Das Museo Pérez Galdós erinnert an das Leben und Wirken des großen spanischen Autors, Philosophen und Poeten.

Geheimtipp

TEATRO PÉREZ GALDÓS

Bis 1845 war das relativ kleine Teatro Cairasco das einzige Theater der Stadt. Es stand an der Stelle des heutigen Gabinete Literario. 1868 beschloss man, das mittlerweile baufällige Haus durch einen Neubau nach Plänen von Francisco Jareño y Alarcón zu ersetzen. Der Madrider Architekt erbaute in der Folge das Teatro Pérez Galdós im eleganten, neoklassizistischen Stil. Am 28. Juni 1918 brannte das Theater bis auf die Grundmauern ab und wurde von 1921 bis 1928 wieder aufgebaut. Danach wurde es im Jahr 2004 noch einmal nach den Plänen der Architekten Marco Roger Berghänel, Agustin Juárez und Carlos Diaz restauriert beziehungsweise erweitert und am 14. April 2007 erneut eingeweiht. Heute ist das Teatro Pérez Galdós ein abwechslungsreiches Kulturzentrum.

Teatro Pérez Galdós. Führungen Mo bis Sa 10 und 13 Uhr, 5 €. Plaza Stagno 1, Tel. 928 43 38 05, Kartenvorverkauf über www.teatroperezgaldos.es

Casa Museo Pérez Galdós

Nicht weit von der Altstadt entfernt im Stadtteil Triana steht das Geburtshaus des Dichters und Schriftstellers Benito Pérez Galdós. Er wurde am 10. Mai 1843 in diesem typisch kanarischen Stadthaus als Jüngstes von zehn Kindern geboren. Mit 19 Jahren ging er zum Studium nach Madrid und lebte dort bis zu seinem Tod im Januar 1920. Pérez Galdós zählt bis heute zu den großen spanischen Schriftstellern. Realistische Romane, deren historisch-politischer Bezug in Liebesgeschichten eingebettet ist und die von starken Persönlichkeiten belebt werden, haben ihn bekannt gemacht. Galdós war zeit seines Lebens für seine linksliberale und antiklerikale Haltung bekannt. Als sein wichtigstes Werk gilt die 46 Bände umfassende Aufzeichnung der spanischen Geschichte vom Beginn bis zur Mitte des 19. Jahrhunderts. Seine *Episodios nacionales* blieben allerdings unvollendet. 1904 war Pérez Galdós sogar für den Nobelpreis nominiert, hat ihn aber nicht bekommen.

In seinem Geburtshaus fühlt man sich in das 19. Jahrhundert zurückversetzt. Es spiegelt den

Las Palmas – Museen

typischen Baustil, aber auch das Ambiente des familiären Lebens der damaligen Zeit wider. Hier wuchs der bedeutende Schriftsteller bis zu seinem 19. Lebensjahr auf, und hier werden heute die Erinnerungen an sein Leben aufbewahrt.

Pueblo Canario

Mitten im Stadtpark Doramas steht das »kanarische Dorf« Pueblo Canario. Es wurde 1930 von den kanarischen Architekten Miguel Martín Fernández de la Torre und dessen Bruder, dem Maler Nestor de la Torre, gebaut. Sie wollten ein typisch kanarisches Dorf schaffen und für die Nachwelt erhalten. Zu sehen sind hier kanarische Wohnhäuser mit zauberhaften Holzbalkonen sowie typischen Elementen des Mudejar-Stils. Zum Dorf gehören eine Plaza, die Kapelle Santa Catalina aus dem 16. Jahrhundert sowie ein kleines Museum, das dem Leben und Werk des modernen Künstlers Nestor de la Torre gewidmet ist. Zudem locken ein Restaurant sowie ein Laden mit kanarischen Souvenirs. Jeden Donnerstag um 17 Uhr sowie sonntags um 11.30 Uhr wird auf der Plaza kanarische Folklore präsentiert. Aber auch an anderen Tagen ist das Pueblo Canario häufig Veranstaltungsort für volkstümliche Konzerte und Feste.

Museo Elder

Wesentlich moderner und vor allem technischer gibt sich das Museo Elder de la Ciencia y la tecnología. Schon am Eingang dieses Museums für Wissenschaft und Technik lockt ein Flugzeug zur näheren Erkundung. Wie funktionieren erneuerbare Energiequellen oder interessante physikalische Experimente? Diesen Fragen kann man an interaktiven Schaukästen auf den Grund gehen. Kein Wunder, dass das Museo Elder ein beliebter Ausflugsort für Schulklassen und für Familien mit Kindern ist, bietet es doch

Oben: Versteinertes Skelett einer Echse im technologischen Museum Elder
Mitte: Spiralfeder im Museum Elder – interaktives Lernen
Unten: Büste von Benito Pérez Galdós

Die Hauptstadt

eine unterhaltsame und zugleich lehrreiche Freizeitgestaltung. Hier werden Technik und Physik durch Experimente und mit vielen spannenden Simulationen erklärt. Im naturwissenschaftlichen Bereich wird die Entwicklung des Menschen vom Neandertaler bis heute nachvollzogen. Noch aufregender sind aber die Skelette von Sauriern und anderem Getier. So macht Lernen und Entdecken nicht nur Kindern Spaß. Spannend sind auch die wechselnden 3-D-Filme zu unterschiedlichen Themen in den Kinonischen. Darüber hinaus beschäftigen sich interessante Wechselausstellungen mit verschiedensten Themen. Wem dies noch nicht reicht, der kann für seine Kinder sogar eine Geburtstagsparty mit 90-minütigem Spezialprogramm buchen.

CAAM

Seit seiner Eröffnung im Dezember 1989 ist das Centro Atlántico de Arte Moderno, kurz CAAM, das Zentrum für zeitgenössische Kunst in Las Palmas. Das CAAM versteht sich als trikontinentales Zentrum, das zeitgenössischer Kunst einen Rahmen für Austausch und Begegnungen gibt. Multikulturalität und der Dialog zwischen Europa, Afrika und Amerika via Kunst ist das zentrale Thema dieses Museums. Visuelle Kunst, in verschiedensten Ausdrucksformen und von unterschiedlichen Kulturen geprägt, erfahrbar zu machen, ist sein Anliegen. Das CAAM ist offen für neue Zeitströme jeglicher Art und regt zum kritischen Nach- und Umdenken an. Deshalb finden neben wechselnden Ausstellungen auch regelmäßig Seminare, Workshops und andere Veranstaltungen mit Begegnungscharakter statt. Im CAAM trifft man meistens junge Menschen und Studenten an, die sich kritisch mit dem Zeitgeist auseinandersetzen und gern anderen Kulturen begegnen. Zum Museum gehören auch ein Laden und eine umfassende öffentliche Bibliothek.

Oben: Eingang des Museums Nestor im blühenden Park Doramas
Mitte: Das Museo Nestor ist eine Referenz für kanarische Kultur und Traditionen.
Unten: Zeitgenössische Kunst im Centro Atlántico de Arte Moderno, CAAM

Las Palmas – Museen

Infos und Adressen

SEHENSWÜRDIGKEITEN

CAAM. Das Kunstmuseum für zeitgenössische Kunst ist gleichzeitig eine interkontinentale Begegnungsstätte. Di–Sa 10–21 Uhr, So 10–14 Uhr. Calle Los Balcones 11, Tel. 928 31 18 00, www.caam.net

Casa Museo de Colón. In diesem Haus hinterließ Christoph Kolumbus seine Spuren. Mo–Fr 9–19 Uhr, Sa, So 9–15 Uhr, Calle Herrería 1, Tel. 928 31 12 55, www.casadecolon.com

Casa Museo Pérez Galdós. Das Museumshaus steht im Stadtteil Triana und ist damals wie heute Teil des Stadtlebens. Di–Fr 10–14 Uhr und

Museo Pérez Galdós, das Wohnzimmer des Romanciers

16–20 Uhr. Wochenende und Feiertage nur vormittags. Eintritt frei. Führungen beginnen jeweils zur vollen Stunde. Calle Cano 2 und 6, Tel. 928 36 69 76, www.casamuseoperezgaldos.com

Museo Canario. Das Museo Canario ist in der historischen Altstadt La Vegueta ganz in der Nähe der Kathedrale Santa Ana gelegen. Der Besuch kann perfekt mit einem Rundgang durch den historischen Stadtteil verbunden werden.
Mo–Fr 10–20 Uhr, Wochenende & Feiertage 10–14 Uhr. Eintritt: 4 €, Kinder bis 12 Jahre frei. Calle Doctor Verneau 2, Tel. 928 33 68 00, www.elmuseocanario.com

Museo Elder de la Ciencia y la Tecnología.
Di–So 10–20 Uhr. Montags geschlossen. Parque de Santa Catalina, Tel. 828 01 18 28, www.museoelder.org

Pueblo Canario. Di–Sa 10–20 Uhr, So 10.30–14.30 Uhr. Das kanarische Dorf im Stadtpark ist einen Besuch wert. Parque Doramas, Tel. 928 24 29 85, www.pueblocanario.es

Grüner Innenhof der Casa de Colón

Die Hauptstadt

3 Las Palmas – Parks
Es grünt so grün

In Las Palmas sorgen Freiflächen, Parks und zahlreiche reizende Plazas für leuchtendes Grün mitten in der Stadt. Hier verströmen Blüten ihren verlockenden Duft, ziehen exotische Pflanzen bewundernde Blicke auf sich, zwitschern Vögel in den Bäumen und taumeln Schmetterlinge durch die Luft. Nachts lebt die Stadt durch zahlreiche Musik- und Szenelokale auf. Für jeden Geschmack lässt sich ein passendes Ambiente finden.

Parque Doramas

Als Teil des noblen Stadtviertels Ciudad Jardín lädt der Parque Doramas mitten in Las Palmas dazu ein, sich eine Auszeit in üppiger Natur zu gönnen. Vor allem an den Wochenenden nehmen die Menschen dieses Angebot gern an und erfüllen den Park mit Leben. Auf dem Kinderspielplatz wird getobt, auf den Wegen fahren Radfahrer und Skater, dazwischen flanieren Liebespärchen. Einheimische und exotische Pflanzen, Kakteen und Wasserspiele sorgen für einen zauberhaften Rahmen. Auf einer kleinen Plattform kann man die malerische Kulisse im Cafe Terraza auf sich wirken lassen.

Am Eingang des Parks wird der Besucher mit dem Denkmal für den letzten altkanarischen Führer Doramas an die prähispanische Geschichte der Stadt erinnert. Als die letzten Widerstandskämpfer der Altkanarier unter ihrem Führer Doramas erkannten, dass die Eroberung der Insel nicht mehr aufzuhalten war, stürzten sie sich lieber von den Steilklippen in den Tod, als sich den Spaniern zu ergeben.

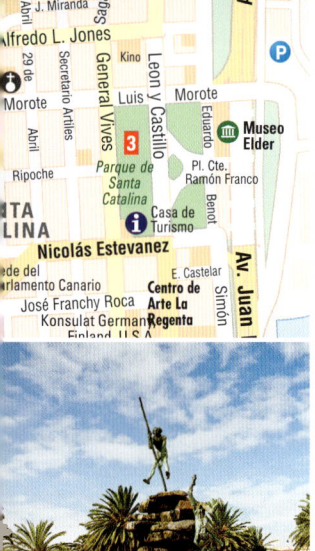

Mitte: Das Guanchen-Denkmal zu Ehren des letzten großen Herrschers Doramas im gleichnamigen Stadtpark
Unten: Ententeich im botanischen Garten, Jardín Canario

Kakteengarten im Jardín Canario

Das Museumsdorf Pueblo Canario und das traditionsreiche Luxushotel Santa Catalina sind ebenfalls Teil des Parks. Das Hotel wurde 1890 als Zentrum des Stadtteils Ciudad Jardín erbaut. Das gesamte Viertel entstand Ende des 19. Jahrhunderts vor allem für die britischen Kaufleute, die sich damals in der Stadt niedergelassen hatten. Bis heute prägen elegante Chalets, Häuser im Kolonialstil und andere Traumhäuschen mit Garten sein Gesicht. Das Hotel beherbergte als Zentrum der britischen Gesellschaft in Las Palmas bekannte Persönlichkeiten wie Winston Churchill, Agatha Christie und Prince Charles von England.

Parque Santa Catalina

Die Bezeichnung »Parque« ist in diesem Fall etwas irreführend, denn einen umzäunten Park mit Grünanlagen sucht man an dieser Stelle vergeblich. Vielmehr ist der Parque Santa Catalina ein großer begrünter Platz, an dem man unter Palmen und Lorbeerbäumen Schatten findet. In den zahlreichen Straßencafés kann man es sich bei einer Kaffeepause oder einem kleinen Imbiss zwischendurch gemütlich machen und das pulsierende Leben der Stadt an sich vorbeiziehen lassen.

Geheimtipp

JARDÍN CANARIO

Wer Las Palmas Richtung Santa Brígida verlässt, trifft nach nur wenigen Kilometern auf den Jardín Canario, auch als Jardín Botánico Viera y Clavijo bekannt, zum Gedenken an den kanarischen Naturwissenschaftler José Viera y Clavijo aus dem 18. Jahrhundert. Für Pflanzenliebhaber ist dieser über 27 Hektar große Park ein absolutes Muss. 1952 von dem Schweden Eric Ragnor Sventenius angelegt, widmet er sich vor allem einheimischen und marokkanesischen Pflanzen. Im August 1974 wurde der Park erweitert. Nicht nur die inseltypische Pflanzenwelt, sondern generell vom Aussterben bedrohte Pflanzen versucht man dort zu erhalten. Der Park ist zum Teil nach Themen geordnet. So findet man einen Lorbeerwald, einen Palmenhain und mehr als 10 000 unterschiedliche Sukkulenten aus aller Welt, außerdem eine beachtliche Kakteensammlung, einen japanischen Garten und seltene Bonsais.

Jardín Canario. Tgl. 8–18 Uhr, Eintritt frei

Las Palmas – Parks

Hier gibt es immer etwas zu sehen, sogar Pferdekutschen fahren vorbei. Der Parque Santa Catalina ist das Herz der Stadt, das zwischen dem Puerto de la Luz und der Playa de Las Canteras schlägt.

Dem südländischen Flair kann man sich einfach nicht entziehen. Wer hier sitzt und die Menschen beobachtet, verschmilzt ganz still und heimlich mit den Gerüchen, Geräuschen und Gefühlen der Metropole. Las Palmas ist eine Stadt mit sehr viel Charme – und fast nirgendwo erlebt man dies besser als im Parque Santa Catalina. Dazu tragen auch die zahlreichen Rentner bei, die bei Domino, Schach oder einem Kartenspiel ihren Lebensabend genießen.

Grüne Oasen

Quer durch die Stadt durchziehen noch weitere grüne Lebensadern die Wohngebiete. In diesen modernen und zweckmäßigen Naherholungs-Oasen finden die Bewohner sozusagen vor der Haustür ihren Spaziergang, Spiel- oder Sportplatz. Eine dieser grünen Lungen ist der Parque de las Rehoyas an der Nordausfahrt der Stadt. Dieser Park ist besonders für sportlich aktive Menschen interessant. Sie finden hier eine Fülle von Sportmöglichkeiten: von Joggen und Radfahren bis hin zu Tennis- und Paddelplätzen und einem Skaterpark. Außerdem gibt es ein Schwimmbad mit einer Terrassenbar, die einen herrlichen Panoramablick gewährt. Der Parque Juan Pablo II im Stadtteil Siete Palmas ist mit einer Fläche von 120 000 Quadratmetern der zweitgrößte Park der Kanaren. Er wird nur noch vom Parque Mayordomía im Tamaraceite übertroffen. Im Parque Juan Pablo flaniert der Ruhesuchende vorbei an künstlichen Seen, auf denen Enten- und Schwanenfamilien ihre Kreise ziehen. Sportlichere Naturen frequentieren dagegen den Skaterpark, die Fahrradwege und den herausfordernden Kletterfelsen.

Infos und Adressen

LAS PALMAS – PARKS

Jardín Canario. Zauberhafter botanischer Garten vor den Toren der Stadt. Hauptanliegen ist der Erhalt endemischer Pflanzen. Calle Palmeral 15, Tafira Baja/Las Palmas, Öffnungszeiten: Tgl. 8 bis 18 Uhr, Eintritt frei, www.jardincanario.org

Parque Doramas. Ciudad Jardín, Las Palmas. Größter Park mit integriertem Schwimmbad in der Innenstadt der Hauptstadt. Das Museumsdorf Pueblo Canario ist ebenfalls Teil des Parks. Museo Néstor. Pueblo Canario, Parque Doramas, Las Palmas. Öffnungszeiten: Dienstag bis Samstag 10 bis 20 Uhr, Sonn- und Feiertag 10.30 bis 14.30 Uhr, www.laspalmasgc.es/mnestor/es/museo/visitenos.php

Parque Juan Pablo II. Größte und wichtigste Lunge der Stadt mit 1150 Bäumen und 700 Palmen, einem malerischen, künstlichen See, Fahrradwegen, Wasserspielen und vielem mehr. Es ist der zweitgrößte Park der Kanaren. Barrio Siete Palmas, Las Palmas

Parque las Rehoyas. Stadtpark mit vielen Sportmöglichkeiten. Calle Parque de las Rehoyas, Las Palmas

Parque Santa Catalina. Zwischen Hafen La Luz und Playa Las Canteras gelegen. Öffentlicher Platz, angelegt als Treffpunkt für Einheimische und Besucher der Stadt. Calle Eduardo Benot, Las Palmas

Links: Typisch kanarische Folklore im Pueblo Canario

Mitte: Fischerboot-Idylle am Nordende mischt sich mit Strandleben an der beliebten Playa de Las Canteras.
Unten: Bei einem Drink an der Uferpromenade der Playa de Las Canteras kommt Urlaubsstimmung auf.

Die Hauptstadt

4 Las Palmas – Strände
Die Metropole für Badenixen

Keine andere kanarische Stadt besitzt so viele Strände wie Las Palmas. Als einzige Stadt der Kanarischen Inseln verbindet sie den dynamischen Puls einer modernen Metropole mit entspannenden Stunden an einem sonnigen Traumstrand. Für Palmeros ist der Strand ein Ort, an dem sie entspannen, spielen, sich treffen oder Sport treiben. Er ist gleichsam eine »Außenstelle« des heimischen Wohnzimmers.

Playa de Las Canteras

Die Perle unter den Stränden ist die Playa de Las Canteras im Nordwesten der Stadt. Sie grenzt direkt an den Stadtteil Santa Catalina an und erstreckt sich mehr als drei Kilometer lang in einer Bucht im Nordwesten der Stadt. In ihrer Verlängerung geht die Playa de Las Canteras direkt auf der Halbinsel La Isleta weiter.

Die Königin unter den Stränden der Hauptstadt überzeugt durch ihren feinen Sand und vor allem

GUT ZU WISSEN

NICHT ALLES IST »BADESCHÖN«
Selbstverständlich verströmt Las Palmas dank seiner vielen Strände ein ganz besonderes Urlaubsflair. Dennoch ist auch hier nicht alles Gold, was glänzt. An der Playa de Las Alcaravaneras zum Beispiel teilt man sich das Wasser mit Segel- und Motorbooten. Nicht immer ist das Wasser deshalb so sauber, wie man es sich wünscht. An der Playa Las Lajas können gefährliche, unsichtbare Strömungen auftreten. Beachten Sie unbedingt die Warnhinweise!

Las Palmas – Strände

den ruhigen Wellengang. Diesen verdankt sie einer natürlichen Barriere etwa 200 Meter vor der Küste. An dem über 100 000 Jahre alten Wellenbrecher verlieren die Wellen ihre Kraft, sodass nur noch kleine Ausläufer an Land rollen. Das macht die Playa de Las Canteras ideal für alle, die einfach gern schwimmen, oder für Familien mit Kindern, die keine Angst haben müssen, von der Brandung mitgerissen zu werden. Wo südlich in Richtung Auditorium Alfredo Kraus durch eine kleine Lücke die Wellen ungebrochen einrollen, tummeln sich die Surfer. Selbst unter Wasser ist die Playa Las Canteras für ihre interessanten Felsformationen und vor allem für ihren Fischreichtum bekannt. Deshalb ist der Strand auch bei Tauchern und Schnorchlern sehr beliebt.

An Land gibt es auf der Playa de Las Canteras 13 Zonen, an denen man täglich zwischen 9 und 17 Uhr Liegestuhl und Sonnenschirm mieten kann. Wer nicht so viel Wert auf Komfort legt, sucht sich auf der drei Kilometer langen Zone einfach sein Lieblingsplätzchen aus und breitet dort sein Handtuch aus. Die Wassertemperaturen betragen fast ganzjährig mindestens 20 °C, am wärmsten ist der Atlantik jedoch von August bis Oktober. Entlang des gesamten Strandes verläuft eine Promenade von Nord nach Süd, die zum Flanieren und am Abend zu einem romantischen Spaziergang mit Sonnenuntergang einlädt. Zahlreiche Restaurants, Bars und Straßencafés bieten hier Einkehr mit Meerblick. In regelmäßigen Intervallen findet man behindertengerechte Zugangswege.

An der Playa de Las Canteras weht seit 1989 die blaue Fahne der EU. Sie wird jedes Jahr nach erneuter Prüfung an Strände vergeben, die vorgegebene Standards erfüllen. Dazu gehören Sauberkeit an Land, gute Wasserqualität, sanitäre Anlagen

Geheimtipp

FISCHERROMANTIK IN SAN CRISTÓBAL

Unglaublich romantisch ist der Sonnenaufgang am Strand San Cristóbal im Süden der Stadt. Er gehört zum gleichnamigen Stadtviertel, das einst nur ein Fischerdorf war. Seinen einfachen Charakter hat sich dieser Teil der Stadt erhalten: Kleine, bescheidene Häuschen stehen hier, bunt gestrichen und mit Blumentöpfen an den Fenstern.

Der fast ein Kilometer lange Strand ist teils steinig, teils sandig und wegen seines manchmal recht heftigen Wellengangs bei Windsurfern und Wellenreitern beliebt. Nostalgisches Flair verströmt der Steinturm des Castillo San Cristóbal. Er ragt schon seit dem Ende des 16. Jahrhunderts aus den Fluten. Turm und Dörfchen stehen seit 1949 unter Denkmalschutz. Entlang der Strandpromenade findet man kleine sehr gute Fischlokale.

El Cucharón. Hier wird in schönem Ambiente gute mediterrane Küche serviert. Gegenüber dem Castillo San Cristóbal. Calle Marina 5, Tel. 928 331 365, www.elcucharon.es

Urlaubsbeschäftigung an der Playa de Las Canteras: Sandburg-Architekt

Die Hauptstadt

und ein Rettungsschwimmer-Service. Zudem verfügt der Strand seit Juni 2004 über das Zertifikat UNE-EN ISO 14001, das von der spanischen Organisation AENOR vergeben wird. Es bestätigt, dass alle Aktivitäten und Veränderungen am Strand im Einklang mit der Natur geschehen. Außer Las Canteras sind in Spanien lediglich die Strände La Concha in San Sebastián und La Victoria in Cádiz mit diesem Umweltprädikat ausgezeichnet.

Badealternativen in Las Palmas

Ein weiterer Liebling innerhalb der Stadtgrenzen ist die Playa de Las Alcaravaneras. Sie erstreckt sich auf einer Länge von rund einem Kilometer gleich neben dem Hafen La Luz und wird zu beiden Seiten von kleinen Jacht- und Sporthäfen flankiert. Im Norden grenzt der Strand an den Real Club Náutico und südlich an den Segelclub Varadero. Wassersportarten vom Segeln über Kajak- bis zum Jetskifahren sind hier möglich. Entlang des Strandes gibt es Kioske, Bars und Cafés, die meist von den Clubs geleitet werden.

Am südlichen Ende der Stadt erstreckt sich direkt an der Autopista del Sur GC-1 die Strandoase Las Lajas. Sie hat erst in jüngerer Vergangenheit an Bedeutung gewonnen. Für den etwa 1,2 Kilometer langen und je nach Wasserstand zwischen 40 und 80 Meter breiten Strand wurde zum Teil vom Meeresboden vor der Küste hellgrauer Vulkansand aufgeschüttet, ein künstlich geschaffener Wellenbrecher vor der Küste beruhigt den Seegang. Der Strand, Teil eines städtischen Gesamtkonzepts, ist in eine Grünanlage mit Rasen, Aussichtspunkt und Promenade integriert. Über die Bucht wacht der griechische Meeresgott Tritón. Die 13 Meter hohe Skulptur wurde von dem kanarischen Bildhauer Manolo González als markantes Wahrzeichen geschaffen. Perfekt zum Baden und Joggen.

Oben: Romantischer Sonnenuntergang an der Playa de Las Canteras
Mitte: Beliebte Sommeraktivität an der Playa de Las Canteras ist das Volleyball-Spiel.
Unten: Restaurants laden an der Uferpromenade der Playa de Las Canteras zum Schlemmen ein.

Las Palmas – Strände

Infos und Adressen

ESSEN UND TRINKEN
El Muellito de San Cristóbal.
Das typische, charmante Fischrestaurant im malerischen Fischerort San Cristóbal bietet eine schöne Aussicht auf Strand und Küste. Serviert wird kanarische Küche, die Spezialitäten sind Fisch und Meeresfrüchte sowie Reisgerichte.
Calle Marina 81, Tel. 664 72 63 02,
www.arroceriaelpescador.com

La Oliva. Das hervorragende Restaurant serviert direkt am Strand exzellente kanarische Küche vom Frühstück bis zum Abendessen. Alles wird frisch und mit Olivenöl zubereitet. Eine Tischreservierung ist empfehlenswert, wenn man draußen an der Promenade sitzen möchte. Calle Prudencio Morales 15–17, Tel. 928 46 97 57,
www.laolivarestaurante.com

Las Marineras. Auf einer Landzunge steht dieses typisch kanarische Restaurant mit Fischer-Ambiente und einheimischer Küche am Nordende des Strandes fast im Atlantik. Seine Spezialitäten sind frischer Fisch oder Fleisch vom Holzkohlengrill. Plaza La Puntilla, Tel. 928 46 15 55

ÜBERNACHTEN
Hotel Concorde. Dieses Viersternehotel befindet sich 50 Meter von der Playa de Las Canteras entfernt direkt an der Strandpromenade. Es hat seinen Gästen neben modernem Komfort im Stil der 1960er-Jahre einen Pool mit Panoramablick auf der Dachterrasse zu bieten.
Calle Tomás Miller 85, Tel. 928 26 27 50,
www.concordegrancanariahotel.com

NH Las Palmas Playa Las Canteras. Hübsches Dreisternehotel, nur circa 30 Meter vom Strand entfernt. Perfekt, auch für junge Leute. Calle Prudencio Morales 41, Las Palmas, Tel. 928 46 31 53, www.nh-hoteles.es

NH Imperial Playa. Schönes Viersternehotel, direkt am Strand. Moderner Stil, schönes Ambiente. Calle Ferreras 1, Las Palmas, Tel. 928 46 88 54, www.nh-hoteles.es

Playa de Las Canteras mit der Halbinsel La Isleta im Hintergrund

Die Hauptstadt

5 Poema del Mar
Faszinierende Unterwasserwelt ganz nah

Poema del Mar, Gedicht des Meeres, heißt das neue Highlight, das am Hafen von Las Palmas, an der Muelle Sanapú, gebaut und voraussichtlich am 17. Juni 2017 eröffnet wird. Die Familie Kiessling, Gründer des Parque Loro und des Parks Siam auf Teneriffa, installiert mit diesem gigantischen Aquarium ihre erste touristische Attraktion auf Gran Canaria. Ein neues Muss für den Urlaub auf dieser Insel.

Unterwasserwelt an Land

Poema del Mar ist ein gigantischer weißer Bau, der von außen nicht erkennen lässt, was er verbirgt. Sobald der Besucher durch die Tür geht, betritt er bislang unbekanntes Terrain. Er taucht ein in den Unterwasserkosmos, ohne auf Tauchgang gehen zu müssen. Eine faszinierende Welt verschiedener Kontinente, von Süßwasser über Küstenregionen der Ozeane bis hin zur Tiefsee tut sich dem staunenden Betrachter auf: kuriose, erstaunliche, farbenprächtige und einzigartige Bewohner der Erde, die nur die wenigsten Menschen kennen. Am Eingang betritt der Besucher zunächst einmal den Dschungel. Warme, feuchte Luft, üppige Vegetation, dazwischen Vögel und Lemure empfangen den Gast. Mittendrin Krokodile, zum Greifen nah. Auf verschiedenen Ebenen windet sich der Weg durch das moderne Bauwerk und lässt die Außenwelt in Vergessenheit geraten. Völlig losgelöst zieht der geheimnisvolle Ozean den Besucher in seinen Bann. Im Mangrovensumpf ist der Schützenfisch zu Hause, der seine

Oben: Quallen sind beeindruckende Wesen, die wie Elfen des Wassers durch die Ozeane gleiten. Aus sicherer Perspektive einfach faszinierend.
Unten: Besucher des Poema del Mar tauchen in eine völlig andere Welt, in die Unterwasserwelt, ab.

Poema del Mar

Beute mit Spucke fängt. Oder der Fisch mit vier Augen. Die Tiefsee wird im Deepsea-Bereich lebendig. Die weltweit größte, gebogene Scheibe lässt den Betrachter nahezu eins werden mit diesem Element, das von Hammerhaien, riesigen Barschen und anderen erstaunlichen Tieren bewohnt wird. Wie sieht es eigentlich dort aus, wo die Tintenfische leben und wie klug sind sie? Wie bunt kann die Fischwelt sein, was ist ein Drachenfisch oder ein Grottenolm? Gibt es Nemo wirklich, und wer wohnt in seiner Nähe? Warum sind manche Fische durchsichtig? Viele aufregende Fragen bekommen hier spannende Antworten. Kinder und Erwachsene werden von dieser Welt gleichermaßen verzaubert. In einem Restaurantbereich kann sich der Besucher zwischendurch stärken und von den Eindrücken erholen.

Forschung und Aufklärung

Wie im Zoologischen Garten Loro Parque auf Teneriffa wird auch im Riesenaquarium viel Wert auf Forschung und Aufklärung gelegt. Warum sind Engelhaie beispielsweise vom Aussterben bedroht, und warum sollten wir froh sein, dass sie auf den Kanaren eines ihrer letzten Rückzugsgebiete haben? Was können wir zum Schutz der Meeresschildkröten tun, damit sie sich nicht mit unserem Plastikmüll verletzen, und wie gefährlich sind Haie wirklich? Der Park möchte die Besucher auf das empfindliche Ökosystem Ozean aufmerksam machen. Er versteht sich als Plädoyer für eine Welt, der der Mensch wenig Aufmerksamkeit schenkt, weil sie im wahrsten Sinn des Wortes nicht in seinem Blickfeld ist. Mehr Information, mehr Faszination sollen zu mehr Schutz führen. Andererseits sollen Wissenschaftler aus aller Welt die Möglichkeit erhalten, Forschungen anzustellen. Im Park sind Bereiche für Tagungen und Schulklassen vorgesehen.

Infos und Adressen

Poema del Mar. Muelle Sanapú im Hafen La Luz Las Palmas www.poema-del-mar.com, voraussichtliche Eröffnung: 17. Juni 2017: Öffnungszeiten, Eintritt und mehr Informationen standen bei Druckschluss noch nicht fest. Bitte über die Webseite abfragen.

Haie schwimmen fast zum Greifen nah am Besucher vorbei.

FESTE AUF GRAN CANARIA

Es wird so richtig gefeiert – die Canarios verstehen es zu feiern und tun dies mit einer Mischung aus religiösen und weltlichen Aspekten, die sie perfekt miteinander verweben. Gefeiert wird meist von spätabends bis frühmorgens. Außer bei den *romerías*, die schon mittags beginnen. Gastfreundschaft ist hier oberstes Gebot, und das gilt auch für die Feste. Jeder, der Lust hat, ist herzlich willkommen und wird zum Mitfeiern animiert.

Fiestas und Traditionen

Wenn auf Gran Canaria gefeiert wird, dann aber richtig. Folklore und moderne Musik, leichte Sommerkleidung oder traditionelle Trachten – je nach Fest und Gelegenheit sind ganz unterschiedliche Kleiderordnungen vorgesehen. Die bekannten traditionsreichen Tanzfeste, Baile de Taifas, sind Teil vieler lokaler Festkalender. Bei diesen Tanzabenden ist die kanarische Tracht Pflicht. Das gilt auch für Urlauber. Wer keine eigene Tracht besitzt, kann sich eine solche vor Ort in der Regel ausleihen.

Zwei große Festivitäten, die eng mit dem Meer verbunden sind, sind zum einen die Johannisnacht, Noche de San Juan, am 24. Juni sowie zum anderen das Fest zu Ehren der Schutzpatronin Virgen del Carmen am 16. Juli. Die Johannisnacht wird in der Hauptstadt Las Palmas an der Playa Las Canteras und in anderen Orten meist an den jeweiligen Stränden gefeiert. Überall findet man sich dann bei Sonnenuntergang zum Picknick im Freundes- und Familienkreis zusammen. Sobald es dunkel ist, werden Leuchtfeuer entzündet. Sie sollen die dunklen Mächte, Krankheiten und anderes Belastendes vertreiben. Viele Canarios steigen um Mitternacht in den Ozean, um sich symbolisch zu reinigen und Altes abzuwaschen. Die Virgen del Carmen, die Schutzpatronin der Fischer und Seeleute, wird in Orten mit Fischertradition verehrt. In der Hauptstadt Las Palmas zum Beispiel, indem die Anwohner die Straßen von Las Canteras mit »Teppichen« aus Salz, Papier und Sand schmücken. Die Marienfigur wird vom 8. bis 16. Juli täglich mehrmals in feierlichen Umzügen durch die Straßen getragen. Am 16. Juli gipfelt das Fest in einer Prozession, in der die Figur in einem geschmückten Boot auf das Meer hinausgefahren wird. Dieses feucht-fröhliche Fest hat auch in anderen Fischerorten Tradition. Am besten vor Ort das jeweilige Programm erfragen und auf jeden Fall mitfeiern und Spaß haben.

Links: Die Kostüme der Karnevalsköniginnen sind imposant und richtig schwer.

Feste auf Gran Canaria

Historisches Fest

La Naval heißt das traditionsreiche, historische Fest, bei dem der Sieg über die britischen Angreifer unter Sir Francis Drake im Oktober 1559 gefeiert wird. Vom 3. bis 19. Oktober wird dieses Fest in der Hauptstadt Las Palmas mit einem aufwendigen Programm gefeiert. Den Auftakt des Festes bildet das sogenannte *chapuzón*. Dabei gehen wichtige Persönlichkeiten des sozialen und politischen Lebens an der Playa de Las Canteras im wahrsten Sinne des Wortes vor aller Augen baden. Zu den rund zwei Wochen andauernden Feierlichkeiten gehört auch der Erntedankumzug, die *romería*.

Feste der Kunst

Zum internationalen Festival Canarias Jazz kommen lokale, nationale und internationale Künstler der Jazzszene auf den Kanaren zusammen und bieten an verschiedenen Orten und auf unterschiedlichen Inseln Konzerte an. Gran Canaria und Teneriffa sind dabei die Hauptzentren. Das Festival findet meist im Juni/Juli statt. Einige Konzerte, zum Beispiel vor der Kathedrale Santa Ana in Las Palmas, sind sogar kostenlos. Für andere werden Eintrittskarten verkauft. Detaillierte Informationen gibt es über die Webseite www.canariasjazz.com.
Seit 1996 wird in San Bartolomé de Tirajana das Festival 21MASDANZA, gefeiert. Es ist ein internationales Fest des zeitgenössischen Tanzes mit einem anspruchsvollen Programm. Es werden die besten Solisten und die besten Choreografien für Gruppen prämiert.

Karneval auf Gran Canaria

Die fünfte Jahreszeit, der Karneval mit seinen Salsa- und Sambarhythmen, lässt die Einheimischen regelrecht aufblühen. 1523 sprach König Carlos I. ein Verbot gegen das närrische Treiben aus, das sich 200 Jahre lang halten sollte – bis sich die »karnevalistischen Gene« der Canarios wieder an die Oberfläche kämpften. Später gebot die Francodiktatur dem ausgelassenen Treiben Einhalt. In kleinem Kreis und getarnt als Winterfest feierten die Menschen jedoch heimlich weiter. Seit Francos Tod 1975 gibt es kein Halten mehr.

Farbenfrohe Kinder-Karnevalskönigin

Der bekannte spanische Gitarrist Javier Infante auf dem Festival Canaris Jazz y más

Die Hochburgen auf Gran Canaria sind zweifelsohne die beiden Metropolen Las Palmas und Maspalomas im Süden. Dabei sind die prunkvollen Veranstaltungen zur Wahl der Karnevalsköniginnen, die während der närrischen Zeit das Zepter in der Hand halten, die absoluten Highlights. Dabei zählt allerdings nicht allein die Schönheit, bewertet werden vor allem die glamourösen Kostüme, über die auch ihre Designer ausgezeichnet werden, sowie die Ausstrahlung der angehenden Königin. Eine Spezialität Gran Canarias ist außerdem die Wahl der Dragqueen. Die Gayszene auf Gran Canaria ist sehr aktiv. Die Drag-Galas sind wegen ihrer hohen Qualität und Kreativität bei einem breit gefächerten Publikum sehr beliebt. Neben den Galas mit ihrem abwechslungsreichen Programm begeistern die Umzüge. Die Straßen füllen sich mit Karnevals- und Komparsengruppen, bunt geschmückten Wagen, Königinnen und vor allem viel Musik. Dank der milden Temperaturen wird der Karneval auf Gran Canaria als gigantische Open-Air-Party gefeiert.

Die Hauptstadt

6 Las Palmas – La Isleta
Anhängsel mit Qualitäten

Ein authentischer Teil von Las Palmas ist die Halbinsel La Isleta im Norden der Stadt. Diese karge, schroffe Steinwüste war früher bei Flut vom Rest der Insel abgeschnitten. Heute ist sie durch einen schmalen Arm, der durch natürliche Ablagerungen und gezielte Aufschüttung entstand, fest mit der Stadt verbunden. Auf La Isleta liegen der abgeschottete Hafen Puerto de la Luz und der Stützpunkt der kanarischen Marine.

Charismatisches La Isleta

Wäre La Isleta ein Mensch, würde man sagen, sie hätte ein Charaktergesicht. Bezogen auf einen Ort ist dies zwar ein schiefer Vergleich, dennoch stimmt es, dass die rund 850 Quadratmeter große Halbinsel einen ganz eigenen Charakter hat. Ihre drei Vulkankegel durchziehen enge Gassen, schmiegen sich nicht mehr ganz neue Häuser aneinander, quillt lautstarkes Leben aus Fenster und Türen auf die Straßen und bezaubert südländisches Alltagsflair. Ursprünglich war La Isleta ein verstecktes Fischerdorf, erst später wurde es vornehmlich von Hafenarbeitern und eher sozial schwachen Familien bevölkert. Zugezogene Händler aus der ganzen Welt ließen sich nieder und boten ihre Waren an. Mit der Zeit wurde aus dem Fischernest ein belebtes Stadtviertel, das bis heute vor allem von Arbeiterfamilien mit niedrigem Einkommen bewohnt wird. Doch La Isleta hat Charisma und ist ein wichtiger und liebenswerter Teil von Las Palmas. Weite Bereiche der Halbinsel sind militärisches Sperrgebiet, der Rest steht zum Großteil unter Naturschutz.

Mitte: Wie wäre es mit einem Küstenspaziergang zwischen Playa de Las Canteras und der Playa Confital?
Unten: Internationale Surferwettbewerbe werden gern an der Playa El Confital ausgetragen.

Puerto de la Luz

Einfach gut!

Der Puerto de la Luz am südöstlichen Ende der Halbinsel wurde im Juli 1865 in Betrieb genommen. Der Hafen war zu jener Zeit ein entscheidender Motor für die wirtschaftliche Entwicklung von Las Palmas, die einen beginnenden Wohlstand für die Stadtbevölkerung nach sich zog. Bis heute ist der Puerto de la Luz einer der wichtigsten europäischen Handelshäfen und der größte Containerfrachthafen in der nordafrikanischen Region. Riesige Kräne, die man beim Einlaufen schon von Weitem sieht, stören zwar etwas die Romantik, unterstreichen aber die Bedeutung des Hafens. Hier legen regelmäßig die Fähren an, die zwischen den Inseln verkehren. Einmal in der Woche legt eine Fähre in Richtung Festlandspanien ab, und auch Kreuzfahrtschiffe liegen regelmäßig vor Anker. Bis zu tausend Schiffe werden im Monat in diesem Hafen abgefertigt. In das Hafengelände wird das neue Mega-Aquarium Poema del Mar integriert. Damit bekommt der Hafen eine zusätzliche Attraktion. Im Norden grenzt das militärische Sperrgebiet der kanarischen Marine an den Hafen an. In diesem Bereich der Nordostküste befinden sich Übungsgelände, Truppenunterkünfte und ein Militärgefängnis. Er ist deshalb für die Öffentlichkeit nicht zugänglich.

CASTILLO DE LA LUZ

Das Castillo de la Luz wurde nach Gran Canarias Eroberung durch Juan Rejón im Jahr 1478 erbaut. Seit 1494 wacht die »Burg des Lichts«, wie der Name des Bauwerks übersetzt heißt, an der Grenze zwischen Stadt und La Isleta an der heutigen Calle Juan Rejón. Von dieser Befestigungsanlage wehrten die Spanier Angriffe von englischen und niederländischen Freibeutern ab. Zusammen mit den Castillos de Mata, San Cristóbal und San Francisco sowie der Befestigungsmauer gehörte es zum Schutzring der Stadt. Als der holländische Pirat Pieter van der Does 1599 Teile der Stadt verheerte, zerstörte er auch das Castillo. Die Burg wurde jedoch wieder aufgebaut und übte bis ins 19. Jahrhundert eine wichtige Verteidigungsfunktion aus. Später wurde das Bauwerk jahrzehntelang vernachlässigt, bis es 1969 und noch einmal im Jahr 2010 grundlegend restauriert wurde. Seit 1941 steht das Castillo als historische Festung unter Denkmalschutz. Heute wird es als Kulturzentrum genutzt, zudem ist ein Seefahrtsmuseum geplant.

Die Hauptstadt

Der Leuchtturm

Seit 1862 wirft der Faro de la Isleta sein Licht hinaus auf den Atlantik. Der Leuchtturm wurde von Juan de León y Castillo auf einem rund 249 Meter hohen Vulkankegel errichtet und erleichtert den Seefahrern die Umschiffung von Gran Canarias Nordkap. Zusammen mit dem Leuchtturm Punta Sardina an der Westküste und der Punta de Melenara im Süden sorgt er dafür, dass die Schiffe und ihre Besatzungen rund um die Insel gefahrlos fahren können und sichere Orientierung finden. Bis 1999 lebte sogar ein Leuchtturmwärter in dem zehn Meter hohen markanten Turm mit der weißen Kuppel. Seitdem werden die Lichter durch Hightech gesteuert. Bis zu 21 Seemeilen weit sind sie vom Wasser aus zu sehen. Der Besuch des Leuchtturms ist leider nicht möglich.

Playa del Confital

Lange Zeit galt die Playa del Confital an der Westküste als absoluter Geheimtipp. Heute ist der Strand etwas bekannter, aber immer noch ruhig. Von der Nordspitze der Playa de Las Canteras führt ein Fußweg als kleine Küstenpromenade zu der auf der Halbinsel gelegenen Bucht El Confital. Das herrliche, versteckte Strandfleckchen begeistert auf einer Länge von zwei Kilometern mit hellem Sand und traumhaftem Ausblick auf die Nordküste der Insel. Da ein Teil der Playa del Confital offiziell als FKK-Bereich ausgewiesen ist, zieht es auch nackte Sonnenanbeter in die Bucht. Bei Surfern gilt El Confital als ein Hotspot in Europa. Schnelle Meeresströmungen lassen an dieser Stelle die starken, anderthalb bis vier Meter hohen Wellen in Tubes brechen. An der Playa del Confital finden jedes Jahr Wettbewerbe für den Surf-Weltcup statt. Tierfreunde freuen sich über die Delfinschulen, die sich nahe der Küste tummeln; sogar Pottwale kann man sehen.

Oben: Einfaches Steinhaus an der Punta de Confital
Mitte: Wasserfontänen, die zwischen den Felsen ihre salzige Gischt versprühen. Tief Luft holen an der Punta de Confital
Unten: Angler versuchen ihr Glück an der Punta de Confital.

Las Palmas – La Isleta

Infos und Adressen

ESSEN UND TRINKEN

Cerveceria Gambrinus. Das zwanglose Bierlokal mit schmackhafter kanarischer und spanischer Küche ist zwischen Hafen und der Playa de Las Canteras gelegen. Calle Secretario Artiles 34, Tel. 928 22 33 21, www.gambrinuslaspalmas.es

Julio. Das Fischrestaurant ganz in der Nähe des Castillo de La Luz lockt mit Fischerambiente und einheimischer Küche nach lokalen Originalrezepten mit typisch kanarischen Zutaten. Zu den Spezialitäten zählt in Whiskey flambierter Seebarsch. Calle de la Naval 132, Tel. 928 46 01 39

El Búho Tuerto. Von außen eher einfach und unscheinbar, aber trotzdem empfehlenswert. Perfekt für Fleischliebhaber, argentinisch-mediterrane Küche. Calle Tomas Miller 13/Ecke Cirilo Moreno, Las Palmas, Tel. 928 50 48 20

Allende Puerto. Typische Taverne mit Tapasspezialitäten. Einfach und sehr lecker. Calle Joaquin Costa 14, Las Palmas, Tel. 928 494 626, www.allendepuerto.com

ÜBERNACHTEN

AC Hotel Gran Canaria (Marriott). Das Viersternehotel der Marriott-Gruppe ist nur rund 300 Meter von der Playa de Las Canteras und etwa fünf Minuten vom Hafen entfernt. Das moderne, elegante Urlaubsdomizil im Herzen der Stadt bietet ein schönes Restaurant und einen Pool über den Dächern der Stadt. Calle Eduardo Benot 3–5, Tel. 928 26 61 00, www.marriott.de

Blanca Paloma. Das Zwei-Sterne-Haus ist rund 100 Meter von der Playa de Las Canteras entfernt in den engen Gassen von La Isleta gelegen. Das freundliche Familienhotel bietet Lokalkolorit mit Stadtflair und einfache, aber saubere Zimmer mit eigenem Bad. Ideal für den kleinen Geldbeutel. Calle Princesa Guayarmina 2, Tel. 928 46 77 04

NH Imperial Playa. Das moderne Viersternehotel steht im Norden der Playa de Las Canteras nahe dem Fußweg zur Playa del Confital. Es bietet geräumige, moderne Zimmer. Calle Ferreras 1, Tel. 928 46 88 54, www.nh-hoteles.es

Die einfachen Häuschen unterstreichen das bescheidene Leben der Menschen, die entlang der Uferpromenade wohnen.

WESTKÜSTE

7 Agaete
Ein Traum in Weiß   62

8 La Aldea de San Nicolás
Versteckter Zauber   68

9 Stauseen im Aldea-Tal
Kostbares Wasser   74

Vorangehende Seite: Die Anden Verde an der schroffen und steilen Westküste
Mitte: Blick auf den Hafen Puerto de las Nieves vom Mirador aus
Unten: Die Kirche Iglesia de La Concepción im Ortskern von Agaete

Westküste

7 Agaete
Ein Traum in Weiß

Agaete liegt am Westende von Gran Canaria rund 30 Kilometer von der Hauptstadt Las Palmas entfernt. Wer mit der Schnellfähre nach Gran Canaria übersetzt, kommt in diesem reizenden Fischerdorf auf der Insel an. Mit den weißen Häuschen, deren Fensterrahmen in kräftigem Blau und Grün leuchten, präsentiert sich Agaete als idyllische Ortschaft, die mit ihrem besonderen Charme Besucher sofort bezaubert.

Zwischen Meer und Bergen

Agaete ist von gigantischen Steilwänden und Schluchten umgeben. Die wichtigsten sind El Risco, Guayedra und der Barranco von Agaete. Darüber wacht als höchster Berg der rund 1500 Meter hohe Tamadaba. Die Pinien auf seinem Hochplateau grüßen aus der Ferne ins Tal. Im Gegensatz dazu leiden die Steilhänge unter Erosion und Trockenheit. Der Ortskern besteht aus engen Gässchen, bezaubernden, typisch kanarischen Häuschen mit Holzbalkonen und Blumen-

GUT ZU WISSEN

NICHTS FÜR SANDSTRAND-ANHÄNGER

Agaete liegt zwar nicht im Einzugsbereich der Passatwinde und hat deshalb ein für die Nordküste besonders mildes Klima, aber ein Badeparadies ist es trotzdem nicht. Die Playa de Agaete erstreckt sich am Hafen und ist mit kleinen Kieselsteinen übersät. Sand sucht man vergeblich. Wer sich damit arrangieren kann, findet sich dafür hauptsächlich unter Einheimischen wieder und kann Lokalkolorit genießen.

pracht. Die Farbe Weiß als Hausfassade ist in Agaete Pflicht und wird nur durch blaue oder grüne Fensterrahmen akzentuiert. Gerade dadurch wirkt Agaete harmonisch. Fisch und Meeresfrüchte kommen in den Lokalen fangfrisch auf den Tisch.

Der Hafen Puerto de las Nieves

Der Name Puerto de las Nieves, »Schneehafen«, bezieht sich keineswegs auf das örtliche Klima. Geschneit hat es in Agaete sicher noch nie. Vielmehr wird er auf die hochverehrte Schutzheilige Maria vom Schnee, die Virgen de las Nieves, zurückgeführt. Einst war der markante Felsen Dedo de Dios das Wahrzeichen des Hafens. Der »Finger Gottes« reckte sich wie ein mahnend erhobener Zeigefinger in den Himmel und wurde als Postkartenmotiv in alle Welt verschickt, bis im Jahr 2005 der tropische Deltasturm den gewaltigen Felsen wie ein Streichholz knickte und im Meer versinken ließ.

Historisches Gewicht

Eine entscheidende Rolle spielte der Hafen im Jahr 1478 bei der Eroberung der Insel durch den spanischen Feldherrn Juan Rejón. Pedro de Vera, der Juan Rejón zwei Jahre später ablöste, ließ

Nicht verpassen

DER BARRANCO VON AGAETE

Wer diese auch »Valle de Agaete« genannte Trockenschlucht erkundet, wird von ihrer üppigen Vegetation überrascht werden. Palmen, Mandel- und Zitrusbäume sowie andere Fruchtexoten sorgen für Vielfalt. Eine Besonderheit ist allerdings der Kaffeestrauch. »Früher wuchs überall Kaffee zwischen den anderen Bäumen. Als Kind erinnere ich mich, dass wir die Kaffeebohnen geerntet, geröstet und gemahlen haben. Das war ein Familienfest, an dem man alles zusammen gemacht hat«, erinnert sich eine Anwohnerin. Heute erlebt der Kaffeestrauch dank einer Initiative der Inselregierung eine Renaissance. Eine weitere Besonderheit sind die eisenhaltigen Quellen von Los Berrazales am Ende der Schlucht. Dort existierte 70 Jahre lang das Heilbad Los Berrazales. Derzeit wird eine Neueröffnung des Bades erwogen.

Valle de Agaete s/n.
Agaete, www.grancanaria.com

Westküste

als Trutzburg im Kampf gegen die Bewohner des altkanarischen Königreichs Galdár die Casa Fuerte oder auch Torre Fortaleza erbauen. 1481 wurde Alonso Fernández de Lugo zum ersten Bürgermeister ernannt. Ihm gelang es, den damaligen König von Galdár, Thenesor Semidán, gefangen zu nehmen, zu missionieren und so den Widerstand der Altkanarier zu brechen. Der einstige König wurde auf den Namen Fernando Guanarteme getauft und übernahm eine Vermittlerrolle zwischen den aufständischen Ureinwohnern und den spanischen Eroberern. De Lugo blieb nach dem Ende der Eroberung im April 1484 als erster Bürgermeister in Agaete. Große Ländereien wurden zwischen ihm und befreundeten Familien aufgeteilt. Die Kapelle Nuestra Señora de la Nieves erbaute Francisco Palomares im 16. Jahrhundert im einfachen Mudejar-Stil. Ihr berühmtester Schmuck ist das Triptychon des flämischen Künstlers Joos van Cleve, das anno 1533 Einzug hielt. Die Virgen de las Nieves wird am 4. August hochverehrt. Am Vortag ziehen die Einwohner beim »Zweigenfest«, der Fiesta de la Rama, mit Zweigen zum Meer und schlagen auf den Atlantik ein. Es ist ein Regen-Ritual aus der vorchristlichen Religion der Ureinwohner.

Oben: Blütenweiße Häuschen und enge Gassen machen den besonderen Charme von Agaete aus.
Mitte: Hibiskusblüten beleben die Gärten Gran Canarias mit ihren kräftigen Farbtupfern.
Unten: Grüne Plätzchen im Schatten alter Bäume in Agaete

Wirtschaftliche Entwicklung

Der Barranco de Agaete führt vom Ortskern ins Landesinnere und wurde schon von den Altkanariern wegen seines Wasserreichtums und nährstoffreichen Bodens geschätzt. Auch die spanischen Eroberer begannen, Felder anzulegen, um Wein und Zuckerrohr anzubauen. Ab dem 19. Jahrhundert führte die Zucht von Cochenilleschildläusen zu neuem Wohlstand. Mit Schuhfabriken und dem Abfüllen von Mineralwasser erlebte Agaete erneut eine wirtschaftliche Blüte, die mit der Weltwirtschaftskrise im Jahr 1929 jäh endete. Ab etwa

Agaete

Wanderung von Agaete zur Playa de Guayedra

Schwierigkeitsgrad: mittelschwere Wanderung
Weglänge: ca. 7 km
Dauer: ca. 2 Stunden
Start- und Zielpunkt: der Platz vor der Kirche Parroco Alonso Lujar, in unmittelbarer Nähe des Botanischen Gartens.
Anfahrt: per Pkw oder aus Las Palmas über die Buslinien 102 und 103.

Vom Ausgangspunkt führt die Hauptstraße in Richtung Hafen Puerto de las Nieves rund 600 Meter bis zur Weggabelung Richtung La Aldea de San Nicolás und dem Hafen. Dort folgt man rechts neben einem markanten Haus, das an Rieseneier erinnert, einer bergauf führenden Piste. Nach nur rund 50 Metern biegt man scharf links auf den Königsweg nach Guayedra ab. Nach einem rund 15-minütigen Fußmarsch trifft man bei KM 39 auf der Straße nach Aldea de San Nicolás auf eine markante Linkskurve und erreicht nach weiteren 200 Metern rechts einen Aussichtspunkt. Dort liegt der Hafen dem Wanderer zu Füßen. Noch einmal folgt man der Straße für rund 200 Meter. Dann geht es zuerst in Stufen, danach auf wilden Trampelpfaden zur Küste. Der schwarze Strand ist vor allem unter der Woche eine einsame Bucht, in der man die müden Füße in den kühlen Wellen erfrischen kann, bevor man den Rückweg antritt. Zunächst geht es zurück zum Kilometerstein 39. Danach folgt man dieses Mal nicht dem Königsweg, sondern steigt rechts rund 30 Meter den Hang hinauf, bis man auf eine Piste stößt. Von dort geht es nach links gen Norden weiter. Nach etwa 30 Minuten dient ein alter Kalkofen als nächster Orientierungspunkt. Ein wunderschöner Ausblick in den Barranco de Guayedra belohnt alle Mühen. Nördlich führt ein Pfad erst steil, später mäßig bergab. Einen eingefriedeten Wasserspeicher lässt man links liegen und folgt dem Pfad bis in den Talgrund. Ein Trampelpfad führt zurück auf die Dorfstraße Calle San Germán, auf der man in Richtung Nordwesten direkt in den Ortskern und zum Ausgangspunkt der Wanderung gelangt.

Wanderweg im Nationalpark Tamadaba

Westküste

Einfach gut!

NICHT NUR FÜR KAFFEETANTEN
In Richtung des fruchtbaren Barranco Valle de Agaete besteht am Ortausgang von Agaete gleich neben der Necrópolis seit dem Frühjahr 2012 das erste Centro de Transformación, Interpretación y Degustación del Café. In diesem auch kurz »Casa del Café« genannten Zentrum können sich Besucher umfassend rund um das Thema Kaffee informieren. Wuchsen früher die Kaffeesträucher fast beiläufig zwischen Mangos und Avocados, werden sie heute ganz bewusst gepflanzt.

Gepflegt wird eine besonders vollmundige Arabica-Sorte aus Äthiopien, die hier bereits Ende des 19. Jahrhunderts kultiviert wurde und heute kaum noch angebaut wird. Sein besonderes Aroma erhält der Kaffee aus Agaete zudem von dem vulkanischen Boden, auf dem er wächst. Gran Canaria ist die einzige zu Europa gehörige Region, in der Kaffee in größerem Stil angebaut wird. Das Besucherzentrum versteht sich als lebendiges, aktives Museum, in dem man allerlei Interessantes rund um die Kaffeesorten, den Anbau und die Verarbeitung erfährt. Das neu erworbene theoretische Wissen kann man anschließend bei einer Tasse Kaffee gleich praktisch erproben.

Casa del Café. Centro de Interpretación, Transformación y Degustación del Café de Agaete, Parque Arqueológico del Maipéz, Valle de Agaete, www.cafedeagaete.es

1940 sorgten wieder der Anbau von Tomaten und Bananen für ein Auskommen. Heute werden im Agaete-Tal vor allem tropische Früchte geerntet. Die meisten Bewohner leben inzwischen vom Tourismus.

Der Stadtkern von Agaete

Agaete ist ein Dorf mit beschaulichem Flair. Die Pfarrkirche La Concepción wurde 1515 für eine damals sehr kleine Christengemeinde erbaut und nach einem Brand 1875 in heutiger Größe neu errichtet. Das dreischiffige Kirchengebäude mit hohen Säulen und Bögen weist Elemente verschiedener Stilepochen auf. Es besticht durch den Kontrast von rotem Stein und weißem Putz. Von der Plaza de la Constitución vor der Kirche führt die Calle de la Huerta direkt zum Huerto de las Flores. Dieser Garten entstand Ende des 19. Jahrhunderts als Privatgarten und ist seit 1975 im Besitz der Stadt. Von Reisen mitgebrachte Samen und Setzlinge wurden gepflanzt. Allein 53 verschiedene Baum- und Straucharten sowie bunte Blumen machen diese Oase zu einem optischen und duftenden Erlebnis.

Archäologische Kultstätte

Oberhalb von Agaete liegt eine der größten prähispanischen Begräbnisstätten, die Necrópolis del Maipés de Arriba. Mehr als 600 Tumulus-Gräber wurden gefunden. Der obere Teil von Maipés de Arriba wurde zum Kulturgut erklärt. Seit Frühjahr 2012 ist das Feld zur Besichtigung freigegeben. Infotafeln führen in die Welt der Altkanarier ein. Im unteren Teil der Fundstätte, der bei Bauarbeiten in der Nähe des Hafens zerstört wurde, entdeckte man menschliche Überreste. Archäologische Untersuchungen nach der Radiokarbonmethode datierten sie auf das Jahr 1008 v. Chr. Man kann den Fund im Museo Canario in Las Palmas bewundern.

Agaete

Infos und Adressen

Blick auf Agaete

SEHENSWÜRDIGKEITEN

Huerto de las Flores. Beim Kirchplatz im Ortszentrum, geöffnet Mo–Fr 9–14 Uhr, Eintritt frei

Museo de la Rama. Calle Párocco Alonso Luján, Tel. 928 55 43 82

ESSEN UND TRINKEN

Cofradía de los Pescadores. Das einfache Lokal der Fischergenossenschaft liegt direkt am Puerto de las Nieves in Agaete. Es serviert besonders gute Fischspezialitäten. Paseo de los Poetas 0, Tel. 928 88 63 19

Restaurant La Palmita. Das Restaurant serviert internationale Küche und Fischspezialitäten in typisch kanarischer Atmosphäre mit Palmengarten. Carretera de las Nieves, Tel. 928 89 87 04

ÜBERNACHTEN

Ferienhäuser. Wer die Abgeschiedenheit an der Westküste in El Risco sucht und trotzdem in der Nähe von Agaete urlauben möchte, kann eines dieser drei einsam gelegenen, hübschen, typisch kanarischen Häuschen buchen. Sie werden privat vermietet.
Casa La Pintora, El Risco, Tel. 928 89 40 22
Casa El Patio, El Risco, Tel. 928 88 61 61
Casa Rural las Rosas, El Risco, Tel. 928 46 08 91

Hotel Finca las Longueras. Das Landhotel residiert in einem alten charmanten Herrenhaus aus dem Jahr 1895 in einer tropischen Finca. Finca Las Longueras, Hotel Rural, Agaete, Tel. 928 89 81 45, www.laslongueras.com

Hotel Puerto de las Nieves. Das Viersternehotel direkt am Hafen bietet maritimes Flair mit Kurprogramm. Alcalde José de Armas, Tel. 928 88 62 56, www.hotelpuertodelasnieves.es

Hotel Roca Negra Hotel & SPA. Das schöne Viersternehotel mit Panoramablick steht auf schwarzer Lava direkt an der Küste. Avenida Alfredo Kraus 42, Tel. 928 89 80 09, www.hotelrocanegragrancanaria.com

Princesa Guayarmina. Das Dreisternehotel bietet ein schönes Ambiente im zauberhaften Agaete-Tal. Los Berrazales, Tel. 928 89 85 25

GEFÜHRTE TOUREN

BP Tankstelle. Hier bekommt man Kaffee aus Gran Canaria und kann geführte Touren auf Plantagen buchen. Calle Alcalde José Armas de Galván

Touristentaxi. Verschiedene Entdeckungstouren in die Umgebung. Tel. 928 55 44 75

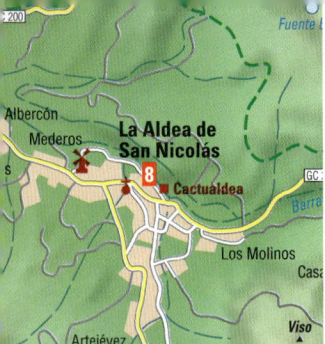

Westküste

8 La Aldea de San Nicolás
Versteckter Zauber

La Aldea de San Nicolás an der Westküste ist der wohl abgelegenste Ort Gran Canarias, mit über 123 Quadratkilometern Fläche aber auch die drittgrößte Gemeinde der Insel. Das idyllische Dorf liegt von Schluchten und Steilwänden umgeben zwischen Agaete, Mogán und Artenara in einem rund 10 000 Hektar großen Naturschutzgebiet. Bis 2005 war La Aldea noch unter dem Namen San Nicolas de Tolentino bekannt.

Abseits der Touristenpfade

Wer sich in die Einsamkeit von La Aldea de San Nicolás begibt, entdeckt fernab aller Touristenpfade eine kleine grüne Oase. Zu erreichen ist der Ort vom Norden aus von Agaete über die GC-200, von Tejeda oder Artenara über die GC-210 oder vom Süden aus über die GC-200 über Mogán. Doch unabhängig davon, welchen

Unten: Malerische Windmühle am Ortseingang von San Nicolás

GUT ZU WISSEN

EIN AUSFLUG FÜR NATURFREUNDE

La Aldea de San Nicolás hat in puncto Sehenswürdigkeiten nicht viel zu bieten. Es ist eine eher unscheinbare Ortschaft, in der die Menschen ihrem Alltag nachgehen. Hier gibt es nichts Spektakuläres zu erleben oder große touristische Attraktionen zu sehen. Ein Ausflug nach La Aldea lohnt also nicht wegen der Ortschaft selbst, sondern wegen der imposanten Bergwelt, die dieses Tal umgibt. Wer einen Blick und ein Gefühl für Landschaften hat, wird begeistert sein.

Die Anden Verde sind geprägt von der leuchtend grünen Farbe und durch die gigantischen steil abfallenden Felswände. Atemberaubend!

Weg man wählt: Die Strecke führt immer auf kurvenreichen, allerdings gut ausgebauten Bergstraßen zum Ziel. Für die Lenkradkurbelei entschädigt wird man durch die grandiosen Ausblicke auf gigantische Steilwände, die sich mächtig und stolz von der Küste bis in den Himmel strecken. Klein fühlt sich der Mensch im Angesicht solcher Berggiganten, die hier seit Urzeiten »Wache halten«. Schätzungsweise 14 Millionen Jahre alt sind die grün schimmernden und schon von Weitem leuchtenden Felswände Los Azulejos. Hier wurden die ältesten Fossilien in Form von Blättern und Zweigen gefunden. Die grünen Felsen aus Natrium-Eisen-Silikat befinden sich südlich des Ortes in Richtung Mogán. Ein kleiner Zwischenstopp am Aussichtspunkt Mirador Los Andes Verdes garantiert einmalige Erinnerungsfotos.

Tomaten-Oase zwischen Schluchten

In La Aldea de San Nicolás leben rund 8600 Menschen, die sich in dieser einsamen Lage wohlfühlen. Der Ort gliedert sich in den Ortskern am Ende der Schlucht und den Küstenteil Puerto de Aldea,

Geheimtipp

PLAYA DE GÜI-GÜI
Am Ende des Barranco Güi-Güi stößt man auf den gleichnamigen Sandstrand, der zu den verborgenen Schätzen Gran Canarias gehört. Er besteht aus der Playa de Güi-Güi sowie der Playa de Güi-Güi Chica, die aber nur bei Ebbe erreichbar ist. Einst lebten dort rund 500 Aussteiger fernab der Zivilisation in Höhlen, heute ist der Strand ein Geheimtipp für Wanderfreunde, die das Ausgefallene suchen. Die Playa de Güi-Güi erreicht man nur, wenn man einen rund dreistündigen Fußmarsch in Kauf nimmt. Der Name Güi-Güi, Steilküste, ist in diesem Fall Programm: Rund 450 Höhenmeter gilt es unterwegs bergauf, bergab zu überwinden. Startpunkt ist der Bergweiler Tasartico an der GC-204. Dort stellt man am Ortseingang das Auto ab und wendet sich dann in Richtung Meer. Nach etwa einem Kilometer erreicht man die Abzweigung, die in westlicher Richtung zur Playa de Güi-Güi führt. Der ausgeschilderte Weg verläuft über die Degollada de Aguas Sabinas.

FIESTA DE LA RAMA

Einfach gut!

Dieses populäre Fest geht auf die prähispanische Zeit zurück. In der Bucht Charco de La Marciega gingen die Ureinwohner damals auf Fischfang. Dabei nutzten die guten Schwimmer eine alte Technik: Sie schlugen mit Zweigen auf das Wasser, um die Fischschwärme in die Bucht zu treiben. Dort kippten sie den betäubenden Saft von Wolfsmilchgewächsen in das Wasser und konnten die Fische einfach einsammeln. Als der damalige Bischof 1766 den Ort besuchte, sah er Frauen und Männer nackt oder nur spärlich bekleidet in dem Tümpel baden. Zur Strafe exkommunizierte er die Bewohner, was diese aber wenig kümmerte, im Gegenteil: Man feiert hier seitdem stets am 11. September ab 17 Uhr das »Zweigefest« Fiesta del Rama, bei dem alle irgendwann bekleidet im Wasser landen. Im Vorfeld wird am 9. September das Sammeln der Zweige und am 10. September ein Erntedankfest zelebriert.

Die große **Fiesta de la Rama** ist ein zentrales Ereignis.
www.aytoagaete.es

Westküste

wo sich ein naturbelassener Kiesstrand erstreckt. Dort kann man romantische Sonnenuntergänge erleben oder den Naherholungsplatz in einem Tamarisken-Wäldchen direkt an der Küste zum Picknick nutzen.

Von der pulsierenden Dynamik des Massentourismus ist hier nichts zu spüren. Urlauber, die sich für La Aldea entscheiden, suchen keinen Trubel, sondern Ruhe und Einsamkeit. Oft gönnen sich auch Menschen aus den Metropolen in diesem Idyll eine kurze Auszeit von der Alltagshektik. Der Tourismus spielt daher in La Aldea de San Nicolás keine vorherrschende Rolle, hier lebt man in erster Linie von der Landwirtschaft. Schon bei der Anfahrt fällt der Blick auf große, mit Planen überzogene Felder. In den einfachen Treibhäusern wachsen vor allem Tomaten. Aus diesem größten Tomatenanbaugebiet der Insel werden die reifen Früchte per Lkw nach Las Palmas transportiert und von dort aus exportiert. Darüber hinaus wachsen auf dem fruchtbaren Boden Kartoffeln sowie unter anderem Papayas, Mangos, Guaven und Avocados. Die Treibhäuser schützen den Boden vor der gefürchteten Erosion durch Wind und heftige Regenfälle und zugleich die Pflanzen vor Sturmschäden und Schädlingsbefall. Zur Bestäubung der Blüten werden in den Treibhäusern eigene Hummelvölker gehalten. Für eine ausreichende Bewässerung sorgen die umliegenden Stauseen.

Frühe Blütezeit

Das fruchtbare Gebiet rund um La Aldea wurde bereits von den kanarischen Ureinwohnern geschätzt. Man vermutet, dass hier die größte Ansiedlung der Altkanarier lag. Von Los Caserones an der Küste berichtete schon der französische Anthropologe René Verneau Mitte des 19. Jahrhunderts. Erstaunt beschrieb er eine große Sied-

La Aldea de San Nicolás

lung aus 800 bis 1000 Häusern, die eine ausgeprägte Infrastruktur aufwies und zu der riesige Gräberfelder gehörten. Davon sind heute nur noch vereinzelte Überreste zu sehen, so z. B. die Grabhügel in der Nähe von Puerto de Aldea. Die größte archäologische Fundstätte der Insel wurde leider zu spät als solche erkannt. Die Gebäude wurden zum großen Teil abgetragen, weil man die Steine für den Bau von Häusern oder Befestigungsmauern nutzte. Einige Relikte längst vergangener Zeiten sind heute im Museo Canario in Las Palmas ausgestellt. Zu bewundern sind dort unter anderem Töpferarbeiten, die mit der Religion der Ureinwohner in Zusammenhang stehen, und *pintaderas*. Mit diesen stempelartigen Formen wurden farbige Formen und Muster gedruckt.

Da sich die Bevölkerung der Altkanarier an der Küste konzentrierte, konnte sie gegen die spanischen Eroberer erbitterten Widerstand leisten. 1483 verschanzten sich die Ureinwohner bei Ajódar im Barranco Tasartico und wehrten sich gegen das Heer von Pedro de Vera. In dieser Schlacht fielen Hauptmann Miguel de Mujíca und rund 200 Armbrustschützen. Das Leben von Pedro de Vera wurde durch das Einschreiten des damals bereits konvertierten Herrschers, des Guanarteme Tenesor Semidán, gerettet. Später geriet das abgeschiedene Tal in Vergessenheit. Erst ab etwa der Mitte des 17. Jahrhunderts wurden die Felder von Bauern bestellt, die an strikte Pachtverträge geknebelt waren. Sie bauten Tomaten und Zuckerrohr an und begannen mit der Zeit auch Cochenilleschildläuse zu züchten. Doch die Menschen des Tales wehrten sich gegen ihre Ausbeutung. Am 19. März 1876 töteten sie in einem Akt kollektiven Ungehorsams den Ortssekretär Diego Ramón de la Rosa und forderten die Übergabe des Landes. Diese kurze Rebellion endete jedoch schon nach wenigen Tagen: Am 5. April besetzte das königliche Heer

Oben: La Aldea de San Nicolás »produziert« riesige Mengen an Tomaten – auf großen Feldern oder in Kunststoff-Treibhäusern.
Mitte: Eine alte Küche als originelles Museum in einem ehemaligen Wohnhaus
Unten: Typisch sind bunte Häuser

Westküste

Oben: Cactualdea am Ortsrand von La Aldea de San Nicolás
Mitte: Die Kakteen mit der stacheligen »Sitzfläche« werden »Schwiegermuttersitz« genannt.
Unten: Unterschiedliche Kakteen gedeihen in dem Wüstenklima von La Aldea de San Nicolás.

den Strand, deportierte die 20 einflussreichsten Personen und schlug damit den Aufstand nieder. Die Bauern kämpften jedoch weiter um Freiheit und Boden, bis 1927 ein Dekret die Großgrundbesitzer enteignete und das Land an sie überging.

Individualität und Unabhängigkeit sind in der Region von La Aldea auch heute hochgeschätzte Werte. Doch zeigen die Menschen auch Offenheit und Gastfreundschaft gegenüber den Besuchern, die den Weg in die Abgeschiedenheit finden. Einige Häuser des Stadtkerns sind in ihrem ursprünglichen Zustand erhalten geblieben, so eine Packstation für Tomaten, das Haus des Arztes, des Schusters und eine Töpferwerkstatt. Dieses in das Dorf integrierte Museum kann man jedoch nur in kleinen geführten Gruppen mit Voranmeldung besuchen.

Die Cactualdea

Sehenswert ist auch der größte Kakteenpark Europas. Die »Cactualdea« beherbergt mehr als 1200 Kakteenarten aus aller Welt, darunter seltene Exemplare aus Mittel- und Südamerika. Und natürlich die typische Kanarische Palme und Drachenbäume. Auf einer Fläche von 15 000 Quadratmetern wandelt der Besucher durch einen exotischen Kakteengarten oder besichtigt die Nachbildung der berühmten Cueva Pintada von Gáldar. Wer möchte, kann Souvenirs wie Kaktuslikör, Kakteenpflanzen oder Kunsthandwerk erstehen oder sich in der Bar für ein gemütliches Päuschen niederlassen.

Kulinarisch Interessierte können in La Aldea unter anderem hervorragenden Ziegenkäse der Granja y Queseria Artesanal La Colina entdecken, der bei den World Cheese Awards bereits mehrfach prämiert wurde. Wer Lust auf lokale Spezialitäten hat, sollte den typischen Tintenfisch-Eintopf *ropa vieja de pulpo* probieren.

La Aldea de San Nicolás

Infos und Adressen

SEHENSWÜRDIGKEITEN
Kakteenpark Cactualdea. Urbanización Tocodoman, geöffnet tgl. 10–18 Uhr, Tel. 928 89 12 28, Eintritt: Erwachsene 9 €, Kinder bis 12 Jahre frei

Museumshäuser in La Aldea. Führung durch die Museumshäuser nur mit Voranmeldung unter Tel. 928 89 24 85

ESSEN UND TRINKEN
Restaurant Aguas Marinas. Das gemütliche kleine Restaurant in Strandnähe ist rustikal und serviert sehr gute lokale Küche, vor allem frischen Fisch. Lugar Varadero 4, Puerto de San Nicolás, Tel. 928 89 11 52

Restaurant Museum Las Cañadas. Das Restaurant mit kleinem Wohnmuseum liegt an der Hauptstraße GC-200 zwischen La Aldea de San Nicolás und Mogán. Es ist bekannt für seine Fleischgerichte vom Grill sowie für sein kanarisches Kaninchen- und Ziegenfleisch. Carretera General Mogán-San Nicolás, Tel. 928 94 35 90

ÜBERNACHTEN
Hotel Aldea Suite. Das ländliche Hotel bietet modernen Komfort und ist nur wenige Minuten vom Strand entfernt gelegen. Calle Transversal Federico Rodriguez Gil, s/n, La Aldea de San Nicolás, Tel. 928 89 10 35, www.laaldeasuites.com

Oben: Blick von oben auf das kleine Dorf La Aldea de San Nicolás

Hotel Los Cascajos. Das kleine, saubere Hotel steht direkt neben der Kirche. Calle Los Cascajos 9, La Aldea de San Nicolás, Tel. 928 89 11 65

Pension Segundo. Die privat geführte Pension bietet günstige, aber geschmackvolle Unterkunft, einige Zimmer sind mit Balkon. Pension mit Tapas-Bar, Calle Alfonso XIII, La Aldea de San Nicolás, Tel. 928 89 09 01

Wie in diesem als Museum hergerichteten Lebensmittelgeschäft kaufte man früher ein.

Westküste

9 Stauseen im Aldea-Tal
Kostbares Wasser

Gran Canaria ist nicht zuletzt wegen der vielen Sonnentage ein beliebtes Urlaubsziel. Doch reichlich Sonne bedeutet auch wenig Regen und damit knappe Süßwasserressourcen. Trinkwasser und Wasser zur Bewässerung der Felder sind ein kostbares Gut, das nicht verschwendet werden darf. Deshalb versucht man auf der Insel, sobald Regen fällt, so viel Wasser wie möglich zur späteren Nutzung aufzufangen.

Bestens bewährt haben sich hier die Stauseen, die ab Mitte des 20. Jahrhunderts in vielen Bergregionen angelegt wurden. Insgesamt 69 solcher Wasserspeicher sind über die Insel verteilt. Die teils beeindruckenden Talsperren mit hohen Staumauern und großem Fassungsvermögen sichern vor allem die Ernte in den fruchtbaren Tälern. Und sie bereichern die Freizeitgestaltung. Im Sommer haben die meisten Stauseen einen eher geringen Wasserstand. Wenn sie sich jedoch nach winterlichen Regenfällen füllen, werden sie nicht selten Ziel von Wochenendausflüglern. Diese breiten am Ufer eine Decke aus, packen ihr Picknick aus, strecken die Füße ins Wasser oder versuchen ihr Angelglück. Manche lassen sogar Kajaks oder Gummiboote zu Wasser. Das ist zwar eigentlich genauso wenig erlaubt wie das Baden, wird aber toleriert, solange es nicht überhand nimmt. Und auch Spaziergänge am einsamen Ufer haben ihren Reiz.

Embalse Caidero de la Niña

Abseits der ausgetretenen Touristenpfade bietet ein Ausflug zum Stausee Embalse Caidero de la Niña ein kanarisches Naturerlebnis. Dazu folgt

Unten: Staumauer am Stausee Paralillo. Wasser ist auf der trockenen Insel ein hohes Gut.
Rechte Seite: Blick auf den Stausee Paralillo im Barranco de la Aldea

Stauseen im Aldea-Tal

man der GC-210, die von La Aldea de San Nicolás nach Artenara führt, und passiert unterwegs Richtung Berge zunächst das fruchtbare Tal, das La Aldea bekannt gemacht hat. Vorbei an Bananen- und Zitrusplantagen führt die Strecke in schmalen Serpentinen bergauf. Busse findet man auf dieser Straße nicht, und auch der Gegenverkehr hält sich in Grenzen. An Ausweichstellen können Autos aneinander vorbeifahren – vorsichtiges und langsames Fahren ist angebracht.

Nach dem Stausee San Nicolás erreicht man direkt neben der Straße nach dem ersten Anstieg den Embalse Caidero de la Niña. Dieser Stausee wurde zwischen 1952 und 1958 angelegt und hat ein Fassungsvolumen von rund zwei Millionen Kubikmetern. Eine beeindruckende, rund 40 Meter hohe Gewichtsstaumauer aus Beton hält die Wassermassen zurück. Das Ambiente entschädigt auf jeden Fall für die Mühen der Bergstraße.

Vom Embalse Caidero de la Niña kann man zu Fuß zur Presa de Siberio wandern. Am Ende des Sees führt rechter Hand ein Weg in das Seitental, in dem sich der Siberio-Stausee zwischen Felsschluchten erstreckt. Einige verfallene Häuser dienen auf der gegenüberliegenden Straßenseite als Orientierungspunkte. Die Strecke führt im Barranco La Aldea bergab und über eine Brücke, die für Autos gesperrt ist. Etwa 300 Meter hinter der Brücke führt ein markierter Pfad bergauf. Sobald man den Bergrücken erreicht hat, sieht man vor sich das grünlich schimmernde Wasser der Presa de Siberio glitzern. Rund vier Millionen Kubikmeter Wasser fasst dieser eindrucksvolle Stausee. Wer nicht wandern, aber trotzdem noch ein bisschen Stausee-Atmosphäre genießen möchte, folgt der Straße GC-210 und erreicht nach wenigen Minuten den Embalse de Paralilla. Nach Belieben kann man der Straße noch bis Artenara folgen.

Infos und Adressen

KEINE INFRASTRUKTUR

Die Gegend ist einsam und bietet entlang der Strecke keine Einkehrmöglichkeiten. Packen Sie also ausreichend Proviant und Getränke ein und genießen Sie die Stille. Zu einem echten kanarischen Picknick gehören ein Baguette, ein Stück Ziegenkäse, Tomaten, Oliven und mit Frischkäse gefüllte Datteln, die mit rohem Schinken oder Speck umwickelt werden.

Da es in den Bergen sehr heiß werden kann, sollte man auf jeden Fall immer ausreichend Wasser mitnehmen.

GEFÜHRTE WANDERUNGEN

In der abgeschiedenen Region führen zahlreiche Wandertouren verschiedener Schwierigkeitsgrade in tiefe Schluchten und über luftige Höhen. Am Stausee Presa de Siberio warten sogar Tunnelwege darauf, entdeckt zu werden. Allerdings empfiehlt es sich, sich einer geführten Tour mit ortskundigen Führern anzuschließen. Buchen kann man diese z. B. bei Vitaltrend.

Vitaltrend. Carretera de los Portales 45, Los Portales, Tel. 928 63 81 22 oder 639 41 48 54, www.wandern-grancanaria.de

DER SÜDEN

10 Puerto de Mogán
Gran Canarias Klein-Venedig — 78

11 Von Taurito bis Playa de los Amadores
Mondänes Strandfieber — 84

12 Puerto Rico
Very british — 88

13 Patalavaca und Anfi del Mar
Urlaub mit Glamour — 92

14 Arguineguín
Das stille Wasser — 94

15 Meloneras
Chic und schön — 98

16 Pasito Blanco
Exklusive Schiffschaukel — 100

17 Maspalomas
Urlaubsoase mit Wüstencharakter — 102

18 Playa del Inglés
Tourismus hoch Drei — 110

19 San Agustín
Ein mondäner Badeort — 116

20 Bergoase Fataga
Die idyllische Seite Gran Canarias — 120

Der Süden

10 Puerto de Mogán
Gran Canarias Klein-Venedig

Eigentlich heißt die Gemeinde Mogán, und ihr Ortskern liegt einige Kilometer im Landesinneren. Weit bekannter ist jedoch der am Meer gelegene Ortsteil Puerto de Mogán. Dank des Hafens entwickelte sich aus einem abgeschiedenen Fischerort ein kleines Urlaubsparadies. Es entstand in den Jahren 1983 bis 1988 nach den Plänen von Raphael Neville, Graf von Berlanga. Der Visionär wurde 1926 in Málaga geboren.

Romantik pur in Puerto de Mogán

Zwischen tiefen Schluchten schlummert Puerto de Mogán am südwestlichen Zipfel von Gran Canaria. Einst ein verschlafenes Fischernest, ist es heute ein Urlaubsort mit bezauberndem Flair. Der Reiz des Dörfchens gründet sich vor allem auf den vielen

Vorangehende Doppelseite: Malerisch – Puerto de Mogán mit seiner geschützten Bucht
Mitte: Sonnenbad am Strand Playa de Mogán
Unten: Der Charme der typischen Hausfassaden von Puerto de Mogán

GUT ZU WISSEN

ZAUBERHAFTER »PO« DER INSEL
Puerto de Mogán ist ein herrlicher Ort, der aber seinen Charme auch zu nutzen weiß. In einigen, nicht allen Lokalen, ist das Preisniveau relativ hoch. Es empfiehlt sich, vor einem Restaurantbesuch einen Blick auf die Speisekarte zu werfen. Die Ortschaft ist ideal für einen erholsamen Urlaub. Wer allerdings viel unternehmen und unterwegs sein möchte, befindet sich hier etwas im Abseits und muss einen Leihwagen in Erwägung ziehen: Ausflüge in die Touristenhochburgen sind immer mit Autofahrten verbunden. Nachtleben wird in Puerto de Mogán kaum geboten.

Puerto de Mogán

Einfach gut!

kleinen Meerwasserkanälen und engen Gässchen, die es durchziehen und ihm den Beinamen »Klein-Venedig« eingebracht haben. Rundbögen über den größtenteils autofreien Gässchen, die von üppiger Bougainvilleen- und Hibiskuspracht überwuchert werden, erzeugen eine romantische Atmosphäre. Wenn bei Nacht das Meer leise plätschert, die Laternen leuchten und der Mond vom Himmel scheint, bildet Puerto de Mogán die ideale Kulisse für eine unvergessliche Liebeserklärung. Unvergesslich sind aber auch die hiesigen Sonnenuntergänge, die zu den spektakulärsten der Insel zählen. Dank seines außergewöhnlichen Ambientes, das trotz Urlauberrummel Idylle verströmt, gehört das romantische Puerto de Mogán zweifelsohne zu den Geheimtipps der Insel. Dazu beigetragen hat nicht zuletzt die weise Entscheidung, rund um den Hafen nur zweistöckige Gebäude zuzulassen. Ganz in Weiß gehalten, mit zahlreichen Geranien und anderen blühenden Blumen an den Fenstern, hat Puerto de Mogán seinen dörflichen Charakter erhalten. In der Fußgängerzone am Hafen kann man wunderbar bummeln, und zahlreiche Restaurants laden zur Einkehr ein. Auch eine Ferienanlage im Villenstil ist Teil des Ensembles. Größere Bettenburgen und Hotelanlagen sind nur etwa zwei Kilometer weiter im unmittelbaren Hinterland zu finden.

Maritimes Flair am Hafen

Im Jachthafen wird nicht nur die Fantasie von Segelfreunden beflügelt. Stolze Segel- und Motorjachten aus den verschiedensten Teilen Europas liegen hier vor Anker und verbreiten ein mondänes und trotzdem beschauliches Flair. Im hinteren Teil des Hafens schaukeln die Fischerboote der Einheimischen, gleich daneben bescheren die Ausflugsboote dem kleinen Hafen ein geschäftiges Kommen und Gehen. Mit Glas-

WASSERSPORT IN PUERTO DE MOGÁN

Im Wasser beginnt in Puerto de Mogán der vorherrschende Freizeitspaß. Sportarten, die mit dem Meer verbunden sind, sind besonders beliebt. Beeindruckend ist die schöne Unterwasserwelt mit kuriosen Steinformationen auf dem Meeresboden. Die süd-südwestlich verlaufende kalte kanarische Meeresströmung, verbunden mit den moderaten Temperaturen und den unterschiedlichen Meerestiefen, machen die Gegend zu einem Hotspot für den Tauchsport, geeignet für Anfänger und Fortgeschrittene. Ein weiteres maritimes Highlight, für das Puerto de Mogán bekannt ist, ist das Hochseefischen. Vor allem die Jagd nach dem blauen Merlin wird von diesem Hafen aus betrieben. Aber auch der Gelbflossen-Thunfisch und Barrakuda-Schwärme locken passionierte Hobby-Fischer an. Regelmäßig laufen Boote zum Hochseeangeln aus. Zum Beispiel:

Cal Rei Charters.
Mov. 697 48 62 80,
www.cosasdebarcos.com,
»New Alcor« von Cristóbal Godoy
Mov. 660 82 48 95, »Blue Marlin«
von Iván Novell, Mov. 618 44 74 06

Abenteuerliche Ausflugsfahrten per U-Boot

DELFINE UND WALE BEOBACHTEN

Zur Artenvielfalt der hiesigen Unterwasserwelt tragen auch Wale und Delfine bei: 26 der 79 bekannten Arten tummeln sich vor der Küste. Diese Tiere in ihrem natürlichen Element zu erleben, ist ein ergreifendes Ereignis.
Die Ausflugsfahrten unterliegen seit 2000 einem strengen Reglement, das den Schutz der Tiere garantiert. Am Hafen organisieren verschiedene Anbieter Tagestouren.

»Spirit of the Sea« fährt täglich dreimal ab Puerto Rico. Besonders umweltfreundlich, Tel. 928 56 22 29, www.dolphin-whale.com.

Extra Divers im Hotel Cordial Mogan Playa. Avenida de los Marrero 2, Tel. 928 56 60 77, www.extradivers-kanaren.com

Dieser Veranstalter ist spezialisiert auf Tauchkurse und -gänge. Er organisiert aber auch Ausflugsfahrten zu Walen und Delfinen.

Nicht verpassen

boden- oder sogar U-Booten fährt man hinaus, um die Unterwasserwelt zu erkunden. Dazwischen legen Fährschiffe an, die man als eine Art Wassertaxi nutzen kann. In kurzen Abständen verkehren sie die Küste entlang bis nach Arguineguín. Im hinteren Teil des Hafens befindet sich sogar eine Bootswerkstatt, wo man sein Boot aus dem Wasser heben und überholen lassen kann. Aber auch wer nicht an Bord geht, sondern einfach als Betrachter von der Kaimauer aus den Kontrast zwischen weißen Prachtbooten und blauem Himmel genießt, kann seine Gedanken in dieser ruhigen Atmosphäre auf die Reise schicken.

Baden in Puerto de Mogán

Die Bucht von Puerto de Mogán ist durch eine Mole geschützt und künstlich mit hellem Sand aufgeschüttet worden. Dadurch ist dieser Strand mit seinem sanften Wellengang besonders gut für Familien mit kleinen Kindern geeignet. Nur langsam dringt man in tieferes Wasser vor und schwimmt fast so ruhig wie in einem Pool. Auch Senioren, die bei Wellengang Angst um ihre Standfestigkeit haben, sind in dieser Lagune gut aufgehoben. Wenn die Flut anrollt, sieht man die

Puerto de Mogán

Kinderschar auch gern von einer der hübschen Brücken in einen Seitenarm springen. Wer Ruhe und Entspannung sucht, macht es sich auf einem der Liegestühle bequem und lässt das Strandleben an sich vorbeirauschen. Ein Rettungsschwimmer sorgt für die Sicherheit der Badegäste. Rund um den Strand schließt sich halbmondförmig eine kleine Uferpromenade an. Dort findet man Restaurants und Cafés aller Couleur für den kleinen Imbiss zwischendurch.

Lebendige Dorfidylle

Bis Anfang der 1980er-Jahre war Puerto de Mogán nur vom Meer aus zu erreichen. Deshalb wurde der Ort erst spät für den Fremdenverkehr entdeckt und hat sich seinen einzigartigen Charakter bewahrt. Lebendig ging es trotzdem auch damals schon zu. Beliebter Treffpunkt ist nach wie vor die kleine Plaza Doctor Pedro Betancor León, die gleich gegenüber dem Strand gelegen ist. Hier steht das auffällige Denkmal des Don Elías Hernández García, der als steinerne Skulptur, auf einen Stock gestützt, die Passanten anblickt. Don Elías war zu Lebzeiten ein Unikum. Tagtäglich saß er wortkarg auf der Bank, verständigte sich mit nur wenigen Worten oder Gesten und verkaufte Früchte und süßes Zuckerrohr. Für die Bewohner gehörte er so sehr zum täglichen Leben, dass sie auch nach seinem Tod nicht auf ihn verzichten wollten. Als liebenswertes Monument ist und bleibt er ein Teil seines Heimatorts. Er sitzt dort für immer.

Marktflair und einkaufen wie in alten Zeiten liebt man in Puerto de Mogán auch heute noch. Deshalb finden hinter dem Strand freitags ein Bauern- und montags ein Kunsthandwerksmarkt statt. Frisches aus der Region oder ein originelles Souvenir kann man dort erstehen.

Oben: Puerto de Mogán wird auch das kleine Venedig der Kanaren genannt.
Mitte: Ein Schwätzchen im Schatten – Einheimische gehen den Alltag langsam an.
Unten: Frischer Lack fürs Fischerboot – Hafenalltag

Der Süden

Nicht nur sein Ambiente, sondern auch sein Klima machen Puerto de Mogán zu einem idealen Urlaubsort. Die UNESCO hat das Mikroklima der Gemeinde zu einem der gesündesten weltweit erklärt. Als Gründe nannte sie die saubere Umwelt, die durch die Berge windgeschützte Lage, die wenigen Regenfälle und die ganzjährig angenehmen Temperaturen mit vielen Sonnenstunden.

Das Bergdorf Mogán

Interessant ist der Name des Ortes, dessen Ursprung nicht zweifelsfrei zu klären ist. Während die einen glauben, Mogán leite sich von dem endemischen kanarischen Fruchtbaum Mocan (*Visnea mocanera*) ab, sehen andere seine Wurzel eher in der Sprache der Ureinwohner. Dort hieß *mogán* nämlich »Haus Gottes«. Und das ist gar nicht so abwegig, denn der Gipfel des Tauro, der über dem Ort thront, war eine heilige Stätte der Altkanarier. Die Hirten bezeichneten ihn selbst noch in der jüngeren Vergangenheit als »Kirche Gottes«.

Das Leben in Mogán ist von der Landwirtschaft geprägt. Bewirtschaftete Felder und Ziegenzucht beherrschen das Bild. Es gibt nicht besonders viel zu sehen. Man passiert den Ort eigentlich eher, wenn man einen Ausflug in die Bergwelt der Umgebung unternimmt. Malerisch ist die kleine restaurierte Mühle aus der Mitte des 19. Jahrhunderts am Ortseingang. Sie gilt als die größte Windmühle der Insel. Nach einem Brand wurde sie originalgetreu wiederaufgebaut und dient heute als Informationsbüro. Dörflich bescheiden ist die Kirche San Antonio de Padua aus dem 18. Jahrhundert, die ein *canario*, der nach Kuba ausgewandert war, bauen ließ. Das Umland von Mogán ist zum großen Teil Naturschutzgebiet, in dem verschiedene Wander- und Mountainbiketouren zur Erkundung einladen.

Oben: Gran Canarias größte Windmühle am Ortseingang von Mogán
Mitte: Ruhe und Beschaulichkeit auf dem Dorfplatz von Mogán
Unten: Kleine Jungen spielen gerne, große noch viel lieber – das trifft auch auf die kanarischen Männer zu.

Puerto de Mogán

Infos und Adressen

ESSEN UND TRINKEN

La Cofradía. Zu diesem Lokal muss man einmal um den ganzen Hafen laufen, doch dafür wird man mit herrlichen frischen Fischgerichten belohnt. Muelle Puerto de Mogán 19, Tel. 928 56 53 21

N'Enoteca. Kleines, aber feines Restaurant mit exzellenter italienischer Küche. Diseminado Mogan 380/381, Puerto de Mogán, Tel. 928 56 53 57 www.nenoteca.it

Mogán Mar. Spezialisiert auf frischen Fisch, Fleischgerichte und typische Tapas. Varadero Avenue 32–33, Mogán, Tel. 928 56 61 68, www.restaurantemoganmar.com

ÜBERNACHTEN

Hotel la Venecia de Canarias. Das schöne Aparthotel ist im romantischen Teil von Puerto de Mogán. Urb. Puerto de Mogán 328, Tel. 928 56 56 00, www.laveneciadecanarias.net

Hotel Puerto de Mogán – Club de Mar. Das moderne Hotel mit Zimmern und Apartments steht direkt am Hafen und Strand. Urb. Puerto de Mogán s/n, Tel. 928 56 50 66, reservas@hotelpuertodemogan.com, www.hotelpuertodemogan.com

EINKAUFEN

Markt, Pasaje de los Pescadores. Bauernmarkt Fr 9–14 Uhr, Kunsthandwerksmarkt Mo 9–14 Uhr

AKTIVITÄTEN

Atlanik Diving. Die Tauchschule im Hotel Club de Mar verleiht Ausrüstungen und gibt PADI-Tauchkurse. Hotel Club de Mar, Tel. 689 35 20 49, www.clubdemar.com

FESTE

Empfehlenswerte Fiestas. 13. Juni: Erntedankfest, Romería in Mogán, 16. Juli: Fiesta del Carmen, der Schutzpatronin der Fischer. Die Prozession mit der Virgen del Carmen auf dem Meer findet am wichtigsten Tag der Feierlichkeiten statt, am Sonntag nach dem 16. Juli.

INFORMATION

Puerto Rico. Im Nachbarort von Puerto de Mogán informiert das Tourismusbüro über Wander- und Mountainbiketouren. Dort werden auch zahlreiche Wasser-Freizeitaktivitäten wie Parasailing oder ein schneller Ritt auf einer Wasserbanane angeboten. Avenida de Mogán, s/nº, Puerto Rico, Tel. 928 15 88 04

In Puerto de Mogán gibt es zahlreiche, hübsche Restaurants mit guter Küche.

Der Süden

11 Von Taurito bis Playa de los Amadores
Mondänes Strandfieber

Zwischen Puerto de Mogán und Puerto Rico sind in der jüngsten Vergangenheit weitere Ferienparadiese entstanden. Strandurlauber, die Wärme, Sand und Sonnenschein suchen, kommen in Taurito, Tauro und Playa de los Amadores voll auf ihre Kosten. Abseits des Massentourismus findet man dort eine moderne und mondäne, wenngleich künstliche Urlaubswelt, die aus dem Nichts gestampft wurde.

Badeoase Taurito

Nur rund sechs Kilometer südöstlich von Puerto de Mogán liegt Taurito im Windschatten der Bergmassive. Der Ort wurde Ende der 1980er-Jahre als Alternative zu den Bettenburgen von Maspalomas und Playa del Inglés geplant. Entstanden sind allerdings wiederum in erster Linie Ferienanlagen und Hotels an den terrassierten Hängen. Die Gemeinde Mogán ließ hier in zentraler Lage das

Mitte: Fußgängerpromenade zur Badebucht von Taurito
Unten: Vergnügen im Wasserpark mit aufregenden Rutschen in Taurito

GUT ZU WISSEN

SCHÖN IST ANDERS

Nicht alles ist schön, was modern ist, könnte man das Fazit aus diesen künstlichen Ferienwelten ziehen. Diese Orte sind einzig und allein für den Fremdenverkehr entstanden, und genauso sehen sie teilweise auch aus: Uniformierte Hotel- und Apartmentklötze, die protzig an den Hängen kleben. Alles ist hier auf Touristen ausgelegt. Vom Leben der Einheimischen oder vom typischen Lokalkolorit bekommt man an diesen Orten überhaupt nichts mit.

Taurito – Amadores

Einfach gut!

größte Meerwasserschwimmbad der Insel bauen. Das Lago Taurito Oasis lässt keine Wünsche offen: Auf mehr als 1350 Quadratmetern bieten abenteuerliche Rutschbahnen und Wasserspiele in einem üppigen Palmengarten Spaß für Jung und Alt. Mittlerweile ist das Paradise-Hotel Lago Taurito in die Badelandschaft integriert, der Wasserpark ist aber öffentlich zugänglich. Und natürlich lädt auch der geschützte Strand zum Sonnen ein.

Tauro – ein neuer Badeort

Noch etwas weiter östlich liegt Tauro, direkt neben dem eher unscheinbaren Playa del Cura. Dieses noch ganz junge Urlaubsziel entstand am Ende des Barranco Tauro, der von der einstigen Kultstätte auf dem Gipfel des Tauro zum Meer führt. Der Gipfel (1225 m) wurde schon von den prähispanischen Bewohnern der Insel als religiöse Stätte genutzt. Zusammen mit den Gebirgszügen von Güi-Güi, Inagua und Tamadaba zählt er zu den ältesten Inselteilen Gran Canarias, die vor rund 14 Millionen Jahren entstanden. Die Bergwelt steht unter Naturschutz und ist bei Wanderern sehr beliebt.

Ähnlich wie in Taurito setzt man in Tauro auf sogenannten Qualitätstourismus. Gezielt werden Gäste angesprochen, die sowohl finanzkräftig als auch anspruchsvoll sind. Luxushotels, Villen und zwei Golfplätze zeugen von dieser Strategie. Diese Exklusivität soll noch durch einen hochwertigen Sporthafen für rund 500 kleine Jachten vervollständigt werden. Das Projekt ist zwar noch in der Planungsphase, aber die Umsetzung soll schon bald in Angriff genommen werden. Dazu gehört dann auch die Inbetriebnahme eines nautischen Clubs. Außerdem sieht die Initiative einen attraktiven Fußweg entlang der Küste zur benachbarten Playa del Cura vor.

PLAYA DE LOS AMADORES

Die türkisblaue Lagune der Playa de los Amadores leuchtet dem Autofahrer schon von Weitem entgegen. Sie ist auf der GC-500 als eigene Abfahrt gut ausgeschildert. Die geschützte, rund 500 Meter lange Bucht hat einen etwas gröberen Sandstrand, und im Vergleich zu anderen Badestränden im Süden fällt der Meeresboden steil ab. Auf Kleinkinder gilt es hier besonders aufzupassen, für Schwimmer steht jedoch der pure Badespaß im Vordergrund. Sogar ein schwimmender Wasserspielplatz mit aufgeblasenen Inseln zum Toben und für Wassersprünge kann genutzt werden. Der Beachclub mit Restaurant und Chill-out-Lounge ist ideal für alle, die nicht mit der Masse sonnenbaden möchten, denn hier kann man schattige Doppelliegen mieten. Rund um die halbmondförmige Bucht sorgen Restaurants und Kioske für das leibliche Wohl. Das Hotel Gloria Palace Royal mit seinen grauen Steinen passt zwar gut in die karge Landschaft, wirkt dabei aber wie ein unschöner Rohbau. Das Äußere täuscht in diesem Fall allerdings. Innen wird es seinem Namen gerecht.

Wasserspielplatz. Ca. 5 € für 40 Minuten, Eintritt wird im Beachclub bezahlt

Beachclub. Doppelliegen: 10 € pro Person

Der Süden

Nicht immer war jedoch den Plänen der touristischen Erschließung in diesem eher jungfräulichen Teil der Insel Erfolg beschieden. So sieht man von der Landstraße GC-500 aus nahezu fertig ausgebaute Stichstraßen, die unter anderem in den Barranco El Medio Almud führen. Nach der Anlage von Parzellen, Straßen und einsamen Straßenlaternen ist das Projekt stecken geblieben und dümpelt jetzt als eher unschöne Ruine dahin. Am Wochenende verirren sich dorthin nur einige Einheimische oder manchmal auch Wildcamper auf der Suche nach einem ruhigen Plätzchen.

Der Strand Playa de Tauro genießt unter Wassersportlern bereits jetzt Bekanntheit. Es sind die Surfer, die sich hier auf den Atlantikwellen vergnügen. Bei diesem Geheimtipp muss man allerdings die Wellen- und Windverhältnisse gut kennen. Denn nicht immer gibt es reitbare Wellen. Vor allem wenn sie von rechts anrollen, werfen sie vor dem Brechen schöne, gleichmäßige Tubes auf – ein Highlight für jeden Bodyboarder.

Golfen in Tauro

Im idyllischen Tal von Tauro stellen die Anfi Tauro Golf & Luxury Resorts gleich zwei Golfplätze zur Auswahl. Der größere 18-Loch-Platz wurde von den bekannten Golfplatzdesignern Hagge, Smelek und Baril entworfen. Der 65 Hektar große Anfi-Tauro-Golfplatz ist im Arizona-Stil angelegt. Bäume, Wasserflächen und Unebenheiten stellen den Golfer immer wieder vor Herausforderungen. Der kleinere Platz Anfi Tauro Pitch & Putt verfügt nur über neun Löcher und eine angegliederte Driving Range. Besonders anspruchsvoll ist dort das Loch Neun, wo der Ball beim Abschlag 99 Meter weit fliegen muss, um einen See zu überwinden. Beide Plätze eignen sich sowohl für Anfänger als auch für erfahrene Golfspieler.

Oben: Am Strand von Taurito kommen gerade Taucher aus dem Meer.
Unten: Jetski zieht Bananenboot – ein feucht-fröhlicher Urlaubsspaß für Jung und Alt.

Taurito – Amadores

Infos und Adressen

ESSEN UND TRINKEN
Amadores Beachclub. Der moderne, lässige Beachclub mit kreativer mediterraner Küche und Cocktail-Bar liegt direkt an der Playa de los Amadores. Playa de los Amadores, Tel. 928 56 00 56, www.amadoresbeachclub.com

Bar Pio-Pio. Die urige Bar direkt am Strand von Tauro serviert in einfachem Ambiente gute einheimische Küche.

Costa Taurito Restaurante. Das preiswerte Buffet-Restaurant lockt mit mediterranen und internationalen Gerichten am Strand von Taurito. Playa de Taurito s/n, Tel. 928 56 59 19

Guantanamo Restaurante. Das bekannte Grillrestaurant ist beim gleichnamigen Campingplatz direkt an der Landstraße gelegen. Playa de Tauro, GC-500 bei KM 75, Tel. 928 56 14 33

ÜBERNACHTEN
Anfi Tauro Golf. Das Golfhotel liegt direkt am Golfplatz im Landesinneren. Calle La Candelaría 462, Tauro, Tel. 928 56 04 62, www.anfi.com

Spaziergang an der Küste von Taurito

Hotel Gloria Palace Amadores. Das Viersternehotel mit Thalasso-Zentrum thront auf einer Steilklippe über dem Strand. Spektakulärer Meeresblick. Calle La Palma 2, Playa de los Amadores, Tel. 928 12 85 00, www.gloria-palace-amadores.de

Hotel Paradise Costa Taurito. Das komfortable Dreisternehotel steht direkt an der großen Badelandschaft und ist vor allem für Familien mit Kindern und junge Leute ein Highlight. Urbanización Taurito s/n, Mogán, Tel. 928 56 54 26, www.paradisehotels.es

Serenity Amadores. Das Zwei-Sterne-Aparthotel ist auch für Familien mit Kindern gut geeignet. Es bietet eine hübsche Ausstattung und Strandblick. Calle San Borondon 9, Playa de los Amadores, www.serenityamadores.com

AKTIVITÄTEN
Baden. Lago Taurito Oasis. Barranco de Taurito s/n, Mogán, Tel. 928 56 54 26

GOLFEN
Anfi Tauro. Valle de Tauro s/n, Mogán, Tel. 928 12 8840, www.anfi.com

Typische Ferienanlage in Taurito. Modern und praktisch

Der Süden

12 Puerto Rico
Very british

Puerto Rico liegt im Südwesten der Insel und gehört verwaltungstechnisch zur Gemeinde Mogán. Der Urlaubsort ist schon in den 1970er-Jahren entstanden und vor allem bei englischen und skandinavischen Urlaubern beliebt. Englisch ist daher die Sprache, die man in Puerto Rico am häufigsten hört und auch versteht. Aber keine Bange, als Deutscher ist man genauso willkommen und keinesfalls allein.

Die sonnige Urlaubsoase

Puerto Rico ist ein Urlaubsparadies: Traumstrand, Sonnengarantie, Hotels, Parkanlagen, Hafenatmosphäre, Minigolf, ein großes Einkaufszentrum, viele kleine Modeboutiquen... Auch das Nachtleben lässt keine Wünsche offen. Feiern bis zum Morgen? Überhaupt kein Problem, Diskotheken, Bars und Clubs laden zur ultimativen Urlaubsparty ein. Kurzum, Puerto Rico ist ein Mekka für alle Strandurlauber, die es sich am Tag und in der Nacht gleichermaßen gut gehen lassen wollen.

Badeparadies am Strand von Puerto Rico

GUT ZU WISSEN

PREISE VERGLEICHEN

Puerto Rico ist perfekt, wenn man einen reinen Bade- und Wassersporturlaub plant. Möchte man aber die Insel entdecken, ist man hier ab vom Schuss und hat trotz des Linienbusses ohne Mietwagen schlechte Karten. Darüber hinaus langen die *canarios* bei den verschiedenen Aktivitäten preislich ganz schön zu. Bei Ausflugsfahrten lohnt es sich deshalb, erst die Preise zu vergleichen und sich dann zu entscheiden.

Puerto Rico

Puerto Rico zählt zu den ersten Urlaubsoasen, die mit dem Boom der 1970er-Jahre gewachsen sind. Aus dem Nichts entstand der beliebte Ferienort am Ausgang der Trockenschlucht samt künstlicher Strandlandschaft und den beiden Sporthäfen Puerto Base und Puerto Escala. Dabei ist der Ort gewissermaßen in die Schlucht hineingewachsen. Ringsum »kleben« an den Berghängen Ferienanlagen und Hotelburgen, ein wenig ähneln sie einem Amphitheater. Das ist zweckmäßig, aber nicht immer unbedingt schön. Der Strand selbst ist rund 250 Meter lang und 80 Meter breit. Wem es an manchen Tagen zu voll wird oder wer am Abend noch einen schönen Spaziergang machen möchte, kann auf einer Fußgängerpromenade bis ins benachbarte Playa de los Amadores laufen. Der rund 15-minütige Spaziergang ist besonders bei Sonnenuntergang sehr hübsch.

Buntes Strandleben

Eine sonnensichere Bucht und türkisblaues Wasser – hier kommen automatisch Urlaubsgefühle auf. Ganz nach Belieben und Budget kann man sein Handtuch direkt auf dem goldgelben Sand ausbreiten oder sich einen Liegestuhl mit Sonnenschirm mieten. Ein Rettungsschwimmer wacht über die Badegäste. Durch den vorgelagerten Wellenbrecher plätschert der Ozean an dieser Stelle sehr sanft an Land, sodass Puerto Rico gerade für Familien mit Kindern ein idealer Urlaubsort ist. Auf einer Luftmatratze im Wasser treiben, es sich in schwimmenden Sesseln gut gehen lassen oder sich mit aufblasbaren Spielsachen vergnügen – all dies ist problemlos möglich. Auch vor Strömungen muss man an dieser Stelle keine Angst haben und kann deshalb sorglos planschen. All dies sind genau die richtigen Zutaten für den perfekten Badeurlaub. Wer zwischendurch Hunger oder Durst

---

Geheimtipp

NATURSCHUTZGEBIET PINAR DE INAGUA

Hat man genug von Puerto Rico, bietet sich ein Ausflug in die Natur an, etwa in den Pinar de Inagua. Größer könnte der Kontrast nicht sein: Vom belebten Strand geht es in einen unberührten Pinienwald. Seltene endemische Pflanzen wie das Inagua-Sonnenröschen wachsen hier. Das knapp 4000 Hektar große Naturschutzgebiet im Nordwesten grenzt an die Gemeinden Mogán, Aldea und Tejeda. Es ist eine einsame, zauberhafte Gegend, wie aus einer anderen Welt. Davon erzählen auch die archäologischen Stätten, die man hier entdeckt hat, wie die außergewöhnlichen Höhlenmalereien von Majada Alta und die Überreste des altkanarischen Dorfes Castillete de Tabaibales. Besonders beeindruckend sind die wilden Wasserfälle nach dem Regen. Man sollte sich von einem Wanderführer begleiten lassen.

Wanderführer. Roland & Jörg von Vitaltrend. Carretera de los Portales 45, Los Portales, Tel. 928 71 57 18, 689 64 03 53,
www.grancanariamitroland.de,
www.wandern-grancanaria.de

Ein schöner Spaziergang auf der Uferpromenade von Puerto Rico zur Playa Amadores

Der Süden

Oben: Flanke an Flanke liegen die Boote im Hafen von Puerto Rico.
Mitte: Abenteuerliches Abheben beim Parasailing
Unten: Zahlreiche Ausflugs- und Charterboote bieten im Hafen von Puerto Rico ihre Dienste an.

bekommt, kann sich in den direkt angrenzenden Bars und Restaurants verwöhnen und erfrischen lassen. Vom günstigen Tagesmenü oder dem typischen belegten Weißbrot *bocadillo* über den Strandcocktail bis zur internationalen Küche ist für jeden Geschmack etwas geboten.

Hafendynamik und Wassersport

Wassersportler unterschiedlichster Couleur kommen in Puerto Rico voll auf ihre Kosten. Kein Wunder, dass es gerade Sportliche gern in dieses Urlaubsrevier zieht. Gleich zwei Fischer- und Sporthäfen bieten zahlreiche Aktivitäten rund um das Element Wasser an. Die Segelschule ist weit über die Insel hinaus bekannt und hat schon viele nationale und internationale Champions hervorgebracht. Tauchen, Hochseeangeln oder Ausflugsfahrten zu den Delfinen und Walen zählen zu den beliebtesten Attraktionen. Richtig Action und Nervenkitzel kommt beim Parasailing auf. An einen Gleitschirm geschnallt, lässt man sich dabei von einem Motorboot durch die Lüfte ziehen, ein Adrenalinstoß ist dabei gewiss. Ein bis drei Personen können dieses Abenteuer miteinander teilen. Lustig und bei Teenagern und jungen Leuten sehr beliebt ist die rasante Fahrt auf der Banane. Bis zu sechs Personen nehmen auf der aufblasbaren Hartgummi-Frucht Platz und lassen sich von einem Boot über die Wellen ziehen. Das spritzt, hüpft, ist rasant und natürlich gehört auch eine schnelle Kehrtwendung mit einem Absturz meist mit zum Programm. Rund 20 Minuten dauern diese spaßigen Ausfahrten. Noch halsbrecherischer geht es mit dem Jetski zu, den man ebenfalls im Hafen mieten kann. Wer es lieber gemächlicher mag, kann sich eine kleine Jacht für einen maritimen Ausflug chartern, die Unterwasserwelt per U-Boot erkunden oder einfach in einem Tretboot selbst »losradeln«.

Puerto Rico

Infos und Adressen

ESSEN UND TRINKEN

Balcón Canario. Das mehrfach ausgezeichnete Restaurant bietet kanarische und internationale Küche, Lokalkolorit und gemäßigte Preise. C.C. Puerto Rico, fase I, Lokal 257, Puerto Rico, Tel. 928 15 19 17

La Taberna Timandaya. Das sehr gute Restaurant mit urigem Ambiente und Rittersaal bietet internationale und spanische Küche sowie eine gute Weinauswahl. Avenida de Veneguera s/n, Apartamentos Timanfaya, Puerto Rico, Tel. 928 725 453, www.lataberna.cc

Rhodos Palace. Das sehr schöne griechische Restaurant serviert im ersten Stock des Einkaufszentrums direkt am Hafen exzellente Küche zu gemäßigten Preisen. CC Passarella, Local 14–16, Puerto Rico, Tel. 928 56 10 29, www.rhodos-palace.com

ÜBERNACHTEN

Gloria Palace Royal Hotel & Spa. Das moderne, komfortable Viersternehotel lockt mit umfangreichem Servicepaket, Spa und Wellness. Es ist 200 Meter von der Playa de los Amadores und einen Kilometer von Puerto Ricos Zentrum entfernt. Calle Tamara 1, Puerto Rico, Tel. 928 12 85 05, www.gloriapalaceth.com

Hotel Blue Star. Die moderne Apartementanlage am Hang ist rund 1,5 Kilometer vom Strand entfernt, bietet aber schöne Aussicht auf die Küste, eine Poollandschaft und einen Tennisplatz. Avenida de la Cornisa 19, Puerto Rico, Tel. 928 56 09 93, www.bluestar.es

Hotel Terrazamar. Das erst 2003 eröffnete Haus bietet großzügige, moderne Apartments und ein sympathisches Ambiente. Es ist nur wenige Minuten vom Strand entfernt. Avenida de las Palmeras, s/n, Puerto Rico, Tel. 928 72 55 50, www.servatur.com

INFORMATION

Tourismusbüro. Avda. de Mogán, Puerto Rico, Tel. 928 158 804, Fax 928 561 050, turismo@mogan.es, www.turismo.mogan.es

Traumhafter Badestrand – die Playa Amadores

Der Süden

13 Patalavaca und Anfi del Mar
Urlaub mit Glamour

Ein Urlaub auf Gran Canaria birgt ganz sicher keinen Pferdefuß. Wenn man allerdings in Patalavaca seine Ferien verbringt, macht man Bekanntschaft mit dem »Kuhbein« – das bedeutet der Name des Ortes auf Deutsch. Dabei ist hier von Kühen weit und breit nichts zu sehen, und auch Bauern oder Felder sucht man vergebens. Der mondäne Urlaubsort ist einzig und allein für den Tourismus entstanden.

Patalavaca, einer der jüngsten Urlaubsorte auf Gran Canaria, präsentiert sich in neuem, abgehobenem Stil. Statt auf modernen Massentourismus setzt man hier auf einen gewissen Luxus. Dazu passt der weiche, fast strahlend weiße Sandstrand mit Palmenpromenade perfekt, dessen karibisches Flair tatsächlich keine Täuschung ist: Der Strand wurde mit rund 10 000 Tonnen Sand aufgefüllt, die aus der Karibik importiert wurden. Ganz feinkörnig und fast samtweich schmeichelt er an der Playa de la Verga der Haut. Man kann einfach nicht widerstehen, sich wenigstens einmal mit dem Handtuch in den Sand zu legen anstatt in den Liegestuhl.

Mitte: Eine abgeschiedene Bucht mit viel Rummel – Playa Anfi
Unten: Volleyball am Strand Playa Anfi

Die Exklusivität des Badeorts unterstreicht auch der kleine Jachthafen, in dem etwa 80 Boote Platz finden. Im Meer vor dem Strand wurde zudem eine künstliche kleine Insel aufgeschüttet. Über eine Brücke geht's zum dahintergelegenen Hafenbecken, in dem Motor- und Segeljachten vor Anker liegen. Im Hafen kann man auch Bootsausflüge und Segeltörns buchen. Rings um die malerische Bucht drängen sich viele Luxushotels.

Patalavaca und Anfi del Mar

Urlaubsoase Anfi del Mar

Bekannter wurde Patalavaca aber durch die Anlage Anfi del Mar in der angrenzenden Bucht. Hier hat sich der norwegische Unternehmer Björn Lyng einen Urlaubstraum erfüllt, von dem nun Tausende profitieren. Ab 1988 ließ er die Ferienanlage erbauen und zehn Jahre lang in den Fels hauen. Naturstein und Geranienkaskaden an den Balkonen prägen heute die Außenansicht der renommierten Timesharing-Anlage, die keine Wünsche offen lässt. Einzig das »i-Tüpfelchen«, ein Privatstrand, wurde nicht genehmigt: Nach spanischem Gesetz müssen alle Strände öffentlich zugänglich sein. Dennoch ist für Exklusivität und Privatsphäre gesorgt, denn die weitläufige Anlage selbst ist ausschließlich Gästen vorbehalten. Die Restaurants direkt am Strand, die von typisch amerikanischem Barbecue-Stil bis hin zu internationaler Küche alles servieren, stehen aber allen offen. Darüber hinaus gibt es verschiedenste Wassersportangebote. Beliebt sind zudem Fahrten mit den Shuttle-Booten, mit denen Gäste von Arguineguín zu einem Badeausflug kommen.

Unterwegs als Stehpaddler

Die ruhige, geschützte Bucht prädestiniert die Playa Anfi für eine noch eher seltene Wassersportart: das Stehpaddeln, das auf die polynesische Bevölkerung von Hawaii zurückgeht. Surfer, die mit Brett und Paddel zu den Wellen schwammen, entdeckten die Vielseitigkeit dieses Sports für sich, der Paddeln und Wellenreiten verbindet. Das Stehpaddeln erlebt deshalb seit einigen Jahren ein Revival. Das Gute daran ist, dass man es leicht erlernt und nie zu alt dafür ist. Schon nach wenigen Übungsstunden stellen sich erste Erfolgserlebnisse ein. Geübte Stehpaddler paddeln kilometerweit die Küste entlang.

Infos und Adressen

ESSEN UND TRINKEN

La Aquarela. Gehobene Preisklasse. Hervorragende internationale Küche in erlesenem Ambiente. Mittagessen gibt's auch im Bistrostil. Barranco de la Verga, Patalavaca,
Tel. 928 73 58 91,
www.restaurantelaaquarela.com

La Cueva Pirata. Das Lokal ist bekannt für leckere Tapas, frischen Fisch, Fleisch vom Holzkohlengrill und seinen wunderschönen Meerblick. An der Küstenstraße GC-1, Patalavaca, Tel. 928 73 60 39

Restaurant Valentino. Exklusive internationale Küche und eine Terrasse mit Traumblick an der Promenade. Los Canarios 27 Patalavaca,
Tel. 928 73 62 58, www.restaurantevalentinopatalavaca.de.to

ÜBERNACHTEN

Anfi del Mar. Hier gibt's auch vier verschiedene Clubs mit großem Freizeitangebot. Patalavaca,
Tel. 928 15 29 90, www.anfi.com

Aparthotel Green Beach. Günstiger bettet man sich etwa in dieser modernen Anlage, die nur rund 50 Meter vom Strand entfernt ist. Avenida Los Canarios 23, Patalavaca,
Tel. 928 15 03 10,
www.servatur.com

Marina Elite. Modernes Haus mit All-Inclusive-Service. Playa Balito, Barranco de Balito, Patalavaca,
Tel. 928 15 03 01,
www.marinaelite.com

AKTIVITÄTEN

Stehpaddelkurse. Eduardo Díaz.
Tel. 625 68 61 62,
www.2ndreef.com

Der Süden

14 Arguineguín
Das stille Wasser

In der Sprache der Ureinwohner bedeutete Arguineguín »stilles Wasser«. Und da stille Wasser tief sind, muss man sich bei diesem Fischerdörfchen etwas Zeit nehmen, um es zu erkunden. Auf den ersten Blick wirkt es nicht wie ein typischer Ferienort. Dennoch hat es seine Reize, die vor allem skandinavische und Langzeiturlauber anzieht. Es lohnt sich also, etwas genauer hinzusehen.

Ein Ort mit Historie

Genau an der Stelle, wo der heutige Ort Arguineguín liegt, fanden auch schon die Eroberer eine große Siedlung vor, die sich von der Küste bis in die Berge erstreckte. Von rund 400 Häusern sprachen sie in ihren Berichten. Spätere Funde weisen darauf hin, dass der Landstrich schon im 5. Jahrhundert von Menschen besiedelt wurde. Bei einem Angriff normannischer Piraten im Jahr 1402 fiel der junge Artemi Semidan, ein Nachfahre der Könige Andamara und Gumidafe, im Kampf um die Unabhängigkeit seiner Heimat. Dieser Stolz

Mitte: Dümpelnde Boote im Hafen von Arguineguín
Unten: Arguineguín, der beste Ort, um traumhafte Sonnenuntergänge zu genießen.

GUT ZU WISSEN

REIZE IM ALLTÄGLICHEN
Arguineguín ist nicht gerade das, was man einen typischen Urlaubsort nennt. Der Fischerhafen mit seinem manchmal auch lauten Alltagstreiben, der Bootsfriedhof oder die hässliche Zementfabrik sind nicht unbedingt ästhetische Highlights. Dennoch hat Arguineguín Charme und ist einen zweiten Blick wert. Vor allem den Sonnenuntergang sollte man wenigstens ein Mal genossen haben.

Arguineguín

Einfach gut!

und Freiheitswille erwartete auch die spanischen Truppen, die gegen Ende des 15. Jahrhunderts die Kanaren eroberten. Als die Eroberungsfeldzüge 1479 begannen, stießen die angreifenden Truppen auf starken Widerstand. Bis 1483 verteidigten sich die Ureinwohner tapfer gegen die Eindringlinge. Das trockene Gebiet mit den kargen Böden selbst war für die neuen Machthaber eher uninteressant, weshalb die Besiedelung im 15. Jahrhundert an dieser Stelle nur langsam voranging. Heute gehört der Ort zur Gemeinde Mogán und war wie Puerto de Mogán lange Zeit nur mit dem Boot erreichbar.

Seltene Fischeridylle

In Arguineguín dreht sich das Leben noch heute um das Meer. Das einfache Leben der Fischer bestimmt den Alltag. Urlauber spielen nur eine zweitrangige Rolle. Vielleicht muss man gerade deshalb zweimal hinschauen, um die Reize des auf den ersten Blick unscheinbaren Ortes zu entdecken. Vor allem Skandinavier und Zuzügler aus verschiedenen Ländern haben das Dorf für sich entdeckt. Sogar eine norwegische Kirchengemeinde wurde gegründet. Arguineguín ist einer der wenigen Fischerorte im Süden der Insel, in dem man noch das »normale« Leben und nicht den Tourismusrummel spürt. Hier lebt und urlaubt man mitten unter den Einheimischen. Schon am frühen Morgen herrscht ein reges Treiben am Hafen, wenn die Fischer vom Meer zurückkehren und ihren Fang auf dem Fischmarkt verkaufen. Frischer Fisch zählt auch in den meisten Restaurants zu den Spezialitäten. Im Hafen dümpeln nicht nur Fischerboote, sondern warten auch Ausflugsboote auf ihre Gäste. Der Plan einer Schnellfähre, die in weniger als einer Stunde nach Los Cristianos auf Teneriffa fahren soll, wurde bislang noch nicht realisiert. Shuttle-Boote zu den Nachbarorten wurden jedoch mittlerweile einge-

NÜTZLICHE SHUTTLE-BOOTE

Zwischen Arguineguín und Puerto de Mogán verkehren regelmäßig kleine Boote mit und ohne Glasboden. Statt per Bus auf der Straße bewegt man sich über das Wasser, wirft dabei so manch neuen Blick auf die Küste oder entdeckt stille Buchten. Mit der Sonne auf der Haut und dem Fahrtwind in den Haaren ist diese Form des Transports ein besonderes Erlebnis. Die Boote verkehren ab morgens gegen 10 Uhr, je nachdem wo man ablegt, und fahren bis zum Nachmittag. Sie halten an der Playa del Anfi, in Puerto Rico und Puerto de Mogán. Mit einem Ticket darf man beliebig oft ein- und aussteigen. So lässt man sich z. B. von Arguineguín zunächst nach Puerto Mogán bringen, macht dort einen Stadtbummel und schippert dann weiter zur Playa del Anfi zum Baden. Am Nachmittag kehrt man dann in den Hafen von Arguineguín zurück.

Shuttle-Boote. Hin- und Rückfahrt bis Puerto de Mogán 18 €/Pers., für kürzere Strecken, etwa bis zur Playa del Anfi, 5 €/Pers.

Oben: Domino und Kartenspiele sind die Lieblingsbeschäftigungen der Männer.
Mitte: Ein in der Luft sitzender Straßenkünstler verblüfft auf dem Wochenmarkt von Arguineguín.
Unten: Der kleine, beschauliche Strand von Arguineguín

Der Süden

führt. Jeden Dienstag kann man auf einem Bauernmarkt günstig frisches Obst und Gemüse sowie Kunsthandwerk aus der Region erstehen. Hier trifft man Hausfrauen und Köche ebenso wie Urlauber auf der Suche nach einem originellen Souvenir. Während des Tages reizt ein hübscher Spaziergang durch den 2006 eröffneten Stadtpark Parque Arguineguín, der mit Pflanzenvielfalt und Wasserspielen aufwartet. Den besten Geheimtipp entdeckt man jedoch abends: In Arguineguín kann man die schönsten Sonnenuntergänge Gran Canarias bewundern. Einige Restaurants und eine Cocktail-Bar an der Küste sind direkt nach Westen ausgerichtet und deshalb besonders beliebt für einen romantischen Sunset-Drink jenseits des Touristenrummels. Besonders stolz ist Arguineguín darauf, die Heimatstadt von nationalen Fußballstars wie Juan Carlos Valerón, David Silva und Aythami Artiles zu sein.

Baden in Arguineguín

Im Ort selbst hat man zwei Bademöglichkeiten. Direkt am Hafen mit Blick auf die ein- und auslaufenden Schiffe genießt man sein Sonnenbad an der Playa de las Marañuelas. Es ist eine ruhige Bucht mit schwarzem Sand und wenig Wellengang. Auf einer Länge von rund 100 Metern erstreckt sich der Strand genau unter der Hauptstraße des Dorfes. Bei Flut steigt das Wasser allerdings relativ hoch, und von dem nur 25 Meter breiten Sandstreifen bleibt nicht allzu viel übrig. Besonders an den Wochenenden trifft man dort zahlreiche Familien an. Westlich des Ortskerns, genau in Richtung Sonnenuntergang, liegt die Playa de la Lajilla. Dort badet man in einem großen Naturbecken und bettet sein Handtuch auf feinem Kies. Ein zehnminütiger Spaziergang über die Küstenpromenade führt von Arguineguín bis zur benachbarten Playa del Anfi.

Arguineguín

Infos und Adressen

ESSEN UND TRINKEN
Los Pescaitos. Das Lokal direkt am Naturbecken mit Blick auf Sonnenuntergang und bei guter Sicht bis zum Teide von Teneriffa bietet eine sehr gute kanarische Küche, seine Spezialität ist frischer Fisch. c/La Lajilla s/n, Arguineguín, Tel. 928 73 67 33

El Boya. Beste kanarische Küche, Lokalkolorit. Calle Santa Águeda 32, Arguineguín, Tel. 928 73 53 14

Restaurant Julia. An der Strandpromenade beim Hafen bietet das Lokal gute einheimische Küche aus der Region. Plaza de las Marañuelas, Arguineguín, Tel. 928 15 03 94

ÜBERNACHTEN
Club Puerto Atlantico. Dieses neue Hotel am Strand bietet Fünf-Sterne-Luxus. Avenida de los Canarios 3, Tel. 928 73 52 27, www.puertoatlantico.com

Hotel Dorado Beach Arguineguín. Die Anlage direkt am Meer bietet hübsche Appartements, einen Pool mit Gegenstromanlage und einen Panoramablick auf die Küste. Avenida de los Canarios 1, Tel. 928 15 07 80, www.dorado-beach.de

Eine originelle Art einzukaufen. Der Wochenmarkt in Arguineguín ist ein beliebtes Ausflugsziel.

Sunwing Arguineguín. Gehoben ausgestattetes Dreisternehotel. Carretera General del Sur, bei Km 68, Tel. 928 73 57 01, www.arguineguin.sunwing.net

FESTE
Fiesta del Carmen. Sa vor dem 16. Juli: Bajada de Ramas – Tanz in den Straßen, traditionell wird von den Balkonen zur Abkühlung Wasser auf die Tänzer gespritzt. 16. Juli, Festtag der Virgen del Carmen – Schutzheilige der Fischer, mit Prozession. So nach dem 16. Juli – Prozession zu Wasser mit geschmückten Fischerbooten bis Puerto de Mogán

Strand und Meer verströmen in Arguineguin eher Fischerromantik als Urlaubsfeeling.

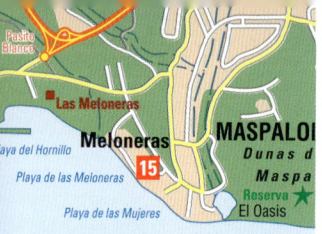

Der Süden

15 Meloneras
Chic und schön

Meloneras wurde ursprünglich als Kongresszentrum konzipiert und besteht im Grunde aus gehobenen Hotels im Stil kanarischer Dörfer oder im Kolonialstil. Insgesamt 15 000 Betten stehen zur Verfügung, daneben dürfen natürlich auch ein Casino und ein hervorragender Golfplatz direkt an der Küste nicht fehlen. Aber schon längst ist Meloneras viel mehr als das: ein Urlaubs-Geheimtipp!

Unbekannte Schöne

Nordwestlich des Leuchtturms von Maspalomas geht die Touristenhochburg fast nahtlos in den Nachbarort Meloneras über. Der Strand an der Südseite von Meloneras war einmal unbekannt. Mit der Erschließung des Umlands ist aus ihm eine prächtige Badelandschaft geworden. Heute gilt Meloneras bei vielen Urlaubern, die gern mittendrin und trotzdem »außen vor« sein möchten, als Geheimtipp. Denn Meloneras ist mondän, elegant, chic und stilvoll. Es grenzt zwar direkt an die touristischen Hochburgen Maspalomas und Playa del Inglés an, ist aber ruhiger und weniger überlaufen. Statt lauter Bars mit Partys bis zum Abwinken gibt es in Meloneras hübsche Bars und Cocktaillounges, in denen man bei einem Drink den Sonnenuntergang genießen oder Bekanntschaften schließen kann. Die Atmosphäre ist locker, ohne aufdringlich zu sein. Wer sich abends nicht in das Gewühle der touristischen Zentren stürzen möchte, findet direkt vor der Haustür eine große Auswahl an stilvollen und rustikalen Restaurants mit kulinarischen Spezialitäten aus aller Welt. Spitzenköche verwöhnen ihre Gäste.

Oben: Die Silhouette des Leuchtturms, des Faro, ist das Wahrzeichen von Maspalomas. Er stammt aus dem Jahr 1861.
Unten: Absolutes Golferglück beim Abschlag unter Palmen.

Meloneras

Abwechslungsreichtum und Kreativität zeichnen das Angebot aus. Meloneras ist ein Ort, an dem die Uhren für einen Moment stillstehen und der Gast einfach die Seele baumeln lassen kann.

Freizeitgestaltung

Obwohl Meloneras nur eine kleine Enklave ist, die sich im Grunde an die großen Zentren anschmiegt, hat sie eigenständig einiges zu bieten. Wer möchte, kann zum Beispiel sein Glück im Casino versuchen und sich mit Roulette oder Ähnlichem vergnügen. Oder wie wäre es mit einer aufregenden Kabarettshow? In vielen Bars wird Livemusik angeboten oder es locken spanische Klänge zum Tanzen. Auch die Sonnenuntergänge sind von Meloneras aus sehenswert und romantisch. Wer Freizeit gern aktiv gestaltet, kann auf dem 18-Loch-Golfplatz den richtigen Schwung ausprobieren. Direkt am Meer gelegen, bietet er sportliche Herausforderung gepaart mit einer einmaligen Urlaubsstimmung. Wer es lieber langsamer angeht, kann einen Spaziergang auf der Küstenpromenade bei Meeresbrise genießen und sich am Strand von den Wellen des Ozeans umschmeicheln lassen. Gezielte Entspannung bietet das Spa-Wellnesszentrum Corralium. Das Thermalbad wirkt gezielt auf die Stärkung des Herz-Kreislaufsystems, entgiftet den Körper und regt die körpereigene Abwehr an. Beste Voraussetzungen, um sich von Kopf bis Fuß zu erholen. Übrigens kommen auch diejenigen voll auf ihre Kosten, die gern bummeln und dabei Neues entdecken. Mode, Schmuck, Souvenirs – eine breite Auswahl verschiedener und vor allem origineller Geschäfte macht Spaß und verführt zum Einkauf. Nicht zuletzt sorgt das Messezentrum Expomeloneras mit Ausstellungen, Konzerten, Modenschauen und Messen für ein unterhaltsames Programm. Meloneras hat garantiert alle Zutaten, die einen Urlaub zu etwas Besonderem machen.

Infos und Adressen

ESSEN

La Esquinita del Mar. Gutes Essen und eine ungezwungene Atmosphäre. Terrasse mit Blick aufs Meer. Centro Comercial Meloneras Playa, Local 101, Meloneras, Tel. 928 90 28 26

UNTERKUNFT

Hotel Lopesan Costa Melonera. Resort der Kategorie Vier-Sterne+, Design angelehnt an einen Palast im Kolonialstil, inmitten eines gigantischen tropischen Gartens. Calle Mar Mediterráneo 1, Meloneras, Tel. 928 12 81 00, www.lopesan.com

Lopesan Baobab Resort. Fünfsternehotel mit exklusivem Ambiente im afrikanischen Stil. Calle Mar Adriatico 1, Meloneras, Tel. 928 15 44 00, www.lopesan.com

Costa Canaria, der Außenbereich mit Swimmingpool des Hotels Lopesan Costa Meloneras.

Der Süden

16 Pasito Blanco
Exklusive Schiffschaukel

Pasito Blanco liegt nur wenige Kilometer westlich vom Urlaubsort Maspalomas entfernt und ist doch eine ganz andere Welt. Exklusivität und Eleganz bieten sich dem Besucher im hermetisch abgeriegelten Jachthafen an. Die Luxussiedlung schottet sich bewusst vom Rest der Urlaubswelt ab. Mitten im turbulenten Tourismuszentrum schlagen die Wellen in Pasito Blanco sacht und leise. Eine echte Oase der Ruhe.

Das beschauliche Kleinod Pasito Blanco ist über eine eigene Ausfahrt an der Landstraße GC-500 zwischen Maspalomas und Mogán erreichbar. Nur etwa sechs Kilometer westlich von Maspalomas mit dem touristischen Treiben liegt dieses lauschige Plätzchen, das kontrastreicher nicht sein könnte. Denn wer hier nicht wohnt, kommt nicht weit. Bei dieser kleinen Siedlung mit reizenden weißen Bungalows und luxuriösen Chalets ist die Exklusivität schon am Ortseingang spürbar: Ein Schlagbaum verhindert die Weiterfahrt. Zwar kann man zu Fuß zur rund 450 Meter langen Playa del Horno laufen, aber mit dem Auto kommt man in diese Festung nicht hinein. In dem kleinen Ferienparadies ist ein gehobener Standard der Alltag, daran teilhaben kann nur, wer auch dort wohnt. Man bleibt unter sich. In Pasito Blanco ist es möglich, sich zurückzuziehen und trotzdem in unmittelbarer Nähe zu attraktiven Angeboten der Tourismusorte zu sein. Strände, Golfplatz oder Einkaufsmeilen sind innerhalb weniger Autominuten erreichbar. Die Hauptstadt Las Palmas ist über die Autobahn nur rund 40 Minuten entfernt. Ab und zu mal eintauchen in das pulsierende Treiben und dann wieder zurück in die kleine Ruheoase.

Oben: Der gut abgeschirmte Hafen von Pasito Blanco
Unten: Atlantikwellen können temperamentvoll sein.

Pasito Blanco

Die Seele baumeln lassen und so richtig entspannen. Gestresste Geschäftsleute und Bootsbesitzer finden in Pasito Blanco die perfekte Umgebung, um abzuschalten. Pasito Blanco verfügt über einen eigenen Strand, der sich direkt neben den Bootsschönheiten in einer kleinen Bucht erstreckt. Er wirkt wie ein naturbelassenes Badeparadies. Der Sand ist hell und fein, und die geschützte Bucht hat kaum Wellengang. Sie ist ideal für Familien mit Kindern geeignet. Durch die Abgeschiedenheit ist der Strand eher ruhig und keinesfalls überlaufen.

Der Jachthafen

Pasito Blanco, entstanden um die Jahrtausendwende, gruppiert sich um einen mondänen Jachthafen. Der Sporthafen bietet derzeit 388 Anlegemöglichkeiten für Boote, die zwischen sechs und 40 Meter lang sind. Der Hafen sowie seine Segel- und Motorjachten werden rund um die Uhr bewacht. Der moderne Hafen ist empfehlenswert für Bootseigner, die nicht ständig auf der Insel leben und ihr »Schätzchen« trotzdem wohlbehütet wissen möchten. Langzeitmieter von Liegeplätzen erhalten Sonderrabatte. In das Hafenleben integriert ist auch eine Segelschule, in der man lernen kann, mit dem Segel umzugehen. Gleiches gilt für die Tauchschule und alle, die die Welt unter Wasser erkunden möchten. Eine sanfte, warme Brise weht meist um den Hafen. Außerdem gehört ein Wartungsservice dazu. Auf dem Trockendock haben bis zu 80 Boote Platz. Von diesem Punkt an der Südspitze der Insel aus lassen sich gut Ausfahrten zum Hochseeangeln realisieren. Boote können gechartert werden. Im Hochsommer finden in dem Sporthafen jedes Jahr Wettbewerbe im Hochseeangeln statt. Passionierte Angler kommen selbst von anderen Inseln, um daran teilzunehmen. In den fischreichen Gewässern versuchen sie ihr Petri Heil, um den größten Fang aus dem Wasser zu ziehen.

Infos und Adressen

UNTERKUNFT
Blue Marlin. Villen und Wohnungen in einer kleinen, aber exklusiven Anlage mit Pool und Spielplatz. Nur zwei Minuten vom Strand entfernt. Blue Marlin, Fragata s/n, Pasito Blanco, www.lascasascanarias.net

ESSEN
La Punta Yacht Club. Restaurant direkt am Hafen. Tapas und Chill-out-Bereich. Tel. 928 14 21 94, www.pasitoblanco.com

Ein exklusiver Jachthafen und gleichzeitig ein romantisches Idyll

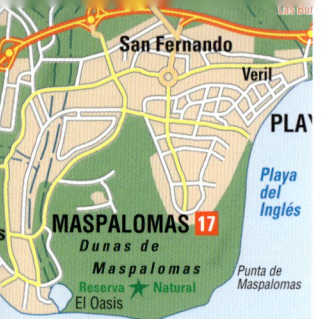

Der Süden

17 Maspalomas
Urlaubsoase mit Wüstencharakter

Maspalomas ist Sahnehäubchen und Herzstück des Urlaubsparadieses Gran Canaria. Hier konzentrieren sich die Bettenburgen unterschiedlicher Kategorien, von der Ferienwohnung bis zum Luxusdomizil. Dazu gehört natürlich auch die entsprechende Infrastruktur mit Freizeitangeboten für jeden Geschmack. Eine märchenhafte Dünenlandschaft und eine Süßwasserlagune bestimmen den besonderen Charakter des Ortes.

Maspalomas – Oase der Tauben

Übersetzt bedeutet Maspalomas »mehr Tauben«, und genau diese Vögel waren auch die Namensgeber. Die außergewöhnliche Attraktivität von Maspalomas beruht auf zwei besonders markanten Naturphänomenen: den Dünen und dem Charco von Maspalomas. Ein Kontrast von sandiger Wüste und üppigem Leben in der Lagune.

GUT ZU WISSEN

MASSEN IN MASPALOMAS

Wer in Maspalomas seinen Urlaub verbringt, stürzt sich mitten in das touristische Getümmel. Das Nachtleben kann je nach Lage des Hotels auch störend sein. Direkt am Hauptstrand liegt man dicht an dicht und darf sich daran nicht stören. Wer allerdings auf einen mietbaren Liegestuhl und Sonnenschirm verzichten kann, findet in unmittelbarer Nähe des Hauptstrands auch etwas mehr Raum für sich und sein Badetuch.

Mitte: Der markante Leuchtturm ist das Wahrzeichen von Maspalomas und auch an Land ein guter Orientierungspunkt.
Unten: Ein Wunder der Natur – die weltberühmten Dünen von Maspalomas

Der Charco ist eine kleine, direkt am Strand gelegene Lagune, die bei Regen durch den Zufluss aus dem gleichnamigen Barranco de Maspalomas mit Regenwasser gespeist wird. Bei Flut steigt aber auch das Meer manchmal so weit an, dass es in die Lagune fließt. Gerade deshalb hat sich in dem mittlerweile zum Naturschutzgebiet erklärten Charco eine besonders vielfältige Tier- und Pflanzenwelt angesiedelt. Als der Charco noch eine einsame Lagune und kein Urlaubsparadies war, kamen die Tauben aus Afrika über den Atlantik geflogen, um an dem Süßwassertümpel zu trinken und zu baden. Abends flogen sie über den Ozean wieder davon. So hat Maspalomas seinen Namen bekommen. Inzwischen ergeht es den Tauben und Möwen wie den Urlaubern. Vielen hat es so gut gefallen, dass sie einfach geblieben sind. Das geschützte Feuchtgebiet ist eingebettet in den größten Palmenhain der Insel und wird von regem Treiben über und unter Wasser belebt. Wasserpflanzen, Vögel, Fische, Frösche und vielerlei anderes Getier haben hier mitten im Tourismusrummel ihre eigene kleine Oase gefunden. Seit über 90 Jahren hat man in jüngster Zeit sogar wieder Blässhühner in dieser geschützten Zone nisten sehen. Von Menschen darf der Charco nicht betreten werden. So ist der Flora und Fauna ein ungestörtes Gedeihen garantiert.

Nicht verpassen

URLAUBSWELTEN
Holiday World ist der größte Vergnügungspark der Kanaren. Von Achterbahn, Riesenrad und freiem Fall im Sky Drop bis zum Spielparadies mit Karussells, Ponyreiten und Kinderzug ist hier alles geboten. Restaurants, eine Bowlingbahn und Diskotheken. Der Palomitas Park, ein attraktiver Zoo und botanischer Garten, liegt inmitten unberührter Natur. Zu den Hauptattraktionen gehören das Delfinarium mit zwei täglichen Shows, eine spektakuläre Greifvogelschau, ein Schmetterlingshaus, Reptilien und Aquarien sowie ein Orchideen- und ein Kaktusgarten.

Holiday World, Avda. Touroperador Tui, Maspalomas, im Sommer tgl. 18–24 Uhr, im Winter So–Do 17–23 Uhr, am Wochenende bis 24 Uhr, www.holidayworld-maspalomas.es

Palomitas Park. Barranco de Los Palmitos s/n, Maspalomas, Tel. 928 79 70 70, tgl. 10–18 Uhr, www.palmitospark.es

Der Süden

Einfach gut!

MASPALOMAS IST GAY-FRIENDLY

Gran Canaria wirbt seit Jahren gezielt in der europäischen Homosexuellen-Szene für sich als liberale und tolerante Urlaubsdestination. Die kanarische Gastfreundschaft kennt auch in dieser Hinsicht keine Grenzen. Tatsächlich treffen Homosexuelle im Urlaubsparadies kaum auf Berührungsängste oder Ausgrenzung. Auf Gran Canaria urlaubt man Seite an Seite und vereint in der Begeisterung für die Insel mit all ihrer Vielfalt. Ein besonderer Höhepunkt ist das Gay-Pride-Festival im Mai mit Ausstellungen, Workshops über Menschenrechte, Theater, Musik sowie Kleinkunst in den Straßen. In den letzten Jahren trafen sich zu diesem Festival bis zu 50 000 Schwule, Lesben, Bi- und Transsexuelle aus aller Welt. Die Erlöse fließen in Aktivitäten zur Aidsbekämpfung und -vorbeugung. Willkommen ist jeder.
www.gaypridemaspalomas.com

Faszinierende Dünenlandschaft

Etwa sechs Kilometer lang und bis zu zwei Kilometer breit zieht sich entlang der Küste eine weite Dünenlandschaft von Playa del Inglés bis zum Faro von Maspalomas. Dieser Wüstenlandschaft verdankt Maspalomas seinen besonderen Reiz. Obwohl man sich beim Wandern durch die Dünen fast in die afrikanische Sahara versetzt fühlt, hat der hellgelbe feine Sand mit dem Nachbarkontinent rein gar nichts zu tun. Vielmehr ist er einer schönen Laune der Natur zu verdanken. Er stammt von den Korallenbänken vor der Küste, die von Wind und Wellen fein zermahlen und dann an der Südspitze der Insel an Land gespült werden. Dazu gesellt sich feiner Muschelkalk. Auf diese Weise entstand eine unglaubliche, wüstengleiche Dünenlandschaft, die je nach Wind und Wetter ständig ihr Gesicht verändert. Ein Spaziergang entlang der Küste, bei dem man seine Spuren im feuchten Sand der Brandung hinterlässt, ist daher ein beliebtes Freizeitvergnügen.

Anstrengender, aber nicht weniger reizvoll ist ein Fußmarsch quer über die Dünen, wo man sich in eine afrikanische Wüste versetzt fühlt und dennoch die Gewissheit hat, der Zivilisation sehr nahe zu sein. Pflanzen, die sich perfekt an diese Wüstenbedingungen angepasst haben, festigen die Dünen. Da sie für das Gleichgewicht in dieser sensiblen Landschaft von großer Bedeutung sind, sind sie teilweise durch kleine Zäune vor dem Zertrampeln durch unachtsame Füße geschützt. Direkt an der Südspitze, nur rund zehn Minuten zu Fuß vom Hauptstrand Playa de Maspalomas entfernt, finden FKK-Fans ihr Eldorado. Ganz offiziell dürfen sie dort ihre Hüllen fallen lassen. An der Südspitze ist das Baden wegen gefährlicher Strömungen untersagt. Die Hinweisschilder sollte man unbedingt ernst nehmen.

Sand wie in der Wüste, direkt an der Küste

Maspalomas

Von der Playa del Inglés nach Maspalomas

Wer sich die Gegend per pedes genauer ansehen möchte, hat zwei Möglichkeiten, einen kurzen Spaziergang zu unternehmen: Eine schöne Strecke führt am Meer entlang von **Playa del Inglés** Ⓐ bis nach **Maspalomas** Ⓔ. Alternativ geht man über den asphaltierten Fußweg oberhalb der Dünen. Beide Spaziergänge dauern rund eine Stunde.

Außerdem sehenswert:

Ⓐ **Palmitos-Park** – Tierpark mit tägl. Shows

Ⓑ **Holiday World** – ganzjährig geöffnet

Ⓒ **El Faro** – der Leuchtturm ist das Wahrzeichen Maspalomas. Es gibt Pläne den Faro künftig als ethnographisches Museum und Ausstellungsraum zu nutzen.

Hübsche Promenade in Maspalomas – ideal zum Flanieren

Ⓓ **Einkaufszentrum CC. Playa de las Meloneras** – Die asphaltierte Küstenpromenade ist nur für Fußgänger bestimmt und führt am Wasser entlang direkt hierher.

Der Süden

Oben: Pelikane im Tier- und Pflanzen-Park Los Palmitos bei Maspalomas
Mitte: Exotische Pflanzenpracht im Palmitos-Park
Unten: »Mein Gott, was haben denn die Touristen heute wieder an?«, fragt sich der Orang-Utan.

Wer das Afrika-Feeling in der Dünenlandschaft voll auskosten möchte, kann sich zu einem der rund 30-minütigen Kamelritte durch die »Strand-Wüste« anmelden, die von Camello Safari Duna Oasis angeboten werden. Das Kamelcamp liegt etwa 400 Meter vom Strand entfernt, wenn man dem Lauf des Barranco del Charco folgt. Für eine kurze Zeit glaubt man auf dem Rücken der Tiere in das Leben der afrikanischen Nomaden einzutauchen. Seit dem Jahr 2004 ist der Kamelritt durch die Dünen als Kulturgut der Stadt San Bartolomé de Tirajana anerkannt.

Kleine Orientierungshilfe

Maspalomas ist Teil der größten Gemeinde von Gran Canaria, San Bartolomé de Tirajana. Das Bergdorf wurde durch den Tourismus zur reichsten Gemeinde der Insel. Fast alle großen Urlaubszentren liegen in ihrem Zuständigkeitsbereich.

Maspalomas wurde etwa in den 1960er-Jahren für den Tourismus erschlossen. Nach und nach entstanden immer neue Ortsteile rund um den Traumstrand. Der älteste und südlichste Teil ist El Oasis. Hier begann der Tourismusrummel. Durch seine Lage im heutigen Naturschutzgebiet hat El Oasis sozusagen nachträglich einen exklusiven Hauch erhalten. Südwestlich liegt der eher neuere Ortsteil Meloneras, und im Nordwesten findet man Sonnenland. Dieser Ortsteil ist von kleineren Hotels aus den 1980er-Jahren und teils privaten Bungalowanlagen geprägt. Auch viele Überwinterer haben dort ihr Domizil. In der Mitte erstreckt sich Richtung Osten Campo Internacional. Dort entstanden zwischen 1980 und 1995 vor allem Ferienhaussiedlungen im Bungalowstil und ein großer Golfplatz. Die Ortsteile El Hornillo und El Tablero sind eher von Einheimischen bewohnt und touristisch wenig relevant.

Maspalomas

Ein Ausflug in die Geschichte

Geheimtipp

Obwohl Maspalomas sich heute vor allem als künstlich geschaffenes Urlaubsparadies präsentiert, blickt es durchaus auf wichtige historische Begebenheiten zurück. Am 25. Mai 1502 legte Christoph Kolumbus auf seiner letzten Reise nach Amerika in Maspalomas einen Zwischenstopp ein; die Expedition versorgte sich dort mit Trinkwasser. Nachdem die niederländische Truppe von Van der Does in Las Tafiras und Las Palmas zurückgeschlagen wurde, setzte sie vor Maspalomas Anker, um sich zu erholen und ihre Toten zu begraben. Auch Piraten nutzten Maspalomas gern, um die Trinkwasservorräte an Bord aufzufüllen. Ihnen ist auch eine weitere kuriose Episode zu verdanken. Der Dekan der Kathedrale in Peru und ein Gesandter der Provinz Chiapas, die zum spanischen Königshaus in Madrid unterwegs waren, wurden von nordamerikanischen Piraten gefangen genommen. Im April 1821 setzten die Piraten die beiden Männer nackt und ohne Geld in Maspalomas aus.
Der Leuchtturm El Faro, der auch heute noch eine wichtige Orientierungshilfe auf der Transatlantikroute leistet, sandte am 1. Februar 1890 zum ersten Mal seine Lichtsignale auf den dunklen Ozean hinaus. Seit 2005 gehört das Wahrzeichen zu den bedeutendsten historischen Monumenten der Insel. Pläne den Faro als Kulturzentrum und Ethnologisches Museum zu eröffnen, konnten bislang noch nicht umgesetzt werden.

Auch der wohl fleißigste Spanier lebte in San Bartolomé de Tirajana: der Mechaniker für Wasserpumpenmotoren, Agustín López Álamo. Im Alter von 84 Jahren wurde er 2007 im Königspalast für seine Dienste geehrt. Insgesamt 67 Jahre lang hat er in die spanische Sozialversicherung eingezahlt und damit länger als jeder andere Bürger. Ein Jahr

STRANDTIPPS FÜR WENIGER RUMMEL
Die Playa de las Mujeres ist entweder zu Fuß vom Leuchtturm Maspalomas in Richtung Meloneras oder vom Parkplatz in der Calle Mar Blanco in Meloneras aus zu erreichen. Der etwa 200 Meter lange und 30 Meter breite Strand mit der sanften Brandung ist ein versteckt gelegener Geheimtipp, zu dem nur wenige Badegäste finden. Allerdings muss man sich mit kleinen Kieselsteinchen arrangieren. Wer vom Leuchtturm aus Richtung Südwesten zur Playa de las Mujeres wandert, kommt nach etwa 150 Metern an der Punta de las Mujeres zu den Überresten einer altkanarischen Begräbnisstätte. Die einsam gelegene Playa de Pocito Bea ist ein 168 Meter langer und etwa 63 Meter breiter Strand mit grauem Sand, Felsen und ruhigem Wasser. Beliebt ist die Bucht bei Anglern, Schnorchlern und Tauchern. In den Sommermonaten ist, nach vorheriger Absprache mit der Stadtverwaltung, das Campen erlaubt. Man erreicht den Strand über die GC-500 in Richtung Mogán. Ein Wegweiser zeigt dort die Abfahrt Richtung Playa de Pocito an. Das Auto muss man ca. 300 Meter vom Strand entfernt abstellen, die restliche Strecke bewältigt man zu Fuß.

zuvor war er bereits vom Arbeitsministerium mit der Goldmedaille ausgezeichnet worden.

Maspalomas – Hochburg des Karnevals

Der Karneval auf Gran Canaria ist einer der Höhepunkte im Jahreslauf. Die beiden Hochburgen sind dabei die Hauptstadt Las Palmas und Maspalomas. Einheimische und Urlauber mischen sich zur Karnevalszeit zu einem bunten Treiben, dessen Farbenpracht und Lebenslust zu lateinamerikanischen Klängen scheinbar keine Grenzen kennt.

Während der 40-jährigen Franco-Diktatur war der Karneval landesweit verboten. Fernab auf den Kanaren ließen sich die Menschen den Spaß doch nicht so ganz verderben. Als »Winterfest« getarnt wurde er weiter gefeiert. Den Auftakt der Karnevalswoche bildet die Wahl der Karnevalskönigin. Danach füllen Umzüge mit geschmückten Wagen, tanzenden, reichlich nackte Haut zeigenden Salsa-Gruppen, singenden Karnevals-Murgas und einer bunten Mischung kostümierter Närrinnen und Narren die Straßen.

Eine weitere Besonderheit des Karnevals in Maspalomas ist die Rettung der Sardine und die Eröffnung ihres Testaments. Dieser Brauch wurde Mitte des 19. Jahrhunderts von Medizinstudenten in Madrid als Symbol für den Beginn der Fastenzeit ins Leben gerufen. In Maspalomas besteht diese Parodie aus zwei Teilen: Zunächst wird die komplett aus Pappmaschee gefertigte Sardine in Begleitung eines feierlichen Trauerzugs aus Ärzten und Krankenschwestern zum Meer geleitet. Es wird ihr Testament verlesen, das in der Regel aus ironischen und humorvollen Seitenhieben auf die aktuelle Politik besteht. Anschließend wird die Sardine mit einem gigantischen Feuerwerk begraben.

Oben: Fantasievolle Kostüme auf der großen Karnevalsparade von Maspalomas
Unten: Schon die Kleinsten zwängen sich in märchenhafte, aber umständliche Kostüme.

Maspalomas

Infos und Adressen

ESSEN UND TRINKEN

Velero Casa Antonio. Der Schein trügt: Obwohl dieses Restaurant direkt am Strand zunächst als Touristenfalle erscheint, ist es sehr empfehlenswert. Den Gast erwarten hier ein stilvolles Ambiente und eine hervorragende Küche. Besonders empfehlenswert sind Fisch und Meeresfrüchte.
Paseo del Faro de Maspalomas, Tel. 928 14 11 53

Guatiboa. Das gehobene Restaurant serviert mit Blick auf den Strand internationale und französische Küche und gehört zum IFA Hotel Faro de Maspalomas. Plaza Colon 1, Tel. 928 14 22 14

La Bodega. In unmittelbarer Strandnähe blickt La Bodega in der »Fressmeile« auf eine 30-jährige Tradition zurück. Das gepflegte Lokal serviert sehr gute spanische Küche, Spezialitäten sind frischer Fisch, Fleisch vom Grill und Hummer.
Paseo del Faro de Maspalomas 3,
Tel. 928 14 09 33

ÜBERNACHTEN

Bungalows Dunas Maspalomas. Die hübsche Drei-Sterne-Bungalowanlage im Ortsteil Campo Internacional ist ideal für Gäste, die individuell wohnen möchten. Dunas-Hoteles bietet noch weitere Alternativen in Maspalomas. Avenida Air Marin s/n, Tel. 928 14 09 12, www.hotelesdunas.com

Ein besonderes Erlebnis – die Delfinshow vom Park Los Palmito

Hotel Riu Grand Palace Maspalomas Oasis. Das sehr schöne Hotel mit großem tropischem Palmengarten ist eines von mehreren Häusern der RIU-Kette im Stadtbereich. Plaza de las Palmeras 2, Tel. 928 14 14 48, www.riu.com

Seaside Grand Hotel Residencia. Das elegante Fünfsternehotel mit einem Haupthaus im altkanarischen Stil steht direkt an den Dünen in einer parkähnlichen Anlage und wurde vom Pariser Designer Alberto Pinto entworfen.
Avenida del Oasis 32, Tel. 928 72 31 00,
www.grand-hotel-residencia.de

AKTIVITÄTEN

Kamelritte. Camello Safari Duna Oasis.
tgl. 9–16.30 Uhr, Erwachsene 12 €, Kinder von drei bis zwölf Jahre 8 €, Tel. 928 77 07 81, www.camellosafari.com

Reitausflüge. Happy Horse, Tel. 620 71 63 30, www.happy-horse.org

Ritt durch die Dünen auf einem Wüstenschiff

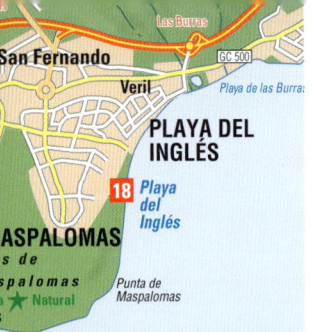

Der Süden

18 Playa del Inglés
Tourismus hoch Drei

Playa del Inglés ist kein Ort, der auf eine jahrhundertelange Tradition zurückblicken kann. Er entstand aus dem Nichts, als Antwort auf die steigende Nachfrage nach Urlaub mit Sonne und Strand. Inzwischen ist er mit dem Nachbarort Maspalomas zusammengewachsen und geht nahezu nahtlos in diesen über. Rund um die berühmten Dünen bilden die beiden Orte das Herz des Tourismus auf Gran Canaria.

Playa del Inglés gehört zur Gemeinde San Bartolomé de Tirajana, die rund 23 Kilometer im Landesinneren liegt. Gemeinsam mit den benachbarten Ortsteilen Maspalomas im Süden und San Agustín im Norden bildet Playa del Inglés das größte touristische Zentrum Spaniens. Traumstrände und endloser Sonnenschein haben das Trio zum wirtschaftlichen Motor der Insel gemacht. Viele Inselbewohner haben dank des Tourismus Arbeit.

GUT ZU WISSEN

PARKPLATZ-ABZOCKE
Die Stadt lässt sich die wenigen Parkplätze am Straßenrand gern teuer bezahlen. Blau markierte Streifen weisen in der Regel erlaubte Parkbuchten aus. Doch wer sich über seinen Parkplatz freut, sollte auf jeden Fall auf die Uhr schauen, denn die Parkplätze in Playa del Inglés sind nur von 21 bis 10 Uhr kostenlos. In der übrigen Zeit werden Gebühren fällig, die man an einem der Parkautomaten lösen muss. Ansonsten beginnt man den nächsten Tag unsanft mit einem Knöllchen.

Das El Dorado der Sonnenanbeter – der Strand von Playa del Inglés

Playa del Inglés

Entstanden ist das Urlaubszentrum in den 1960er-Jahren, als das Wort »Tourismus« auf den Kanaren noch weitgehend unbekannt war. Graf Conde de la Vega Grande, der im damals kargen Süden weitläufige Ländereien besaß, erkannte allerdings das Potenzial des Landstrichs. Er begann mit dessen Erschließung und legte damit den Grundstein für Gran Canarias touristische Zukunft.

Die beiden Hauptverkehrsadern – die Avenida de Tirajana, die von Nord nach Süd führt, und die Ost-West-Achse Avenida de Alféreces Provinciales – wurden als Geschäftsstraßen konzipiert. Sie sind denn auch bis heute die wichtigsten Shoppingmeilen hier. Mittlerweile sind aber auch etliche Einkaufszentren entstanden. Das älteste, die Kasbah, verströmt einen etwas altmodischen Charme. Später folgten Cita, Metro und Yumbo. Darüber hinaus bieten die Passagen Anexo I und II dem Besucher eine Fülle von Restaurants, Bars, Cafés und kleine Boutiquen direkt am Strand. Das Angebot – Lebensmittel, Textilien und Sportutensilien – orientiert sich an den Bedürfnissen der Urlauber. Daneben findet man seltsam anmutende Dienstleistungen, unter anderem Wellnessbereiche, in denen kleine Fische den Touristen die abgestorbene Haut von den Füßen knabbern. Dabei lassen sich die Urlauber von den Passanten begaffen. Wen das nicht stört, bitte sehr. Angeblich geht man danach wie neugeboren und wie auf Wolken durch die Welt.

Sehr früh, nämlich bereits in den 1970er-Jahren, entdeckten die Homosexuellen den Süden Gran Canarias für sich. Seit der Jahrtausendwende wird diese Szene direkt beworben. Vor allem im Einkaufszentrum Yumbo befinden sich zahlreiche einschlägige Kneipen und Restaurants. Aber auch Hotels outen sich gezielt als »gay-friendly«.

Einfach gut!

ALTERNATIVE FORTBEWEGUNG

Wer weder laufen noch Auto fahren möchte, für den bieten sich in Playa del Inglés noch weitere Alternativen – beispielsweise der Zug. Keine Sorge, er hupt und rattert zwar wie ein Großer, ist aber dennoch ein Minizug im Stile des Wilden Westens anno 1864. Mit ihm fährt man etwa eine Stunde lang quer durch Playa del Inglés und erfährt dabei Interessantes und Wissenswertes über die markanten Punkte, auch in deutscher Sprache. Danach hat man zumindest eine grobe Orientierung. Abfahrt ist am »Bahnhof« in der Avenida Italia.
Auf eigene Faust kann man sich mit dem Elektro-Fahrrad auf Entdeckungstour begeben. Bis zu sechs Stunden lang leistet die Batterie aktive Strampelhilfe. Es ist eine der gesündesten und ökologischsten Weisen, sich im Urlaub fortzubewegen. Dabei hat man die Wahl, ob man die Gegend allein erkunden möchte oder sich lieber einer geführten Radtour anschließt. Diese führt rund anderthalb Stunden lang über Fahrradwege oder die Uferpromenade abseits befahrener Straßen in die schönsten Winkel.

Zug. Tgl. 10–12 Uhr und 16–22 Uhr, Avenida Italia 12

E-Fahrräder. Free Motion Radsportcenter. Hotel Sandy Beach, Local 9, Avd. Alféreces Provisionales s/n, Tel. 928 77 74 79, www.free-motion.net

RUND UMS WASSER

Playa del Inglés hat so ziemlich alles zu bieten, was man sich als Urlauber rund um das Wasser wünschen kann. Direkt an der Playa del Inglés kann man einen Ritt auf der »Banane« buchen, Tretboote und Jetskis mieten, beim Parasailing abheben, bei Tauchgängen können Anfänger und Fortgeschrittene die verborgene Unterwasserwelt entdecken. Im Norden gibt es neben dem Hauptstrand Playa del Inglés noch zahlreiche weitere sandreiche und wellenarme Buchten. Alle sind zu Fuß erreichbar. Wer lieber beim Rauschen des Meeres entspannen möchte, kann es sich auch einfach in einem Solarium am Meeresrand gemütlich machen. Unter Solarium versteht man übrigens hierzulande eine Art Chill-out-Club mit Liegen und Pool direkt am Strand. In einigen werden auch FKK-Tage angeboten.

Diving Lounge. Centro Atlantico Beach Club 4a, Tel. 648 13 79 30, www.divingadventurelounge.com

Nicht verpassen

Unterkünfte für die Massen

Playa del Inglés bietet eine Vielzahl von Hotels und Apartmentanlagen der unterschiedlichsten Kategorien. Mit einem großen Angebot im Drei- und Vier-Sterne-Bereich ist der Ort ein erschwingliches Pflaster und setzt weniger auf Luxus denn auf Massentourismus. Trotzdem ragen vor allem in Strandnähe die Hotels nicht in den Himmel. Nur wenige Stockwerke hoch, bieten sie dem Urlauber Komfort in Strandnähe. Sogar einige kleine Bungalow- und Apartmentanlagen mit Gärten und Pools schließen sich in erster Reihe zum Atlantik an. Diese Anlagen stammen noch aus der Anfangszeit des Urlaubsbooms. Später entstanden weiter entfernt vom Strand auch mehrstöckige Hotelanlagen. Sie bieten ihren Gästen einen regelmäßigen Shuttle-Service zum Strand an, um die Distanz wieder wettzumachen. Die Einheimischen selbst wohnen meist im Ortsteil San Fernando. Dort findet man auch Supermärkte mit kanarischem Angebot und vor allem kanarischen Preisen. Playa del Inglés selbst ist ein künstlicher Ort, der für Urlauber gebaut und gezielt auf deren Bedürfnisse abgestimmt wurde. Es ist nicht gerade die Destination für beschauliche Urlaubstage, aber wer pulsierendes Leben von früh bis

Playa del Inglés

spät in die Nacht erleben möchte, ist hier an der richtigen Stelle. In Playa del Inglés ist eigentlich immer etwas los. Verglichen mit »normalen« kanarischen Ortschaften bewegt sich natürlich auch das Preisniveau auf einem etwas höheren Level. Es entspricht in etwa dem deutschen. Hier findet man keine Schock-Preise wie an vielen anderen Orten der Welt, aber auch keine Schnäppchen.

Sonne und Strand pur

Das Strandleben von Playa del Inglés erstreckt sich von der Playa del Inglés am nördlichen Rand der Dünen bis in die Dünen hinein. Wer nicht unbedingt einen Liegestuhl braucht, findet so auch während der Saison ein Fleckchen, an dem er sich in Ruhe bräunen kann. Die Dünenlandschaften mit ihren kargen Bodendeckern und Nelkengewächsen faszinieren auch von dieser Seite. Strandwandern, vor allem in den kühleren Abendstunden, ist daher eine beliebte Freizeitbeschäftigung. Wer möchte, kann bis nach Maspalomas laufen und dabei den sanften Wellenschlag an den Füßen genießen. Wer lieber in Schuhen spaziert, flaniert auf der Promenade von Playa del Inglés bis nach Maspalomas. Dort rauscht auf der einen Seite der Atlantik und blickt man auf der anderen in die Gärten der Hotel- und Ferienanlagen. Etwas kurios wirken die Waagen, die in regelmäßigen Abständen entlang des Weges auftauchen. Deren Sinn erschließt sich dem Betrachter nicht unbedingt. Für ein paar Cent kann man auf jeden Fall alle naselang feststellen, ob man im Urlaub schon ein paar Pfunde zugelegt hat. Wen das nicht interessiert, nutzt vielleicht lieber die Fernrohre, die, mit ein bisschen Kleingeld gefüttert, den Blick in die Weite des Atlantiks öffnen. Wer jetzt tief Luft holt, füllt sich die Lunge mit der salzigen Meeresbrise.

Oben: Urlaubsgefühle pur in Playa del Inglés
Mitte: Duftender Oleander auf der Uferpromenade
Unten: Spaß und Spiel an der Playa del Inglés

Zentraler Ausgangspunkt

Playa del Inglés genügt den meisten Pauschalurlaubern so wie es ist, um zufriedene Ferientage mit Sonne und Strand zu erleben. Wer dennoch gern etwas vom Umland sehen möchte, hat in Playa del Inglés einen günstigen Standort, um die nähere Umgebung und einige Highlights zu erkunden. Mietautos kann man sich auch nur für drei Tage ausleihen – ausreichend Zeit für die am nächsten gelegenen Sehenswürdigkeiten. Gran Canarias Hauptstadt ist mit ihrem weltoffenen Charme und historischen Stadtkern immer einen Besuch wert. In nur rund einer Autostunde ist man am Ziel. Etwa genauso lange dauert die Anfahrt zum Nationalpark Roque Nublo. Dort kann man in den Bergen ausgiebig wandern oder auch einfach die Natur auf sich wirken lassen. Auf dem Weg dorthin passiert man die malerische Oase Fataga, auf der Tropenfrüchte angebaut werden. Bei klarer Sicht erhascht man sogar einen Blick auf den majestätischen Teide, dem Wahrzeichen der westlichen Nachbarinsel Teneriffa. In nur rund einer halben Stunde erreicht man den Süd-Westzipfel der Insel, Puerto de Mogán. Romantik und ein Hauch Nostalgie schweben über diesem charmanten Urlaubsort, der trotz der Urlauber einen reizvollen Kontrast zu Playa del Inglés bietet. Archäologisch Interessierte finden nach einer etwa halbstündigen Autofahrt im Barranco de Guayadeque ein faszinierendes Ausflugsziel.

Oben: Blaues Meer und heller Sand – das sind die Merkmale eines Traumstrandes.
Unten: Nächtliche Urlaubsromantik an der Uferpromenade von Playa del Inglés

Playa del Inglés

Infos und Adressen

ESSEN UND TRINKEN

Guarapo II. Das Steakhouse lockt mit Grillspezialitäten vom Holzofengrill, internationaler Küche und einer Terrasse mit Blick aufs Meer. CC. Tropical, Avenida de Madrid 1, Tel. 928 76 83 67, www.restauranteguarapo2.com

Mono Beach Bar. Restaurant, Chill-out-Lounge und Strandbar mit kreativer Küche, Cocktails mit frischen Tropenfrüchten, Shisha-Pfeifen und mit kuscheligem und stilvollem Ambiente. CC. Atlantic Beach Club local 3c, Paseo Costa Canaria, Tel. 928 14 53 97, www.monobeachbar.eu

Ristorante Roma. Direkt an der Strandpromenade serviert das Roma sehr gute italienische und mediterrane Küche und bietet jeden Abend Livemusik sowie ab 22 Uhr Showprogramm. Avenida Alfereces Provisionales, Tel. 928 77 44 96, www.romagrancanaria.com

ÜBERNACHTEN

Casas Carmen. Die hübsche Anlage mit gepflegten Ferienwohnungen in einem tropischen Garten mit Pool direkt an der Strandpromenade bezaubert mit ihrem typisch kanarischen Stil. Casas Carmen,

Händler, Werber und Zukunftsdeuter versuchen ihr Glück an der Uferpromenade.

Calle Madrid 31, Tel. 928 76 29 06, www.casascarmen.com

Riu Waikiki. Die Drei-Sterne-Clubanlage mit fünf runden Gebäuden, großem Garten und Poollandschaft liegt ca. 1,5 Kilometer vom Strand entfernt. Avenida Gran Canaria 20, Tel. 928 77 38 80, www.riu.com

Seasideresort Sandy Beach. Das hübsche, familienfreundliche Vier-Sterne-Strandhotel bietet Komfort und eine helle Atmosphäre. Avenida Menceyes, Tel. 928 72 40 00, www.seaside-hotels.com

Bunter Urlaubstrubel in der »Fressmeile« an der Uferpromenade von Playa del Inglés

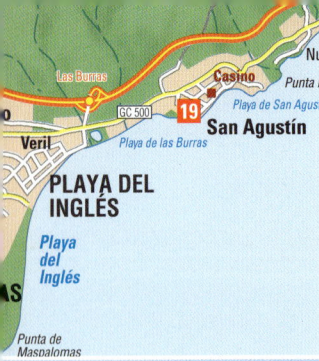

Der Süden

19 San Agustín
Ein mondäner Badeort

Ruhe und Komfort in den Hotels und Stränden an der Küste mischen sich mit wildem Western-Ambiente im Barranco del Aguila. San Agustín liegt nördlich von Playa del Inglés, nur wenige Autominuten von den touristischen Zentren entfernt. Trotzdem findet man hier ein ganz anderes und viel ruhigeres Ambiente. In San Agustín kann man beim Anblick von blauem Himmel und Atlantik entspannen und die Seele baumeln lassen.

Moderne Ferienidylle

Wie die Urlaubszentren des Südens gehört auch San Agustín zur Gemeinde San Bartolomé de Tirajana. Dennoch erscheinen die touristischen Küstenorte wie eigene Gemeinden. San Agustín wurde für Urlauber mit gehobenen Ansprüchen geschaffen. Der beschauliche Ort grenzt direkt an Playa del Inglés und hat trotzdem so gar nichts mit dem dortigen Urlaubstrubel gemein. San Agustín entstand in den 1960er-Jahren auf einem Grundstück des spanischen Adeligen Conde de la Vega Grande. Zunächst wurde die Küste bebaut, später wich man auf der anderen Seite der Landstraße auf den Roque Roja, den »roten« Felsen aus. Dort befindet sich auch die gleichnamige Klinik, in der Urlauber im Bedarfsfall schnell medizinisch versorgt werden können.

Mitte: San Agustín ist kleiner, bescheidener, leiser und weniger pompös als die benachbarten Urlaubszentren.
Unten: Auch in San Agustín lädt eine Promenade zum romantischen Bummel bei Wellenschlag und Palmenrauschen ein.

Hier verbringt man seinen Urlaub in Ruhe und vermeintlicher Abgeschiedenheit. Eine halbmondförmige, wellengeschützte Bucht lädt zu einem entspannten Sonnenbad ein, Liegestühle und Sonnenschirme können angemietet werden. Wer es

San Agustín

naturverbundener (und günstiger) mag, kann sein Handtuch aber auch einfach in dem warmen, dunklen Sand ausbreiten.

San Agustín ist eher für die Touristen mit gehobenen Ansprüchen konzipiert. Davon zeugen die guten und modernen Hotels, hübsche Bungalow-Anlagen, ein Thalasso-Wellnesszentrum, ein Casino sowie ein kleiner Golfplatz direkt im Einzugsbereich. Das hübsche Einkaufszentrum El Portón mit netten Cafés und Außenfläche lädt zum Shoppen ein. Die Strandpromenade Paseo Costa Canaria schlängelt sich bis nach Playa del Inglés an der Küste entlang und lädt zum Spazieren ein. Dazwischen befinden sich an der Playa de las Burras kleinere Buchten, die zwischen den Felsen zum Baden locken. Selbst die Restaurants verströmen ein eher anspruchsvolleres Flair, was sich allerdings auch in den Preisen niederschlägt.

Urlaubsglück in der Bahía Feliz

Richtung Norden grenzen an San Agustín schlichtere Urlaubsanlagen an. An der Playa del Aguila oder der Playa de Morro Besudo findet man weniger Komfort, auch die Strände sind nicht so feinsandig wie bei den Nachbarn. Dafür ist es hier wirklich ruhig, und man begegnet mehr Einheimischen als Urlaubsgästen.

Diese Strände sind auch einen Ausflug wert, wenn man vom Strandtrubel genug hat. Sie führen direkt an den nächsten und zunächst letzten großen Ferienort im Süden, Bahía Feliz. Die »glückliche Bucht«, wie der Name übersetzt heißt, ist vor allem bei skandinavischen Urlaubern beliebt. Und auch Wassersportler, allen voran Wellenreiter und Windsurfer, haben an diesem windigen Küstenabschnitt ein Paradies gefunden. Wenn am Morgen die Winde noch etwas schwächer sind, ist dies der

Geheimtipp

MOTORENVERGNÜGEN

Wer gern Motoren heulen oder schnurren hört, findet in San Agustín gleich zwei PS-starke Angebote zu Wasser und in der Luft. Heben Sie doch einfach einmal mit den Islas Helicopters ab und betrachten sich Gran Canarias Urlaubsparadies aus der Vogelperspektive. Sowohl professionelle Film- und Fotoflüge als auch touristische Rundflüge werden angeboten. Die Hubschrauberrundflüge dauern je nach gebuchter Tour zehn Minuten bis zu einer Stunde. Ein absolutes Erlebnis mit Adrenalingarantie.

Genauso abenteuerlich, aber mit mehr Bodenkontakt, ist die Rennstrecke des Gran Carting Clubs. Mit einer 1650 Meter langen Seniorpiste auf dem 50 000 Quadratmeter großen Gelände gehört diese Kart-Bahn zu den größten in ganz Spanien. Privatvergnügen für Alt und Jung, aber auch richtige Rennen werden auf der anspruchsvollen Bahn geboten.

Islas Helicopters. Aerodromo El Berriel, San Agustín, Tel. 928 15 79 65, ab ca. 65 € p. P., www.islas-helicopters.com
Gran Carting Club. Ctra. Gral. del Sur KM 46 (GC 500), Juncalillo del Sur, Tel. 928 15 71 90, www.grancanaria.grankarting.com

Oben: Ein schöner Sandstrand in San Agustín
Mitte: Meeresbrise und salzhaltige Luft sorgen auf der Uferpromenade für einen klaren Kopf.
Unten: Gymnastik am Strand von San Agustín

Der Süden

beste Zeitpunkt für Anfänger, um sich auf den Brettern zu üben. Versierte Windsurfer ziehen die späteren Böen vor. Häufig wagen sie sich weit hinaus, wo man sie dann wie kleine Punkte über die Wellen rasen oder sogar springen sieht.

Westernstadt Sioux City

Wer nur ein kleines Stück in den Barranco del Aguila hineinfährt, stößt schon direkt auf eines der Unterhaltungs-Highlights der Insel: die Westernstadt Sioux City. Zwischen trockenen Berghängen und Kakteen fühlt man sich dort wie in einer echten Westernstadt und in eine andere Zeit versetzt. Dieser Wilde Westen könnte auch jenseits des Atlantiks in Texas liegen. Nicht nur Kindern geht in diesem stilechten Ambiente das Herz auf.

Die Westernstadt feierte im Jahr 2011 ihren 40. Geburtstag. Eigentlich entstand sie als Filmkulisse in den 1970er-Jahren für den 1975 erschienenen Italo-Western »Take a hard ride«, der auf Deutsch unter dem Titel »Einen vor den Latz geknallt« bekannt ist. Western-Star Lee van Cleef spielte damals die Hauptrolle. Aber auch beispielsweise die deutsche Produktionsfirma Bavaria Films hat hier schon gedreht, nämlich »Die Einsteiger« mit Mike Krüger.

Die filmechte Westernstadt bietet mit ihren zahlreichen Shows und lustigen Einlagen aus dem Cowboy-Leben Spaß für die ganze Familie. Darüber hinaus kann man dort die größte Sammlung exotischer und giftiger Schlangen der Kanaren bestaunen. Jeden Freitagabend lädt die Westernstadt zu einer Spezialshow mit Barbecue ein. Tagsüber sollte man spätestens gegen 11 Uhr in Sioux City ankommen, um in den Genuss aller Shows zu kommen.

San Agustín

Infos und Adressen

SEHENSWÜRDIGKEITEN
Sioux City. Barranco del Aguila, San Agustín, Di–So 10–17 Uhr, Barbecue-Party Fr 20–24 Uhr, www.siouxcity.es

ESSEN UND TRINKEN
Aeroclub Grill. Das sehr gute Restaurant bietet exzellente Fleischgerichte vom Grill und einen eigenen Pool in einer großzügigen Anlage. Tarajalillo, San Agustín, Tel. 928 15 71 03, www.restauranteaeroclub.com

El Capitán. In maritimem Ambiente genießt man hier direkt am Strand sehr gute kanarische und internationale Küche. Calle Las Acacias, San Agustín, Tel. 928 76 02 25, www.rest-elcapitan.blogspot.com

Restaurant Gorbea & Terraza Chill-out. Modernes Lokal mit tollem Chill-out-Ambiente. Ideal für einen Drink zum Sonnenuntergang oder ein romantisches Essen. Calle Las Margaritas s/n, Gloria Palace San Agustín Thalasso & Hotel, San Agustín, Tel. 928 76 75 61

ÜBERNACHTEN
Air Tours Beach Club. Das familiäre, moderne Viersternehotel liegt direkt am Strand, bietet eine schöne Poollandschaft und ist besonders gut für Surfer und Familien geeignet. Paseo Pablo Picasso, Bahia Feliz, Tel. 928 15 72 19, www.hotelclub.net

Hotel Gloria Palace. Das sehr schöne Viersternehotel wurde 2007 renoviert und besitzt ein großes Thalasso-Therapiezentrum. Calle Las Margaritas, San Agustín. Tel. 928 12 85 00, www.gloriapala ceth.com

Hotel Tamarindos. Das moderne Komforthotel im kanarischen Stil und mit großem Poolbereich, Casino und Diskothek gehört zur Melia-Hotelgruppe und liegt direkt am Strand. Calle de las Retamas, San Agustín, Tel. 902 14 44 40, www.solmelia.com

AKTIVITÄTEN
Windsurfen. Club Mistral. Bahía Feliz, Buchungen über Deutschland möglich, Tel. 0881 92 54 960, www.club-mistral.com

Rassige Texas-Braut contra mexikanischen Banditen in der Wildwestshow von Sioux City

Der Süden

20 Bergoase Fataga
Die idyllische Seite Gran Canarias

Eine zauberhafte Kulisse erlebt der Besucher in Fataga. Rund 23 Kilometer oder etwa eine halbe Stunde von Playa del Inglés entfernt, bietet die Oase in den Bergen das absolute Kontrastprogramm zum Trubel der Tourismuszentren. Oft wird der Besuch mit einem Ausflug in den Nationalpark rund um den Roque Nublo verbunden. Doch auch wer nicht so hoch hinauf möchte, sollte das malerische Fataga nicht verpassen.

Eine Oase tropischer Früchte oder auch das Tal der Tausend Palmen, so wird Fataga umschrieben. Und tatsächlich glaubt man sich nach einer Fahrt bergauf durch karge und trockene Schluchten plötzlich in einer grünen Oase wiederzufinden, mitten in der Bergwelt. In Fataga scheint die Zeit stehen geblieben zu sein. Ein Hauch von Nostalgie hängt in der Luft. Auf altem Kopfsteinpflaster wandelt man hier durch enge Gassen, vorbei an typisch kanarischen Häuschen. Sie zieren blühende Topfpflanzen, die vor Fenstern oder an Balkonen

Mitte: Fataga, ein blühendes Städtchen mitten in der Steinwüste
Unten: An den Waschplätzen, »Lavaderos«, haben die Frauen früher die Wäsche gewaschen.

GUT ZU WISSEN

AUTHENTISCH KANARISCH
Wer Fataga besucht, sollte ein Liebhaber von Natur, Land und Leuten sein. Hier findet man keinen Luxus, sondern vor allem ländlichen Charme. Wer Trubel und Einkehr in hochwertigen Lokalen mit internationaler Küche sucht, ist fehl am Platz. Fataga ist etwas für Individualisten, die die heimische Küche und Lebensart zu schätzen wissen.

Bergoase Fataga

üppig grünen. Ganz zu Recht erwägt die UNESCO derzeit, Fataga in ihre Welterbeliste aufzunehmen.

Ein malerisches Bergdorf

Eingekuschelt in ein Tal, dem eine Quelle Fruchtbarkeit verleiht, bietet Fataga einen echten Kontrast zu den braunen und schroffen Felsen der Umgebung. Als es im Jahr 2007 zu einem verheerenden Waldbrand auf Gran Canaria kam, bedrohten die Flammen auch diesen malerischen Ort. Glücklicherweise wurden nur wenige Häuser und eine Obstplantage beschädigt. Inzwischen hat sich die Natur aber längst wieder von dieser Katastrophe erholt. »Es war ganz seltsam. Einige Häuser mitten im Dorf fingen durch den Funkenflug plötzlich Feuer, während der Nachbar direkt daneben verschont blieb«, erinnert sich ein Dorfbewohner. Heute sind die Spuren des Feuers, das zum Glück nur wenig Schaden anrichtete, nicht mehr zu sehen. Das Dorf verbreitet wie einst seinen ureigenen Charme und zieht die Besucher in seinen Bann. Wer ganz in der Abgeschiedenheit seine Urlaubstage verbringen und seine Gedanken ganz in Ruhe ordnen möchte, kann in Fataga eine gemütliche Ferienwohnung mieten. Der eigentliche Ortskern darf nur von Anwohnern befahren werden. Besucher parken an der Hauptstraße und erkunden den entzückenden Ort zu Fuß.

Sehenswertes

Einige Gaststätten, ein Museum mit kuriosen Exponaten über Gran Canaria und zahlreiche Kunsthandwerker beleben das Dorf. Hübsche Andenken aus Fataga kann man entweder in einem Souvenirladen oder direkt bei den Künstlern selbst erstehen. Wem die Sonne auf den Kopf brennt, erhält hier auch einen echt kanarischen Strohhut.

Nicht verpassen

ARCHÄOLOGISCHE ENTDECKUNGEN

Im Umland von Fataga liegen einige archäologische Sehenswürdigkeiten. Zu einem Zwischenstopp lädt unter anderem der Mirador am Barranco de las Yeguas ein. Dort hat man einen herrlichen Blick auf den Barranco de Fataga, der früher in den Regenmonaten regelmäßig Wasser führte. Heute kommt das nur selten nach heftigen Unwettern vor. Am Talgrund des Barranco de Fataga stehen die Casas del Maestro. Umgeben von den Steilhängen Barranco de la Culatilla, Morro de la Palmita und Degollada de la Yegua sind diese altkanarischen Häuser in einer wildromantischen Umgebung gelegen. Einen ungewöhnlichen Einblick in die Welt der Ureinwohner Gran Canarias bietet der Themenpark Mundo Aborigen. Dort ist ein altkanarisches Dorf originalgetreu, jedoch in leicht vergrößertem Maßstab, nachgebaut. Auf dem Rundweg durch den Park erfährt man Interessantes über den Lebensstil der Ureinwohner und genießt nebenbei einen herrlichen Panoramablick bis zu den Dünen von Maspalomas.

Mundo Aborigen. Tgl 9–18 Uhr, Macizo de Amurga, Carretera a Fataga bei Kilometer 6, Fataga, Tel. 928 17 22 95, www.mundoaborigen.com

Der Süden

Fataga ist vor allem für seine Flecht-, Korb- und Keramikarbeiten bekannt. Mitten in der Bergidylle befindet sich auch das Atelier des Malers Friedhelm von Berghorn. Er stellt eigene Werke sowie die von befreundeten Malern aus. Wer Lust auf Süßes hat, kann die selbst gebackenen Gebäckstücke probieren, deren köstlicher, verlockender Duft aus so manchem Haus dringt. Oder man kehrt an der Hauptstraße in der Cafeteria Fataga Hill mit hausgemachten Kuchen und Eis ein. Nur wenige Kilometer oberhalb des Dorfes erregt mitten in einer Palmenoase eine alte Mühle aus dem 17. Jahrhundert Aufmerksamkeit. Sie beherbergt ein gemütliches kanarisches Restaurant. Folgt man der Straße in Richtung Roque Nublo, passiert man die beiden Stauseen Chira und Las Niñas, die in der Nähe von Fataga zu einem Spaziergang in der Natur einladen. Ruhe und eine herrliche Aussicht bilden ein einmaliges Kontrastprogramm zum Trubel der Touristenhochburgen an der Küste.

Kamelreiten in Fataga

Kurz bevor man das Bergdorf erreicht, weist zwischen Arteara und Fataga ein Schild zur Linken den Weg in eine Finca, die zur Kamelsafari einlädt. Diese Kamelfarm gehört zu den besten der Insel. Nicht nur für Kinder ist es ein besonderes, etwas wackliges Vergnügen, auf den friedfertigen Dromedaren zu reiten, die seit Jahrhunderten auf den Kanaren genutzt werden. Von den Spaniern eingeführt, waren sie Transportmittel und Lastenträger. Heute erleben Besucher vom hohen Rücken der Trampeltiere eine landschaftlich reizvolle Bergwelt mit vielen endemischen Pflanzen. Unterwegs erfährt man allerlei Wissenswertes über die Besonderheiten dieses Bergidylls. Der Weg führt durch Zitrushaine, Palmenwäldchen und unberührte Natur. Auf der Kamelfarm kann man auch zum Essen einkehren oder durch den exotischen Palmengarten wandern.

Oben: Deutsche Kunst, kanarisch inspiriert, im Atelier von Friedhelm von Berghorn
Mitte: Eine alte Gofio-Mühle in der Molino de Fataga
Unten: Entspanntes Strandleben in San Agustín

Bergoase Fataga

Infos und Adressen

ESSEN UND TRINKEN
Albaricoque. Das gemütliche kanarische Restaurant an der Hauptstraße von Fataga bietet einen herrlichen Blick auf den Barranco de Fataga und gute kanarische Hausmannskost. Calle Nestor Álamo 4–6, Fataga, Tel. 928 798 656, www.restaurantalbaricoque.com

Finca Molino de Agua. Das Restaurant in dem gemütlichen kleinen Landhotel ist auch für Publikumsverkehr geöffnet.

ÜBERNACHTEN
Mirador Fataga. Die Finca mit vier Doppelzimmern ist eine ländliche Unterkunft mit Charme und herrlichem Panoramablick. Fataga, Tel. 680 11 33 87, www.encantorural.com

Molino de agua. Das kleine, sehr gemütliche und frisch renovierte Landhotel mit altem kanarischem Charme steht in einem Palmengarten mit Pool. Es ist ein idealer Ausgangspunkt für Kamelsafaris oder Wanderungen. Auf dem ehemaligen Gutshof leben Esel, Strauße und anderes Getier. Es gibt noch eine alte Gofio-Mühle. Carretera Fataga nach

Auf den Spuren der Ureinwohner im Freilichtmuseum Mundo Aborigen

San Bartolomé, KM 25, Tel. 928 17 20 89, www.elmolinodeagua.com

AKTIVITÄTEN
Kamelreiten. La Baranda Camel Safari Park. Tgl. 9–18 Uhr, Di, Do, Sa Shuttle-Busse von Maspalomas, Carretera Fataga, Tel. 928 79 86 80

Touristen auf einer Kamelsafari im Camel Park Arteara

123

GOLFEN AUF GRAN CANARIA

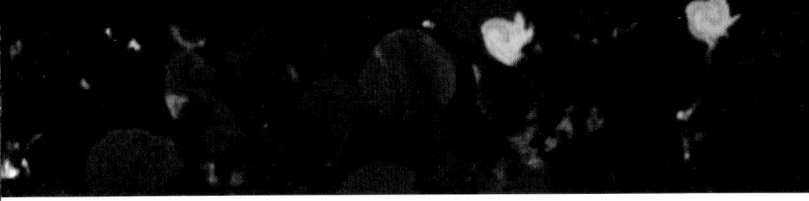

Das ganzjährig frühlingshafte Klima und die exzellenten Golfplätze Gran Canarias machen die Insel zu einem exklusiven Ziel für alle Freunde dieser Sportart. Selbst Profis nutzen im Winter die perfekten Wetter- und Platzbedingungen. Die Plätze wurden von namhaften Designern kreiert und spiegeln daher ein hohes Spielniveau wider. Regelmäßig werden nationale und internationale Turniere ausgetragen.

Alte Golfwurzeln

Der Golfsport auf Gran Canaria blickt tatsächlich bereits auf eine über hundert Jahre alte Tradition zurück. Die Engländer brachten diesen Sport mit auf die Insel. Zuerst kamen sie vor allem, um die milden Winter zu genießen. Später wollten sie ihren Lieblingssport auch vor Ort in ihrem Winterdomizil ausüben. So entstand die Idee für den ersten Golfplatz Spaniens, der schon 1891 eingeweiht wurde. Die heutigen Plätze vereinen dabei modernes Design mit sportlicher Challenge. In einem Umkreis von rund 50 Kilometern stehen insgesamt acht völlig unterschiedliche Golfplätze zur Auswahl. Sie konzentrieren sich rund um die großen Tourismushochburgen im Süden und sind so facettenreich wie die Insel selbst. Auf einem Platz spielt der Golfer bei sanftem Meeresrauschen mit einer salzhaltigen Brise auf den Lippen und auf einem anderen befindet er sich mitten in einem Vulkankrater. Die Infrastruktur hat sich dabei mit luxuriösen Hotels und Sportgeschäften ganz an die Bedürfnisse der Golfer angepasst.

Maspalomas Golf

Den Golfplatz in Maspalomas gibt es schon seit 1968. Er wurde von dem bekannten Golfplatz-Architekten Mackenzie Ross (1890–1974) angelegt. Er war der ideenreiche Designer zahlreicher hervorragender Plätze in seiner Heimat Schottland. Darüber hinaus entstanden unter seiner Regie mehrere Golfplätze in Frankreich, Spanien und Portugal. Der 18-Loch-Platz von Maspalomas erstreckt sich auf 400 Hektar in unmittelbarer Nähe zu den bekannten Sanddünen. Zwischen blauem Atlantik und hochgewachsenen Palmen genießt man beim Golfspielen ein traumhaftes Ambiente. Dennoch wird einem hier beim Abschlag allerhöchste Konzentration abverlangt, denn manche Löcher lassen wenig Raum für »Wackelbälle«. So muss etwa schon beim Abschlag eine Wasserfläche überwunden werden, die zu beiden Seiten von Bäumen gesäumt ist und damit keine Fehler verzeiht. Teilweise fühlt man sich in den Dünen fast in die Wüste versetzt, was manchmal die Orientierung

Links: Je zwei 18-Loch-Golfplätze bilden den Komplex Salobre Golf.

Golfen auf Gran Canaria

auf das Ziel sehr erschweren kann. Maspalomas Golf ist wirklich ein Platz voller Kontraste zwischen Wüste, Atlantik und sattem Grün.
www.maspalomasgolf.net

Salobre Golf Resort

Für dieses im Jahr 2000 eröffnete Golfresort wurde ein ganzer Barranco in ein echtes Paradies für Golfer verwandelt. Einzigartig ist dieser Platz vor allem durch seine außergewöhnliche, abgeschiedene Lage und seine Exklusivität. Für das Resort wurde an der Autobahn sogar eine eigene Ausfahrt gebaut.
Eine Schranke hindert Unbefugte daran, diesen einzigen 36-Loch-Golfplatz der Kanaren zu betreten. Zur Anlage gehören zwei gleich große 18-Loch Parcours im Süden und Norden des Resorts.
Der Südteil wurde von Dave Thomas und Roland Fauré angelegt. Das intelligente Design nutzt dabei die natürlichen Gegebenheiten und Schluchten. Eine spektakuläre Aussicht auf die Berge und das Meer am Horizont vervollständigen das Golferglück. Der Nordteil des Resorts entstand unter der Regie von Ron Kirby. Eingebettet in Vulkangestein entwickelt der Platz seine ganz eigene Faszination zwischen landschaftlichen Reizen und sportlichem Ehrgeiz. Mit in die Anlage integriert sind luxuriöse Unterkünfte. Zur Auswahl stehen die Salobre Villas sowie das feudale Hotel Sheraton Salobre Golf (www.salobregolfresort.com).

Meloneras Golf

Dieser relativ neue Golfplatz entstand 2006 inmitten des mondänen Ortsteils Meloneras. Er liegt westlich des Leuchtturms zwischen Maspalomas und dem exklusiven Sporthafen Pasito Blanco und gehört zur Hotelkette Lopesan. Eine Palmenoase direkt an der Küste und eine wundervolle Aussicht auf den Atlantik erfreuen das Auge. Daneben erstreckt sich eine Seenlandschaft. Wer in Richtung Landesinneres sieht, erblickt am Horizont die nahe gelegenen Bergketten. Durch die ständige Brise vom Meer ist hier das sportliche Können des Golfers sehr gefragt. Zahlreiche nationale

Der Golfsport erfreut sich eines immer regeren Zulaufs.

Golfen an der Küste von Golf del Sur

und internationale Turniere wurden bereits auf dem anspruchsvollen 18-Loch-Platz ausgetragen. Er ist mit Par 71 angegeben und alle Löcher verfügen über vier Tees. Ein Hauch von Luxus schwebt über der Anlage, die von einigen Sportlern zu den besten der Insel gezählt wird. Angelegt wurde der Platz ebenfalls von dem US-Amerikaner Ron Kirby, der einige technische Schwierigkeiten in seine Gestaltung einfließen ließ. Kirby sammelte nach seinem Studium an der Universität von Massachusetts wertvolle Erfahrungen bei führenden amerikanischen Golfplatz-Architekten, bis er 1970 seine eigene Firma gründete. Einige der besten Golfplätze Europas, in London, Paris, Irland und Schottland, wurden von ihm entworfen. Im Jahr 2003 wurde der mittlerweile pensionierte Ron Kirby für seine Verdienste von der amerikanischen Golfvereinigung mit dem Ehrenpreis »Fellow« ausgezeichnet.
www.lopesanhotels.com

Ein ganzer Barranco nur zum Golfen – der exklusive Golfplatz Salobre Golf

DER OSTEN

21 Juncalillo del Sur und Castillo del Romeral
Zwei versteckte Schätze — **130**

22 Pozo Izquierdo
Mekka der Wind- und Kitesurfer — **132**

23 Vecindario
Ein Ort und eine Einkaufsstraße — **134**

24 Arinaga
Liebe auf den zweiten Blick — **136**

25 Agüimes
Echt kanarisches Dorfleben — **140**

26 Ingenio
Die ehemalige Zucker-Hauptstadt — **146**

27 Telde
Wohn- und Kulturstadt in einem Paket — **148**

28 Montaña de las Cuatro Puertas
Der Berg der vier Tore — **160**

29 Die Küste von Telde
Unbekannte Strandparadiese — **162**

30 Santa Brígida
Die noble Grüne — **166**

Vorangehende Doppelseite: Golfplatz Bandama mit dem gleichnamigen Krater im Hintergrund
Mitte: Vom Wind geformte, schiefe Baumkronen an der Küste von Juncalillo del Sur
Unten: Männertreff vor einer Cafeteria in Castillo del Romeral

Der Osten

21 Juncalillo del Sur und Castillo del Romeral
Zwei versteckte Schätze

An diesen beiden Orten sucht man Urlauberströme, Hotels und Trubel vergebens – sie sind gerade wegen ihrer Ursprünglichkeit einen Besuch wert. Wer auch die verborgenen Schätze der Insel entdecken möchte, dem ist eine Erkundungstour nach Juncalillo del Sur und Castillo del Romeral unbedingt zu empfehlen. Nur wenige Kilometer von den Zentren entfernt, erschließt sich hier dem Besucher eine andere Welt.

Juncalillo del Sur

Zwischen Juan Grande und dem Fischerdorf Castillo del Romeral erstreckt sich mit Juncalillo del Sur eines der wertvollsten Ökosysteme der Gemeinde San Bartolomé de Tirajana. In Salinen und sumpfigen Salzseen hat dort die Vogelwelt ihr ureigenstes Paradies gefunden. Neben den Dünen von Maspalomas ist dies der wichtigste Rückzugsort für Zugvögel, die hier jenseits des Touristenrummels Raum zum Nisten finden. Dazwischen wachsen Pflanzen, die nur auf den Kanaren beheimatet sind; hier ist auch das größte Verbreitungsgebiet der »Ananas des Meeres«, *Atractylis preauxiana*. Der kleine Strauch mit den grauen Blättern und den weißen Blüten, auf Teneriffa schon fast verschwunden, ist auch auf Gran Canaria vom Aussterben bedroht. Umso wichtiger ist es, dass es doch noch einige geschützte Räume gibt, in denen die heimische Flora und Fauna ungestört wachsen darf. Nirgendwo auf Gran Canaria kann man besser durch eine wattähnliche Landschaft spazieren als in Juncalillo del Sur.

Juncalillo del Surl

Castillo del Romeral

Das beschauliche Fischerdorf Castillo del Romeral wurde im 16. Jahrhundert gegründet. Nach der Burg, die es im Namen trägt, hält man allerdings vergebens Ausschau. Zwar ist das Castillo noch auf verschiedenen Landkarten eingezeichnet, aber das ist ein Relikt aus vergangenen Zeiten. In dem Herrenhaus, das den Namen Burg erhielt, lebte einst die Condesa Rita Villaconejo. Sie stammte aus einer italienischen Adelsfamilie und hatte sich nach der Eroberung auf Gran Canaria niedergelassen. Die Condesa machte den Ort erstmals bekannt, indem sie in den Salinen Meersalz gewann und auf der Nachbarinsel Teneriffa verkaufte.

Diese adeligen Zeiten sind aber längst vorbei. Heute ist Castillo del Romeral ein idyllisches Fischerdorf, dessen Bewohner zum großen Teil in den nahe gelegenen Urlaubszentren arbeiten. Das authentische Flair des Ortes spürt man vor allem vormittags, wenn die Fischer am Hafen ihren Fang verkaufen. Daneben hat Castillo del Romero tolle Bademöglichkeiten zu bieten. Der Strand selbst zeigt nur bei Ebbe ein paar sandige Fleckchen, aber das stört nicht weiter, sind doch die Hauptattraktion die Meerwasser-Schwimmbecken, die direkt an der Küste eine großzügige Badelandschaft bilden. In ihnen kann man weite Runden drehen oder beim Schnorcheln die Unterwasserwelt entdecken. Zudem ist die hiesige Küste ein Hotspot für Surfer. Ruhigere Naturen reizt vielleicht ein einsamer Spaziergang auf der Strandpromenade, die sich entlang der Küste vom Hafen bis zu den Meerwasserbecken schlängelt. Dort kann man mit Blick auf den Atlantik ungestört seinen Gedanken nachhängen. Vor allem unter Zuwanderern, die schon länger auf Gran Canaria leben, gilt dieses Dörfchen als Geheimtipp für den Genuss von vorzüglichem frischem Fisch, den die lokalen Restaurants servieren.

Infos und Adressen

ESSEN UND TRINKEN
Casa Mama Gata. Der gemütliche Einheimischen-Treff ist leicht an den drei Ankern vor dem Lokal zu erkennen und für seine Fleisch- und Reisgerichte bekannt. Paseo Marítimo, Castillo del Romeral,
Tel. 928 72 80 19,
www.mama-gata.com

Cofradía de los Pescadores. Keiner bereitet Fisch besser zu als der Fischer selbst! Das schlichte Lokal serviert Fangfrisches zu einheimischen Preisen. Avenida de la Playa, Castillo del Romeral, Tel. 928 72 82 62

ÜBERNACHTEN
Übernachtungsmöglichkeiten sind nicht vorhanden, Unterkunft findet man in den nahen Urlaubsorten.

VERANSTALTUNGEN
Fiesta Virgen del Carmen. Das wichtigste Fest des Dorfes ist das Fest der Schutzpatronin der Fischer. Die Marienstatue wird Mitte Juli in feierlicher Prozession durch die Straßen getragen und zu einem Bootsausflug entführt. An Land gibt es gebratenen Fisch für alle.

Fiesta de San Miguel. Anfang Oktober finden Prozessionen und Tanzabende statt. Genaue Termine vor Ort erfragen.

AKTIVITÄTEN
Surfen. Zum Hotspot fährt man am zweiten Kreisverkehr nach der Tankstelle geradeaus, nicht links in den Ort. Nach einer Linkskurve biegt man bei dem Schild *Prohibido Cazar* (Jagen verboten) rechts in einen Schotterweg ein und fährt am Wasserwerk vorbei bis zu einer Palmengruppe.

Der Osten

22 Pozo Izquierdo
Mekka der Wind- und Kitesurfer

Pozo Izquierdo bedeutet eigentlich »linker Brunnen«. Der Name bezieht sich auf eine kleine Schlucht, die einst Süßwasser führte. Sie zog schon im 18. Jahrhundert Hirten aus Sardina, Agüimes und Juan Grande an, die dort ihre Herden tränkten. Heute ist Pozo Izquierdo weltweit als Hotspot für Wind- und Kitesurfer bekannt.

Die GC-194 führt direkt in die Bucht von Pozo Izquierdo, wo sich an der »El Arenal« genannten Playa de Pozo Izquierdo ein kleiner Ort gebildet hat. In diesem Eldorado der Wind- und Kitesurfer haben die Läden sich auf Wassersportbegeisterte eingestellt und führen alles, was das Surferherz begehrt, zum Kaufen oder zum Mieten. Rund um die Ortschaft liegen Tomatenfelder, Windräder nutzen die Kraft des konstanten Nord-Ost-Passats.

Mitte: An der Uferpromenade von Pozo Izquierda sitzen rastende Windsurfer und Schaulustige gern beieinander.
Unten: Pozo Izquierdo ist der Hotspot der Windsurfer. Hier weht immer ein kräftiger Wind im Segel.

Auf dem offenen Meer erreicht der Wind 16 bis 26 Stundenkilometer. Durch die fast kreisrunde Form der Bucht werden die Winde auf der Ostseite wie von einer Leitplanke an der Küste entlang geleitet. Dadurch werden die Luftströmungen sogar noch bis zu drei Mal schneller. Im Sommer bläst der Wind in der Regel heftiger, und Windgeschwindigkeiten von bis zu 90 Stundenkilometern sind keine Seltenheit. Er kommt von links und dreht landwärts. Im Winter ist die steife Brise etwas schwächer, aber dafür sind die Wellen höher. Die Bedingungen erfordern echtes Können auf dem Surfbrett, für Anfänger ist die Bucht deshalb weniger geeignet. Man muss schon sehr standfest sein, um den starken Wind in den Segeln wirklich nutzen und genießen zu können.

Pozo Izquierdo

An der Küste lädt eine Strandpromenade zum Spazieren ein. Auch für nicht surfende Gäste ist es spannennd, die wilden Sprünge der Surfer zu beobachten, die in teils atemberaubendem Tempo über das Wasser jagen. Dank optimaler Windbedingungen ist Pozo Izquierdo ein Mekka für Surfer aus ganz Europa, die sich hier auch gern auf Meisterschaften vorbereiten. Im Ort finden zudem regelmäßig internationale Wettkämpfe auf dem Wasser statt. Die Bedeutung dieser Küste in der Surferszene wird durch das internationale Windsurfzentrum unterstrichen.

Die Unterkünfte vor Ort sind eher bescheiden. Sie orientieren sich an den Bedürfnissen der Surfer, die zu ihrem Glück kein komfortables Hotel, sondern nur Wellen brauchen. Es versteht sich fast von selbst, dass der rund anderthalb Kilometer lange schwarze Sandstrand nur für Sonnenhungrige geeignet ist, denen der ständige Wind nichts ausmacht – des Surfers höchstes Glück kann eben auch ganz schön lästig sein. Vorsicht ist auf jeden Fall geboten: Man unterschätzt durch den Wind leicht die Kraft der Sonne und holt sich – wortwörtlich in Windeseile – einen Sonnenbrand.

Salinas de Tenefé

Ein fast ausgestorbener Wirtschaftssektor auf Gran Canaria ist die Gewinnung von Salz, das früher vor allem für die Konservierung von Fisch verwendet wurde. Von den über 60 Salzgewinnungsanlagen auf der Insel sind heute nur noch wenige verblieben. Die Salinas de Tenefé ist darunter die größte und wichtigste: Seit Generationen wird hier auf 20 000 Quadratmetern dem Meerwasser Salz abgerungen. Auf der Anlage, die sich hinter dem Surfzentrum gen Süden erstreckt, informiert ein kleines Museum über die Geschichte und Produktion des »weißen Goldes«.

Infos und Adressen

ESSEN UND TRINKEN

El Calabrote. Das Restaurant im Windsurfzentrum bringt gute kanarische und internationale Küche auf den Tisch. Hier gibt es auch günstige Tagesmenüs, die man auf der großen Terrasse mit direktem Blick auf das Meer und die Surfer einnehmen kann. Playa Pozo Izquierdo, Tel. 928 12 13 49

El Viento. Hier bekommt man mit Panoramablick aufs Meer kontinentale Küche serviert. Avenida Punta Tinefe, Tel. 928 12 10 52

La Ola Surfbar. Die Bar ist der Treffpunkt der Surfer, serviert einfache und schmackhafte Gerichte zu günstigen Preisen und vermittelt auch gemütliche Appartements. Calle Cabracho 5, Tel. 928 12 10 95, www.laolabarpozo.blogspot.com

ÜBERNACHTEN

Große Hotels findet man in Pozo Izquierdo nicht, übernachtet wird in Privatunterkünften.

Centro Internacional de Windsurf. Die Anlage, die den Charakter einer Jugendherberge hat, vermietet acht Zimmer mit jeweils acht Betten und wird vor allem von Surfern und kleineren Gruppen gern genutzt. Neben Surfkursen sind auch Tauchkurse im Angebot. Playa Pozo Izquierdo s/n, Tel. 928 12 14 00, www.pozo-ciw.com

Cutre Windsurf Center. Das Zentrum bietet Pauschalangebote mit Übernachtungen und Möglichkeiten zum Windsurfen. Avenida Las Bajas 71, Tel. 928 79 13 04, www.cutre.com

Der Osten

23 Vecindario
Ein Ort und eine Einkaufsstraße

Vecindario gehört zur Gemeinde Santa Lucía de Tirajana und liegt ziemlich genau auf halber Strecke zwischen dem Flughafen von Las Palmas und Maspalomas. Das Arbeiterstädtchen bietet keine touristischen Attraktionen und wird von Einheimischen bewohnt. Nur rund 15 Kilometer vom Flughafen entfernt, ist Vecindario jedoch bei Geschäftsreisenden beliebt. Hier steht das einzige Flughafenhotel der Insel.

Nach der Einwohnerzahl ist Vecindario größer als die Hauptgemeinde Santa Lucía. Seine Bewohner arbeiten vorwiegend in den nahen Industrie- und Tourismuszentren. Landschaftlich hat der Ort kaum etwas zu bieten, die Strände sind steinig, und malerisches Bergland ist erst im Hinterland zu finden.

Einkaufsparadies Vecindario

Bekannt ist Vecindario daher vor allem bei Geschäftsreisenden und als Tagungsort, aber auch als Einkaufsparadies, das auch Bewohner aus anderen Teilen der Insel anzieht. Die größte Attraktion ist die Hauptstraße Avenida de Canarias, eine großartige Shoppingmeile mit über 2000 Läden aus verschiedensten Sparten. Zudem laden verschiedene Einkaufszentren zum Bummeln ein, etwa das Centro Comercial Atlántico, das schon von der Autobahn aus auffällt. Auf 127 000 Quadratmetern kann man hier nach Herzenslust dem Kaufrausch erliegen. Für Entspannung sorgen elf moderne Kinosäle, die auch 3-D-Filme zeigen. Im kleineren und älteren La Ciel dagegen kann man nicht nur einkaufen, sondern auch in der dazugehörigen Diskothek vor allem Salsa tanzen.

Mitte: Die belebte Einkaufsstraße Avenida de Canarias in Vecindario
Unten: In der Bodega des Restaurants Meson Salmantino in der Avenida de Canarias kennt man sich mit kanarischen Weinen besonders gut aus.

Vecindario

Ein regelrechtes Kontrastprogramm bieten die beschaulichen regelmäßigen Märkte auf der Plaza San Rafael. Montags bauen vor allem Bauern der Region ihre Stände auf und bieten Frisches von Feld und Baum zum Kauf an. Mittwochs kommen auch andere Händler, die unter anderem Textilien und Souvenirs anbieten.

Sportstadt Vecindario

Bewegung und Sport werden in Vecindario großgeschrieben und auf hervorragenden Anlagen ausgeübt. 5000 Zuschauer finden Platz auf den Stadionrängen des Estadio Municipal, auf dessen Rasen auch schon einige deutsche Fußballteams trainiert haben, z. B. die Elf von Bayer Leverkusen. Im Pabellon Municipal können ganz unterschiedliche Sportarten trainiert werden. Zahlreiche Sportclubs nutzen die moderne Anlage, zu der auch eine Sauna und ein römisches Dampfbad gehören. Das Becken des bemerkenswerten öffentlichen Schwimmbads hat Olympiamaße und wird deshalb gern zur Austragung von regionalen Schwimmwettbewerben in Anspruch genommen.

Museo de la Zafra

Heute werden die landwirtschaftlichen Flächen rund um Vecindario nur wenig genutzt, früher jedoch gehörte das Umland zu den großen Anbaugebieten kanarischer Tomaten. Wissenswertes zur Kultivierung und Verpackung der Tomate erfährt man im hiesigen Museum. Wie sah das Leben der Tomatenbauern früher aus, und welche Möglichkeiten ergaben sich für Gran Canaria durch die Tomate? Diese und viele andere Fragen werden in den zwölf Ausstellungsräumen geklärt. Wie früher die Wasserversorgung für die Landwirtschaft gesichert wurde, zeigt auf dem Gelände ein alter, 85 Meter tiefer Originalbrunnen.

Infos und Adressen

SEHENSWÜRDIGKEITEN
Museo de la Zafra. Calle Isla de la Graciosa 33, Di–Fr 10–14 Uhr und 16–19 Uhr, Sa/So 10–14 Uhr, Tel. 928 75 97 06

ESSEN UND TRINKEN
La Perla. Das unscheinbare, typisch kanarische Restaurant serviert sehr gute Küche, die Spezialitäten sind die verschiedenen Filetsteaks und das Rindersteak vom Spieß. Calle Agustina de Aragón 18 (parallel zur Avenida de Canarias), Tel. 928 75 37 11

Mesón Salmantino. Gemütlich-rustikales Ambiente, hervorragende kanarische Küche. Avenida de Canarias 188, Tel. 928 75 62 09

ÜBERNACHTEN
Elba Vecindario Aeropuerto. Komfortables Viersternehotel mit Dachterrasse, Pool und Panoramablick. Vor allem für Geschäftsleute und Sportvereine. Avenida del Atlántico 353, Tel. 928 72 43 00, www.hoteleselba.com

Hotel Avenida de Canarias. Das moderne Zwei-Sterne-Haus mit 60 Zimmern steht mitten im Herzen der Haupteinkaufsstraße. Avenida de Canarias 264, Tel. 928 75 47 76, www.hotelavenidadecanarias.com

EINKAUFEN
Centro Comercial Atlántico Vecindario. Calle Adargoma s/n, www.ccatlantico.com

Markt. Mi 8–14 Uhr, Plaza San Rafael. Bauernmarkt Mo 8–14 Uhr

INFORMATION
Tourismusbüro. Avenida de Canarias, Plaza de la Era, Tel. 928 12 52 60

Der Osten

24 Arinaga
Liebe auf den zweiten Blick

Arinagas Charme entdeckt man nicht gleich auf den ersten Blick. Nur wer sich von dem Industriegebiet, das den Ort umgibt, nicht abschrecken lässt, dringt zum zauberhaften Teil des Küstenabschnitts vor. Arinaga ist ein echter Geheimtipp, der vor allem von den Inselbewohnern selbst geschätzt wird. Der lebendige und malerische Ort ist bislang von Besuchern noch weitgehend unentdeckt geblieben.

Erste Erwähnung findet Arinaga 1563 in den Annalen der Hauptgemeinde Agüimes. Die einstigen wirtschaftlichen Säulen des Ortes waren das Kalkbrennen und die Salzgewinnung. Als die Nachfrage nach Kalk stieg, baute man in der nahen Umgebung einen Kalkofen. Der so gewonnene Baustoff wurde etwa in der Kathedrale von Las Palmas verbaut. Im April 1804 finanzierte Bischof Manuel Verdugo den Bau einer Saline. Heute sind Kalk wie Salz nur mehr Teil der Geschichte Arinagas. Der Küstenort erwachte Ende des 20. Jahrhunderts aus seinem Dornröschenschlaf, als ringsum ein großes Gewerbegebiet angelegt wurde. Der Hafen von Arinaga ist bis heute ein Industriehafen, in dem Güter verschifft werden. Der Kalkofen an der Uferpromenade beherbergt das Museo de la Cal de Risco Verde, das sich mit der Geschichte der Region beschäftigt.

Mitte: Wild-romantisch ist die Küste von Arinaga.
Unten: An der Uferpromenade warten mehrere einheimische Lokale auf Einkehrer. Spezialität: Fangfrischer Fisch

Die Montaña de Arinaga

Arinagas Hausberg ist 199 Meter hoch und eigentlich eher unscheinbar. Er ragt gegenüber dem Leuchtturm auf und hebt sich mit seinem dunklen Gestein von der Küste ab. Der Hügel wirkt zwar

Die Fischer fahren schon frühmorgens in kleinen Booten aufs Meer hinaus, um ihr Fangglück zu versuchen.

auf den ersten Blick »mausgrau«, bietet aber einer äußerst vielfältigen Flora und Fauna einen Lebensraum und steht deshalb unter Schutz. Viele der Tier- und Pflanzenarten sind nur auf den Kanaren heimisch und optimal an die karge Umwelt angepasst, wie der Strauch *Zygophyllum fontanesii*, besser bekannt als Desfontaines-Jochblatt. Auf dem Montaña de Arinaga leben auch viele Echsenarten, darunter die endemische seltene Rieseneidechse, die *lagarto de la Montaña de Arinaga* genannt wird, sowie Geckos. Auch viele Vogelarten haben hier ihren Lebensraum und Nistplatz.

Die Küste von Arinaga

Arinagas Ortsteil an der Küste ist ein verstecktes Kleinod. Im Sommer erholen sich dort Einheimische in Zweitwohnungen von der Hitze im Hinterland oder in den Städten. Es weht immer eine leichte Brise, die die Temperaturen erträglicher macht. Im Ort selbst findet man zahlreiche gepflegte kleine Parkanlagen mit schattigen Bänken. Die Hauptattraktion aber ist zweifellos die Strandpromenade. Rund vier Kilometer lang, erstreckt sie sich bis zum Leuchtturm. Ungestört

Nicht verpassen

FISCHERFESTE IN ARINAGA

Der Fischreichtum vor Arinagas Küste ist legendär, und noch heute versuchen jeden Tag Angler von der Mole aus ihr Glück oder fahren mit kleinen Booten aufs Meer hinaus.

Die Fischertradition feiert auch die wichtigste Fiesta des Ortes. Bei der Fiesta del Pino (Fest der Pinie) werden mehr als 20 geschmückte Boote von Risco Verde bis zur Hauptstraße der Avenida getragen. Direkt im Anschluss steigt die Fiesta Vará del Pescado (Fisch-Ruten-Fest): Am Paseo Maritimo werden frisch gefangene Sardinen gegrillt und an alle verteilt, um Mitternacht gibt es ein gigantisches Feuerwerk. Unbedingt besuchen!

Fiesta del Pino/Fiesta Vará del Pescado. Ende August/Anfang September. Infos zum genauen Termin und dem Programm kurz vorher unter: www.aguimes.es

Der Osten

von Autos kann man hier flanieren, tief die salzige Luft einatmen und das rege Treiben am Wasser genießen. Bars, Restaurants und Cafés laden zu Pausen ein.

Die halbrunde Bucht der Playa de Arinaga ist rund 700 Meter lang, aber nur etwa zehn Meter breit. Bei Flut verschwindet der Sandstrand, und man muss sich mit Kieselsteinen arrangieren. Die perfekte Badebucht für Familien mit Kindern ist auch bei Windsurfern äußerst beliebt. Sie können hier im Flachwasser leicht aufsteigen und weiter draußen von der stetigen Brise profitieren. Kein Wunder, dass an der Playa de Arinaga vor allem im Sommer immer was los ist.

Der Leuchtturm von Arinaga

El Faro, wie der Leuchtturm auf Spanisch heißt, steht am Fuß der Montaña de Arinaga und markiert die Grenze zwischen der Playa de Arinaga und der Playa del Cabrón. Er wurde Ende des 19. Jahrhunderts von dem Ingenieur Juan de León y Castillo erbaut und ist ein Musterbeispiel der typisch kanarischen Architektur. Mit seinem Licht leitete er die Seeleute sicher um die gefährlichen Stellen von Punta de Gandó und Punta de Tenefé, im 20. Jahrhundert wurde er jedoch von einem neuen Leuchtturm abgelöst. Es gibt Pläne, den alten Faro zu restaurieren und ihn als Meeresmuseum einer neuen Aufgabe zuzuführen.

Oben: Die Uferpromenade von Arinaga mit dem Windradpark am Ortsrand im Hintergrund
Unten: Karten- und Würfelspiel an der Uferpromenade von Arinaga – man lebt eben draußen.

Ein echter Geheimtipp ist der wenig besuchte, 600 Meter lange Sandstrand Playa del Cabrón. Am Wochenende erholen sich hier vor allem Einheimische, werktags ist man oft fast allein. Die Bucht, bei Badegästen, Schnorchlern und Tauchern gleichermaßen beliebt, ist als Teil des Meeresschutzgebiets vor der Küste von Arinaga bekannt für Fischreichtum und eine spannende Unterwasserwelt.

Arinaga

Infos und Adressen

ESSEN UND TRINKEN

Deutsche Brauerei VIVA. Hier wird deutsches Bier nach deutschem Reinheitsgebot gebraut und oberhalb der Brauerei in einer Bodega ausgeschenkt oder zum Mitnehmen verkauft. Calle El Yunque 32, Industriegebiet Arinaga im Sektor P3 Norte, Tel. 666 38 81 05, www.cervezaviva.com

Ka'Yuco. In dem einfachen Lokal direkt an der Strandpromenade kehren die Einheimischen wegen der sehr guten kanarischen Küche ein und lassen sich Fisch, Schnecken und kanarische Eintöpfe schmecken. Avenida de los Pescadores 29, Playa de Arinaga, Tel. 928 18 80 69

La Barca. Das Restaurant mit großer Terrasse direkt an der Promenade serviert internationale und kanarische Küche in maritimem Ambiente. Avenida de los Pescadores, Playa de Arinaga, Tel. 928 18 08 78

Nelson. Das exzellente Restaurant wird seit 2009 im Michelin-Guide geführt. Hier stimmen Ambiente, Aussicht und die schmackhafte Küche. Avenida Polizón 47, Playa de Arinaga, Tel. 928 180 860, www.restaurantenelson.com

ÜBERNACHTEN

Derzeit gibt es kein größeres Hotel im Ort. Man muss darum entweder auf die Unterkünfte in den naheliegenden Tourismuszentren etwas weiter südlich ausweichen, oder man mietet sich ein Ferienappartement.

Nautilus Apartments. Hübsche kleine Appartements mit separatem Schlafzimmer und Küchenzeile. Einfach, aber sauber, nur circa fünf Minuten vom Strand entfernt. Nautilus Apartments, Calle Jurel 2, Playa de Arinaga, buchbar über http://playadearinaga.wordpress.com/flats/

AKTIVITÄTEN

Tauchen. Davy Jones Diving. Das Tauchzentrum organisiert Tauchkurse im Meeresreservat an der Playa del Cabrón und vermittelt Appartements für Kursteilnehmer. Calle Luis Velasco 39, Playa de Arinaga, Tel. 699 72 15 84, www.davyjonesdiving.com

INFORMATION

Tourismusbüro. Plaza de San Antón, Agüimes, Tel. 928 12 41 83, www.aguimes.es

Um die ganze Bucht von Arinaga herum schlängelt sich der Spazierweg.

Der Osten

25 Agüimes
Echt kanarisches Dorfleben

Agüimes ist der Inbegriff einer kanarischen Dorfidylle. Die 260 Meter über dem Meer gelegene Ortschaft wurde Ende des 15. Jahrhunderts gegründet und bezaubert seine Besucher mit nostalgischem Charme. Im historischen Ortskern genießt man das Flair in engen Kopfsteinpflastergassen, die von typisch kanarischen Häuschen mit Holzbalkonen und farbenfrohem Blumenschmuck gesäumt werden.

Ruhe und Beschaulichkeit prägen den historischen alten Kern von Agüimes rund um die Plaza del Rosario. Dominantes Bauwerk ist hier die einstige Bischofskirche Iglesia de San Sebastián, die früher als religiöses Zentrum der Insel eine wichtige Rolle spielte und irgendwie überdimensioniert wirkt. Erbaut wurde die Kirche ab 1787 unter der Leitung des Architekten Diego Nicolás Eduardo, ihre Ein-

Mitte: Die Kirche San Sebastián von Agüimes in der Abenddämmerung
Unten: Feierabend im Straßencafé von Agüimes

GUT ZU WISSEN

TOURISTENFALLE HÖHLENRESTAURANT
Verschiedene kleine Restaurants mit Höhlencharakter laden im Barranco de Guayadeque zur Einkehr ein. Das Bekannteste und Größte ist das Tagoror. Es liegt ganz oben auf dem Hügel unterhalb des Aussichtspunktes. Der Fernblick und die Tiefe der Höhle machen den Besuch des Lokals zu einem Erlebnis, allerdings sind weder Küche noch Service besonders gut. Deshalb als Tipp: Am besten legt man im Tagoror eine Pause für eine Tasse Kaffee oder eine Tapa ein und genießt das Ambiente. Wer eine richtige Mahlzeit essen möchte, sollte lieber in einem der kleineren Lokale entlang des Weges anhalten.

Agüimes

Einfach gut!

weihung fand 1808 statt. Das dreischiffige Gotteshaus, ein Musterbeispiel klassizistischer Baukunst, wurde in den Jahrhunderten mehrmals umgebaut und erweitert. Den imposanten Bau mit den dicken Mauern krönt eine orientalisch anmutende zentrale Kuppel. Im Inneren schaffen toskanische Säulen und Rundbögen eine stimmungsvolle Atmosphäre. Kunstliebhabern fallen die Heiligenstatuen des kanarischen Bildhauers Luján Perez und der Tabernakel des Künstlers Lorenzo de Campo ins Auge, außerdem die Arbeiten der sevillanischen Schule aus dem 18. Jahrhundert und von Martin de Andujar. Gotische, neoklassizistische und barocke Elemente wechseln sich ab. Die Kirche steht seit 1981 unter Denkmalschutz.

Rund um die Kirche ließen sich in alter Zeit die ersten Adelsfamilien und der Klerus nieder. Die Dorfbewohner siedelten sich in der Nachbarschaft an. Ockergelb, pastellfarben und ziegelrot gestrichen und mit Holzbalkonen und Geranien verziert, verströmen ihre Häuschen bis heute kanarischen Charme. Zwischen Kirche und Plaza erinnert an einem dieser Häuschen eine Gedenktafel an den bekannten Missionar Padre Claret, der 1848 in diesem Haus weilte. In dieser Zeit kamen so viele Menschen zu seinen Predigten, dass sie die Kapazität der Kirche sprengten. Padre Claret ist nach seinem Tod sogar selig gesprochen worden.

Eher weltlich ist das 2002 eingeweihte Denkmal für die verstorbene Doña Mariquita Dolores Sánchez Hernández. Die Skulptur zeigt die Dorfbewohnerin, wie sie zeitlebens auf der Plaza selbst gemachte Bonbons verkaufte. Viele Generationen erinnern sich an diese Frau, die ihnen wortwörtlich die Kindheit versüßt hat. Neben diesem liebenswerten Andenken an eine Frau, die durch ihre Süßigkeiten eine Spur in der Geschichte des Städtchens hinter-

ARCHÄOLOGISCHE HÖHLENSCHÄTZE

Rund um Agüimes liegen zahlreiche archäologisch bedeutsame Orte, die an die Besiedlung durch die Ureinwohner erinnern. In der Nähe der Straße von Temisas etwa liegen die Cuevas del Gigante, drei riesige Höhlen, die einst in den Basalt gehauen wurden. Mit ihren Dimensionen weichen sie von den bekannten Wohnformen ab, ihre Funktion ist noch ungeklärt.

Weitere Höhlen findet man am Risco Pintado, ebenfalls bei Temisas. Experten deuten die hiesigen Höhlenmalereien als Zeichen dafür, dass hier einst der Versammlungsort des Ältestenrats war.

Auch auf dem Gipfel des Hausberges Montaña de Agüimes wurden Höhlen mit interessanten Malereien gefunden. Die Höhle Morros de Ávila war vermutlich eine alte Kultstätte. Die meisten Malereien sind hier weiß auf rotem Grund.

Die Höhlenmalereien in Los Letreros im Südwesten – Darstellungen von Menschen, Tieren, geometrischen Symbolen und Hieroglyphen – geben den Wissenschaftlern bislang noch Rätsel auf. Diese Fundstätte steht seit 2002 als kunsthistorisches Monument unter Denkmalschutz. Der 542 Meter hohe Roque Aguayro steht seit 1994 unter Naturschutz und ist der Mittelpunkt des archäologischen Gebiets von Los Letreros. Die Gegend ist durch einen Wanderweg zugänglich.

Der Osten

Nicht verpassen

COCODRILO PARK

Auf Agüimes betreibt die deutsch-kanarische Familie Balser seit 1988 den Cocodrilo Park. Es handelt sich dabei nicht um einen herkömmlichen Themenpark, sondern vielmehr um eine private Auffangstation für exotische Tiere. Jedes Jahr verzeichnet er Hunderte Neuzugänge – Alligatoren, Krokodile, Schlangen, Affen –, die entweder entlaufen sind oder bei illegalem Tierschmuggel beschlagnahmt wurden. Manche Tiere haben eine schlimme Odyssee hinter sich, bis sie hier Ruhe finden. Allein 23 verschiedene Krokodil- und Alligatorenarten leben inzwischen in dem Park, der sich trotz seiner wichtigen Aufgabe hauptsächlich aus Spenden und den Eintrittsgeldern finanziert. Deshalb macht ein Ausflug in den Cocodrilo Park mit einer spannenden Krokodilshow nicht nur Spaß, sondern erfüllt gleich auch noch einen guten Zweck. Jeder Besucher trägt zur Deckung der Kosten bei.

Cocodrilo Park. So–Fr 10–18 Uhr, im Winter nur bis 17 Uhr, Carretera General, Los Corralillos, Villa de Agüimes, Tel. 928 78 47 25

ließ, tragen noch andere kleine Denkmäler zum charmanten Flair der Altstadt bei. In unmittelbarer Nähe der Plaza de San Antón fand man Ende des 20. Jahrhunderts Fossilien von Land- und Meereslebewesen sowie zahlreiche archäologische Artefakte, unter anderem bemalte Keramiken. Man vermutet, dass unter dem Ort noch viele prähispanische Relikte begraben sind.

Spezialitäten aus Agüimes

Die Bäcker in Agüimes sind für ihre schmackhaften Brote bekannt, aber auch Käse, Wein und in jüngster Zeit Olivenöl tragen den Namen des Dorfes mit Stolz. Der lokale Weißwein wird nur in sehr geringer Menge produziert und gilt als besonders edler Tropfen. Gleiches gilt für das Olivenöl. Erst in den letzten Jahren wurde von der Inselregierung die Bepflanzung brachliegender Felder mit Olivenbäumen angeregt, inzwischen zeichnen sich erste Erfolge ab. Es werden zwar nur geringe Mengen produziert, aber das helle Öl ist sehr mild und eignet sich perfekt für Salatsaucen. Mit etwas Glück ergattert man in dem kleinen Souvenirladen neben der Plaza eine Flasche dieser Kostbarkeit.

Barranco de Guayadeque

Die Schlucht von Guayadeque trennt Agüimes vom Nachbarort Ingenio. In dem fruchtbaren, wasserreichen Tal soll einst die größte Siedlung der Ureinwohner gelegen haben. Interessantes über die archäologischen und geologischen Besonderheiten erfährt man am Anfang des Barranco im ausgeschilderten Besucherzentrum, dem Centro de Interpretación Arqueológica Museo de Guayadeque.

Der Barranco de Guayadeque ist mit üppiger Vegetation und einem besonderen Zauber gesegnet.

Agüimes

Autotour Agüimes – Barranco de Guayadeque

Rund um Agüimes kann man eine tolle Tagestour mit dem Auto unternehmen. Die vorgeschlagene Strecke ist stressfrei innerhalb einiger Stunden zu schaffen.

Erste Station ist der Cocodrilo Park in Los Corralillos Ⓐ. Von der Autobahnausfahrt Vecindario aus folgt man zunächst der Landstraße GC-65 und anschließend der GC-551. Der Reptilienpark ist gut ausgeschildert. Von hier aus folgt man der GC-551 bis nach Agüimes Ⓑ. Dort bieten sich ein Bummel durch den historischen Ortskern und eine gemütliche Kaffeepause an. Nächste Station ist der Barranco de Guayadeque Ⓒ zwischen Agüimes und Ingenio. Gleich zu Beginn des Barranco gibt es ein lohnendes Informationszentrum mit kleinem Museum. Auf jeden Fall sollte man eines der Höhlenrestaurants beehren, etwa für einen Mittagssnack.

Wer danach noch Lust auf weitere Erkundungen verspürt, fährt über die GC-100 zurück, überquert die Autobahn und hält sich danach Richtung Küste. In Arinaga Ⓓ angekommen, kann man wie die Einheimischen in natürlichen Meerwasserbecken baden – eine unterhaltsame Abwechslung zu den üblichen touristischen Sandstränden! Als Ausklang bieten sich ein Abendessen und ein Spaziergang auf der malerischen Küstenpromenade an.

Die Stationen im Überblick:

Ⓐ **Cocodrilo Park in Los Corralillos**

Ⓑ **Agüimes**

Ⓒ **Barranco de Guayadeque**

Ⓓ **Arinaga**

Oben: Höhlenkirche San Juan am Ende des Barranco de Guayadeque
Mitte: Gemütliches Hundeleben in Agüimes
Unten: Tapas, ein Glas Wein und ein Gespräch. Mehr braucht der Canario nicht zum Glücklichsein.

Der Osten

Uralte Eukalyptusbäume verströmen ihren intensiven Duft, Mandelbäume tauchen ihn zu Jahresbeginn in ein rosa-weißes Blütenmeer. Zudem wachsen in der Schlucht Pinien, Agaven, Mohn, Kakteen und Bambus. Die endemische *Kunkeliella canariensis* etwa ist nur noch hier und in der Umgebung von Jinamar zu finden. Der Volksmund nennt den Strauch mit den kleinen weißen Blüten auch *Escobilla de Guayadeque*, »kleiner Besen von Guayadeque«. Die *Kunkeliella* wächst auf Basaltgestein in rund 700 bis 800 Metern Höhe und ist vom Aussterben bedroht: Im Barranco de Guayadeque wachsen noch etwa hundert Exemplare. Zwischen dem zerklüfteten Gestein fühlt sich darüber hinaus die Gran-Canaria-Rieseneidechse wohl.

In den Felswänden zu beiden Seiten der Straße in den Barrancos befinden sich Höhlen, die zum Teil bewohnt sind. Manche sind wie kleine Häuschen ausgebaut und erst auf den zweiten Blick als Höhle zu erkennen, andere sind offensichtlich Behausungen von Aussteigern. Immer wieder stößt man auf kuriose Schilder, die »Höhle zu verkaufen« verkünden, oder Briefkästen, die den Namen einer Höhle tragen, z. B. »Cueva Domingo«.

Die Straße endet am Mirador de la Ermita de San Juan. Eine Rast bietet sich am schlichten, aber gemütlichen Höhlenrestaurant Guayadeque an. Auf dem angrenzenden Serpentinenweg kann man die Fassaden der malerischen Höhlenhäuser näher betrachten. Am Endpunkt der Straße thront nach der letzten Biegung auf einem Plateau die kleine Kapelle San Juan. Von hier oben hat man einen herrlichen Blick bis zur Küste. Unter dem Mirador befindet sich das Höhlenrestaurant Vega. Der anstrengende Sendero de Montañas Las Tierras (unterhalb des Mirador ausgeschildert) führt einen halben Kilometer steil nach unten und vorbei an Höhlenhäusern, die sich an den rauen Fels schmiegen.

Agüimes

Infos und Adressen

SEHENSWÜRDIGKEITEN
Iglesia de San Sebastián. Kirche im historischen Kern. Besichtigung Mo–Fr 9–13 Uhr

ESSEN UND TRINKEN
Guayadeque. Das urige Lokal ist das erste direkt an der Landstraße unterhalb eines kleinen Höhlendorfes. Es bietet Höhlenatmosphäre, einfache, aber gute Hausmannskost und freundlichen Service. Cueva Bermeja 22, Barranco de Guayadeque, Tel. 928 17 22 02

El Populacho. Sehr einfaches, aber gemütliches Lokal an der Plaza. Lokalkolorit und typische Inselküche. Besonders lecker sind die Kroketten. Plaza del Rosario 17, Agüimes, Tel. 928 78 45 14

Señorío de Agüimes. Auch hier wird echt kanarisch gekocht, besonders gern mit Gofio und Palmenhonig. Kombiniert mit kanarischem Flair ein perfekter Ort zur Einkehr mitten im Herzen des Dorfes. Calle Juan Ramón Jiménez 1, Agüimes, Tel. 928 78 97 66

Verträumt schlängelt sich die Straße den Barranco de Guayadeque hinauf, an dessen Berghängen sich zahlreiche Höhlen aneinanderreihen.

Villa Rosa. Das typisch kanarische Restaurant mit Bodega-Ambiente serviert mitten im historischen Ortskern als Spezialität Kaninchen. Calle Juan Melián Alvarado 1, Agüimes, Tel. 928 78 07 54

ÜBERNACHTEN
Hotel Rural Casa de los Camellos. Das wunderschöne historische Haus mit nur elf Zimmern steht im alten Ortskern und bietet mit seinem grünen Innenhof typisch kanarisches Ambiente. Früher waren dort einmal Kamele untergebracht, die als Lasttiere genutzt wurden. Calle El Progreso 12, Agüimes, Tel. 928 78 50 03, www.hecansa.com

Hotel Rural Villa de Agüimes. Das alternative Hotel der lokalen Hotelfachschule residiert in einem 120 Jahre alten traditionellen kanarischen Herrenhaus und bietet charmante, antik eingerichtete Zimmer. Calle El Sol, Agüimes, Tel. 928 78 50 03, www.hecansa.com

MUSEUM
Centro de Interpretación Arqueológica Museo de Guayadeque.
Di–Sa 9–17 Uhr, So 10–15 Uhr

Johannes der Täufer in seiner Nische in der Höhlenkirche San Juan im Barranco de Guayadeque

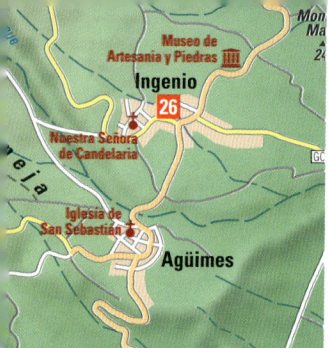

Der Osten

26 Ingenio
Die ehemalige Zuckerhauptstadt

Die »Zuckermühle« hat der Ortschaft einst ihren Namen gegeben: Ingenio. Einen ersten Wohlstand erlebte die Gemeinde dank des Zuckerrohranbaus im 16. Jahrhundert. Schon lange wird hier kein Zucker mehr produziert. Dafür bezeichnet sich Ingenio als Tor zu Gran Canaria, liegt doch der internationale Flughafen Gando in seinem Einzugsbereich. Zahlreiche Statuen verleihen der Ortschaft ein schönes Flair.

Während der Kolonialisierung Gran Canarias wurden die fruchtbaren, wasserreichen Ländereien dieses Gebiets unter den Eroberern aufgeteilt. In Ingenio ließ sich der portugiesische Kaufmann Alonso de Matos nieder. Er baute im Valle de Aguatona die erste Zuckermühle. Dank ihr erlebte Ingenio kurz nach seiner Gründung durch den Zuckerrohranbau im 16. Jahrhundert einen enormen Aufschwung, von dem noch heute die hübschen alten Häuser im Ortskern künden. Als dann im 17. Jahrhundert billiger Zucker aus Amerika die Weltmärkte überschwemmte, brach der kanarische Zuckerexport ein. Die Landwirtschaft blieb aber bis heute die wichtigste Einkommensquelle vieler Bewohner des Tales. Die zweite wirtschaftliche Säule der Region ist das Kunsthandwerk, das vor allem feine Lochstickereien und Keramiken hervorbringt.

Mitte: Skulptur zu Ehren der Waschfrauen mit der Kirche von Ingenio im Hintergrund
Unten: Kunsthandwerk: Puppen im Museo de Piedra y Artesania Canaria vor den Toren der Stadt

Der alte Ortskern

Erst zu Beginn des 19. Jahrhunderts wurde Ingenio vom benachbarten Agüimes unabhängig und eine eigenständige Gemeinde. Infolgedessen erbaute

Ingenio

man 1815 an der Stelle einer kleinen Kapelle die heutige Kirche La Candelaria. Das klassizistische Bauwerk mit den beiden weiß leuchtenden Türmen ist ein Blickfang im Ortsbild. Die Kirche ist der Jungfrau von Candelaria geweiht. Im Inneren steht eine wunderschöne, mehrfarbige Holzstatue der Schutzpatronin der Kanaren von einem unbekannten Künstler. Bemerkenswert sind auch der gotische Altaraufbau und die Bildnisse der Heiligen Josef und Blasius, die der kanarische Künstler Luján Pérez schuf. Die Glocken wurden 1820 von kanarischen Emigranten in Kuba gegossen und gespendet.

Ein Kuriosum in der Altstadt ist die Casa del Reloj. Im »Uhrenhaus« des Wasserverteilungsamtes stellten die Bauern ihre Uhren. Danach richteten sich später ihre Wasserzuteilungen, denn das Wasser wurde zu festgelegten Zeiten auf bestimmte Ländereien gelenkt. Die erhaltene Uhr von 1922 kam aus Deutschland. In der Altstadt kann man zudem restaurierte Zuckermühlen besichtigen, im Stadtpark Nestór einen Spaziergang machen oder sich die Gemälde des Malers Manolo Hernández Caballero in dem kleinen Hausmuseum El Granero ansehen. Außerhalb des Stadtkerns wird das Ortsbild eher von moderneren Gebäuden bestimmt.

Bekanntes Kunsthandwerk

Keramiken, die denen kanarischer Ureinwohner ähneln, Korbflechtkunst und Stickereien aus Ingenio sind weithin für ihre Qualität bekannt. Die Lochmusterarbeiten zieren mit Vorliebe Tischwäsche und andere Textilien, die Motive werden innerhalb der Familien weitergegeben. Einen Einblick in das Kunsthandwerk bietet das Museo de Piedra y Artesania Canaria. Der angeschlossene Souvenirladen wird regelmäßig von Reiseveranstaltern angefahren, dennoch kann man dort authentisches Kunsthandwerk erstehen.

Infos und Adressen

SEHENSWÜRDIGKEIT
Museo de Piedra y Artesania Canaria. Camino Real de Gando 1, im Ortsteil Las Mejias, Ingenio, Tel. 928 78 11 24

ESSEN UND TRINKEN
Costa Aerea. Etwas außerhalb gelegen. Sehr gute kanarische Küche. Calle Hermanos Benitez Inglot 1, Landstraße Carrizal – Las Majoreras, Ingenio, Tel. 928 12 47 39

Pizzeria Grill La Nueva Vicaria. Hervorragendes italienisches Restaurant mit besonderer Atmosphäre. Plaza Candelaria, Ingenio, Tel. 928 78 82 81

ÜBERNACHTEN
Hotels gibt es nicht, man muss auf Privatunterkünfte oder kleine Landhotels in Agüimes ausweichen.

Finca Casa Oronado. Ferienwohnung in einem typisch kanarischen Haus in ländlicher Idylle. El Lomo 5, Ingenio, Tel. 928 46 25 47

VERANSTALTUNGEN
Fiesta en Honor a Nuestra Señora de la Candelaria. In der ersten Februarwoche; Viehschau, Umzüge, Tanzabende und Folklore

Bajada del Macho. Mitte Oktober; im Ortsteil El Carrizal. Der schönste Ziegenbock, ein Fruchtbarkeitssymbol, wird aus dem Barranco de Guayadeque ins Dorf getrieben.

AKTIVITÄTEN
Schwimmen und **Windsurfen.** Der rund 500 Meter lange Strand Playa del Burrero ist für eine steife Brise und große Wellen bekannt.

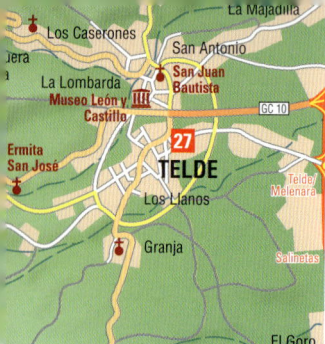

Der Osten

27 Telde
Wohn- und Kulturstadt in einem Paket

Telde ist die zweitgrößte Stadt auf Gran Canaria, übertroffen nur vom rund 13 Kilometer entfernten Las Palmas. Es profitiert sowohl von der Nähe zur Hauptstadt als auch von der historischen Bedeutung, die es bereits in prähispanischer Zeit besaß. Seit einigen Jahrzehnten boomt die Stadt als Wohnort für viele, die in der Hauptstadt, am Flughafen oder in den umliegenden Industriegebieten arbeiten.

Eine moderne Stadt mit Geschichte

Telde pflegt heute das Image einer modernen Stadt, die ihren Bürgern alles bietet, was das Leben angenehm macht: Einkaufsstraßen, Stadtpark, hübsche mit Bäumen gesäumte Alleen und ein gutes gastronomisches Angebot. In der Innenstadt spielt sich das urbane Leben in einem historischen Ambiente ab, das immer mehr Menschen anzieht.

Mitte: Pfarrkirche San Juan Bautista in Telde
Unten: Kinder spielen auf der Plaza San Juan in Telde Fußball.

GUT ZU WISSEN

NICHT GERADE EIN URLAUBSZIEL
Die Stadt Telde liegt nicht an der Küste und hat auch kein spezielles touristisches Angebot. Deshalb ist sie als Urlaubsziel eher weniger geeignet, außer man sucht den etwas anderen Ferienort oder begeistert sich fürs Golfen und Reiten. Einen Besuch sollte man Telde während seines Aufenthalts auf Gran Canaria aber auf jeden Fall abstatten. Es ist ein bezaubernder, lebendiger Ort mit historischem Flair.

Telde

Hier findet man zahlreiche kleine Restaurants und Tapas-Bars, in denen man eine kurze, gemütliche Pause einlegen kann. Angesiedelt haben sich aber auch zahlreiche Unternehmen in den umliegenden Industriegebieten, die die unmittelbare Nähe zum internationalen Flughafen Gando lockt.

Geschichtliche Wurzeln

Schon zu Zeiten der Canary spielte Telde eine bedeutende Rolle. Der König oder Guanarteme, der damals über den östlichen Teil der Insel herrschte, hatte hier seinen Sitz. Der italienische Ingenieur Leonardo Torriani, der im Namen des spanischen Königs Felipe II. alle Kanarischen Inseln besuchte, beschrieb in seinen Aufzeichnungen aus dem Jahr 1588 Telde als Verwaltungs- und Marktzentrum. Eigentlich war sein Auftrag, die Festungen der Kanaren zu prüfen und Pläne zu entwickeln, wie man die Inseln am besten militärisch verteidigen könne. Die wenigsten seiner Vorschläge wurden jedoch umgesetzt. Geblieben sind seine Aufzeichnungen, die heute in der Bibliothek der Universität von Coímbra aufbewahrt werden.

Als die spanischen Eroberer das heutige Telde unterwarfen, bestand es aus den beiden Ortschaften Tara und Cendro. Die einstige Bedeutung Taras belegen herausragende archäologische Funde, neben Keramikscherben und anderen Objekten vor allem eine weibliche Kultfigur, die für Fruchtbarkeit stand. Telde besaß für die spanischen Eroberer eine optimale strategische Lage. Da die Stadt nicht direkt an der Küste, sondern im Landesinneren gelegen war, bot sie Schutz vor den damals häufigen Piratenangriffen. Infolgedessen gründeten die Spanier ab 1483 zwei Siedlungen in dem Gebiet. Im Norden entstand das Verwaltungszentrum mit einem Franziskanerkloster und der Pfarrkirche San Francisco.

Geheimtipp

DAS IDOL VON TARA

Das Idol von Tara ist eine 27 Zentimeter hohe altkanarische Kultfigur, die im prähispanischen Ortsteil Tara nach der Eroberung entdeckt wurde. Solche weiblichen Figuren wurden nicht nur in Telde, sondern auf allen Kanarischen Inseln gefunden und standen in Verbindung mit der altkanarischen Religion. Die Figur wurde als Verkörperung des Weiblichen vermutlich als Fruchtbarkeitssymbol verehrt. Ähnliche Fruchtbarkeitsfiguren sind weltweit aus verschiedensten Kulturen bekannt. Das in Telde gefundene »Idolo de Tara« ist heute im kanarischen Museum in Vegueta in der Hauptstadt Las Palmas ausgestellt. Nachbildungen findet man jedoch häufig auf Kunsthandwerkermärkten in Form von Keramiken. Auch auf Bildern oder aufgedruckt auf Textilien ist die Figur zu sehen.

Museo Canario. Mo–Fr 10–20 Uhr, Sa/So 10–14 Uhr, Calle Verneau 2, Las Palmas

Die Wurzeln eines knorrigen alten Baumes im Stadtviertel San Francisco

**GOLFEN UND REI-
TEN IM EL CORTIJO
CLUB DE CAMPO**

Der Golfclub El Cortijo ist Teil der weitläufigen Sportanlage auf der Finca El Cortijo. Neben Golf werden dort noch andere Sportarten wie Kanufahren, Tennis und Reiten angeboten. Der exzellente 18-Loch-Golfplatz wurde von den Designern Blake Stirling und Mario Martín auf einer 50 Hektar großen Fläche entlang dreier Täler angelegt, wobei man darauf achtete, die einheimische Pflanzenzwelt zu schützen. Komplett beleuchtet, kann er bis spät in die Nacht bespielt werden. Freunde des Reitsports werden vom Club Hípico begeistert sein. Auf dieser modernsten und besten Reitsportanlage der Kanaren trainierten schon Olympiasieger wie Juan Antonio Jiménez. Ganzjährig finden hier zudem regelmäßig Spring- und Dressurwettbewerbe statt. Im Ponyclub können schon die Kleinsten das Reiten lernen.

El Cortijo Club de Campo. Autopista Sur GC-1. KM 6,4, Telde, Tel. 928 71 11 11, www.elcortijo.es

Einfach gut!

Neben dem Klerus siedelten sich die reichen Kaufleute und Adeligen rund um diesen Kern an, der heute die historische Innenstadt von Telde bildet. Südlich lebten in Los Llanos die Sklaven. Das düsterste Kapitel in der Geschichte der Stadt ist der florierende Sklavenhandel, den die Spanier hier mit verschleppten Afrikanern und gefangenen männlichen Canary betrieben – in jener Zeit ein lukratives Geschäft, von dem die Eroberer zu profitieren wussten. Vor allem die männlichen Ureinwohner der Kanaren wurden als Arbeitssklaven verkauft. Die Frauen wurden oft zur Heirat an Spanier verschenkt, um ihre Hispanisierung zu gewährleisten. Zahlreiche Sklaven behielten sie auch auf Gran Canaria und setzten sie als Arbeiter auf den neuen Zuckerrohrplantagen oder in den Zuckermühlen ein. Durch den Zuckerexport gelangten viele der ersten Siedler zu Reichtum. Als der Zuckerboom jedoch durch die preiswertere Konkurrenz aus Amerika zusammenbrach, verlor auch Telde plötzlich an Bedeutung. Mit dem Bau des Flughafens Gando, der im Jahr 1974 eingeweiht wurde, erwachte es zu neuem Leben und entwickelte sich zu einem modernen Zentrum, das sich seiner Geschichte bewusst ist. Telde ist darüber hinaus eine junge Stadt: Über 60 Prozent seiner rund 100 000 Einwohner sind unter 30 Jahre alt.

Telde

Historisches San Juan

Im jahrhundertealten Stadtkern von Telde stehen historische Gebäude und Kirchen, locken hübsche Plätze. Als Besucher wandelt man hier auf den Spuren der Vergangenheit, die auch in der heutigen Zeit noch bezaubert. Das Gründungsviertel San Juan liegt rund um die Kirche San Juan und den Herrenhäusern, die vom alten Reichtum zeugen. Basaltstein aus Arucas, Kalk aus dem Süden und edle Holzarbeiten sind für sie charakteristisch.

Die »Kleine Basilika« Basílica Menor ist Johannes dem Täufer, auf Spanisch San Juan de Bautista, geweiht. Sie ist das Sanktuarium des Allerheiligsten Christus von Telde und steht an der gleichnamigen Plaza. Der Grundstein für das dreischiffige Bauwerk aus verschiedenfarbigem Vulkangestein wurde 1520 gelegt. Die harmonische Fassade im spätgotischen Stil des 16. Jahrhunderts wird durch die beiden neogotischen Türme aus dem 20. Jahrhundert ergänzt. Barocke Elemente kamen bei Umbauarbeiten im 17. und 18. Jahrhundert hinzu. In ihrem Inneren birgt die Kirche bedeutende Kunstschätze, darunter einen Altar aus dem Jahr 1515 im flämischen Stil. Er zeigt sechs wichtige Szenen aus dem Leben der Maria: Die Verkündigung durch den Erzengel Gabriel, die Heimsuchung, ihre Hochzeit mit Josef, die Geburt Jesu, die Anbetung der Heiligen Drei Könige sowie Jesu Beschneidung. Die 1,85 Meter hohe Figur des Barmherzigen Christus an einem silbernen Kreuz stammt aus Mexiko, ist aus Maismark gefertigt und wiegt deshalb trotz seiner Größe nur 7,5 Kilogramm. Beeindruckend sind auch das Bildnis des Heiligen Bernhard von Vicente Carducci sowie die Skulpturen des kanarischen Bildhauers Luján Pérez. Rund um die Kirche laden die Fußgängerzone und der Palacio Rocha (16. Jahrhundert) mit seinem hundertjährigen Drachenbaum zum Verweilen ein.

Oben: Innenhof des Museums, Museo Leon y Castillo. Ganz typisch für den kanarischen Baustil.
Unten: Die vergangene Kunst des Wohnens im Museo Leon y Castillo

Der Osten

Künstlerviertel San Francisco

Die Calle de Inés de Chemida führt an alten Bewässerungsgräben vorbei nach San Francisco. Der Ortsteil gehört zu den ältesten Siedlungen der Kanaren und ist ein kunsthistorisches Juwel. Seine engen Gassen säumen viele typisch kanarische Häuser, weiß gekalkt, mit Ziegeldächern und Türen oder Fenstern aus Tea-Holz, dem harten Kern der kanarischen Kiefer. Ein Holz, das in der traditionellen Architektur sehr oft verwendet wird.
Die Iglesia de San Francisco im Zentrum ist ein einfacher dreischiffiger Bau, dessen Innenaufteilung durch drei graue Bögen markiert wird. Den Innenraum schmücken barocke Kunstwerke. Zu bewundern sind drei mehrfarbige Altaraufsätze aus dem Jahr 1516, eine Figur des sterbenden Christus sevillanischer Schule aus dem 16. Jahrhundert sowie ein Bildnis des Heiligen Franz von Assisi aus etwa der gleichen Zeit, dessen Ursprung unbekannt ist.

Los Llanos de San Gregorio

Zum Stadtteil Los Llanos de San Gregorio, auch Jaraquemada genannt, spaziert man durch die Straßen Julián Torón, Pérez Galdós und Avenida de la Constitución. Gebäude im Stil der alten Handelshäuser, die Plaza und die klassizistische Kirche San Gregorio Taumaturgo (1848) an der gleichnamigen Plaza prägen den Charakter des Viertels. Den Innenraum des Gotteshauses dominiert der klassizistische Altar aus dem 19. Jahrhundert von Arencibia Gil. Ein sehenswertes Bild aus dem 18. Jahrhundert von José Luján Pérez zeigt den Heiligen San Gregorio Taumaturgo.

Casa-Museo de León y Castillo

In diesem Haus im Stadtteil San Juan, das ein typisches Beispiel ist für die Bauweise Ende des

Oben: Nostalgische Stimmung im Stadtteil San Juan in Telde
Unten: Prunk im Inneren der Pfarrkirche San Juan de Bautista in Telde

Eine ungewöhnliche Freundschaft: Kakteen mit Zwergen im Stadtviertel San Francisco

19. Jahrhunderts auf der Insel, wuchsen die später weithin berühmten und überaus erfolgreichen Brüder León y Castillo auf. Fernando de León y Castillo (1842–1918) wurde im Jahr 1881 spanischer Außenminister und setzte sich in dieser Funktion vor allem für die Belange seiner kanarischen Heimat ein, unter anderem durch den Bau eines internationalen Handelshafens in Las Palmas de Gran Canaria. Den Plan des Ministers setzte später, anno 1883, dessen Bruder, der Ingenieur Juan León y Castillo, in die Tat um. Das Geburtshaus der Brüder ist mittlerweile ein Museum, in dem antike Möbel, Erinnerungsstücke, Ölbilder großer Maler und Zeugnisse ihres Werdegangs zu sehen sind.

Museum sakraler Kunst

Das Museo de Arte Sacro, gleich nebenan zu finden, ist dem Bischof Buenaventura Codina (1785–1857) gewidmet. Dieser vermachte der Kirche San Gregorio sein Bischofsgewand, seinen Stab und seine Mütze. Zu sehen sind darüber hinaus etwa jahrhundertealte sakrale Gewänder und Objekte, ein Tabernakel der Kirche San Francisco sowie Reliquien des Heiligen San Antonio de María Claret.

Nicht verpassen

FIESTAS IN TELDE

In Telde wird gern und ausgelassen gefeiert, unter anderem ist es eine Hochburg des Karnevals auf Gran Canaria. Der Karneval wurde nach dem Ende des Franco-Regimes in den 1970er-Jahren wiederbelebt und ist seither die beliebte »fünfte Jahreszeit«. Seit rund 30 Jahren wird zudem die Fiesta de la Traída del Agua, das »Fest vom Wasserholen«, gefeiert. Sie entstand aus der alten Tradition, Wasser aus den Wassergräben zu holen. Bei diesem Fest bespritzen sich die jungen Leute mit Wasser oder schütten es sogar eimerweise übereinander aus. Die Fiesta zieht als riesiger Sommerspaß alljährlich Tausende an und wurde sogar zum touristischen Gut erklärt. Die Fiesta de La Caña Dulce wird alljährlich im Ortsteil Jinámar gefeiert. Anlässlich des »Zuckerrohrfestes« findet eine große Ausstellung landwirtschaftlicher Produkte aus der Region statt. Von der kanarischen Feige über Oliven aus Tunte bis zu Mandeln aus Valsequillo werden hier lokale Erzeugnisse präsentiert.

Kirche San Pedro Mártir de Verona

Am Ortseingang von Telde befindet sich die kunsthistorisch interessante Kirche San Pedro, dem Märtyrer von Verona gewidmet. Der Renaissancebau wurde im 16. Jahrhundert errichtet und im Laufe der Geschichte sogar als Hospital genutzt. Seit Ende der 1970er-Jahre steht der Bau wegen der von Steinmetzen gemeißelten Steine und dem Satteldach unter Denkmalschutz. Die Kirche dient heute als Zentrum für Ausstellungen über die Geschichte der Stadt.

Rathaus Casas Consistoriales

Das klassizistische Rathaus, die Casas Consistoriales, wurde im ersten Drittel des 19. Jahrhunderts erbaut und in den 1980er-Jahren komplett restauriert. Hinter der ehrwürdigen Fassade befindet sich der Sitz der Stadtverwaltung. Besonders sehenswert ist der typische neokanarische Innenhof, der dem Gebäude so viel Charme verleiht. Ein Zeugnis der hochwertigen Handwerkskunst der lokalen Schreiner und Tischler legt der Plenarsaal des Rathauses ab. Im unteren Stockwerk befindet sich ein Mehrzweckraum, der unter anderem für Kunstausstellungen genutzt wird. Durch die Nähe zur bekannten Pappelallee Alameda San Juan gehört das Rathaus zu den am meisten besuchten Gebäuden der Stadt.

Oben: Straßenlaternen beleuchten die alten Fassaden und tauchen sie in warmes Licht.
Mitte: Wegkreuz und Abendstimmung im Stadtviertel San Francisco
Unten: Ein Schmuckstück: der Innenhof im Rathaus, der Casas Consistoriales, in Telde

Telde

Infos und Adressen

SEHENSWÜRDIGKEITEN
Casa-Museo de León y Castillo. Geburtshaus der bekannten Brüder León y Castillo, die in Telde geboren und aufgewachsen sind. Mo–Fr 8–20 Uhr, Sa 10–20 Uhr, So 10–13 Uhr.
Calle León y Castillo 43, Telde, Tel. 928 69 13 77, www.fernandoleonycastillo.com

Museo de Arte Sacro. Direkt neben dem Casa-Museo de León y Castillo.

ESSEN UND TRINKEN
La Cepa Gastrovinoteca. Vinothek mit leckeren Tapas aus der Fusionsküche. Gemütliches Ambiente, kreative Küche. Calle Betancor Fabelo 8, Telde, Tel. 928 96 08 46

Los Abuelos. Dieses kanarisch angehauchte Restaurant lockt mit Fleisch vom Grill, darunter auch

Eine Küche von anno dazumal im Museo León y Castillo in Telde

Hirsch- und Straußenfleisch, zahlreiche Gäste an. Calle Ancor 5, Marpequeña, Tel. 629 02 84 27, www.restaurantelosabuelos.com

Segundo. Das einfache, freundliche Lokal mit sehr guter lokaler Küche serviert Tapas und normale Gerichte zu günstigen Preisen. Calle Leon y Castillo 21, Tel. 928 69 93 65

ÜBERNACHTEN
Casa Rural La Primavera. Das ländliche Ferienhaus mit Schwimmbad steht 6 km vom Strand entfernt in ruhiger Umgebung auf einem 200 m hohen Bergrücken mit herrlichem Panoramablick. Tel. 928 46 25 47, Info@grancanariarural.com

Finca La Salud. Auf den 25 000 km² großen Finca im Ortsteil Caserones Alto stehen mehrere Ferienhäuschen für maximal zehn Personen. Barranco Seco 52, Tel. 928 67 73 40, www.fincalasalud.com

Hotel Rural El Cortijo San Ignacio Golf. Das kleine, aber feine Hotel in einem alten Herrenhaus aus dem 18. Jahrhundert verfügt über 18 Zimmer im alten Stil und einen tropischen Garten mit Pool. Autopista GC-1, KM 6,4, Tel. 928 71 24 27, www.cortijosanignaciogolf.com

EINKAUFEN
Kunsthandwerk. Centro de Artesanía los Baluartes. Hier findet man hübsche Souvenirs und originelle Geschenke. Calle León y Castillo 2, San Juan/Telde, Tel. 828 01 33 31

Nostalgie mit Ölporträt und Plattenspieler im Casa-Museo de León y Castillo

DIE KULTUR DER CANARY

Das Freilichtmuseum ist eine wichtige archäologische Fundstätte, die Einblick in das Leben der Ureinwohner gewährt.

Keiner weiß so genau, woher die Ureinwohner der Kanaren tatsächlich kamen. Aufgrund der unterschiedlichen Sprachen ist es noch nicht einmal sicher, ob alle Inseln von den gleichen Stämmen besiedelt wurden. Es gibt zwar einige Übereinstimmungen in der Lebensweise, aber auch Unterschiede. Fakt ist, dass sie übers Meer gekommen sein müssen, aber wohl keine Seefahrer waren. Viele Rätsel ranken sich bis heute um ihre Herkunft.

Ein einfaches Leben

Die Canary lebten in einer hierarchischen, friedlichen Gesellschaft. Anführer war eine Art König, der Guanarteme, der vom Ältestenrat ernannt wurde. Dieser Rat, eine ausgewählte Gemeinschaft, versammelte sich im sogenannten Tagoror. Um König zu werden, musste man sich von Kindheit an durch Tapferkeit, Mut, Güte sowie einen großen Sinn für Gerechtigkeit hervorgetan haben. Ältestenrat und König entschieden in Krisenzeiten oder sprachen Recht. Die meisten Vergehen wurden nach dem Prinzip »Auge um Auge« geahndet. Raub, Mord und Vergewaltigung waren die schlimmsten Verbrechen, die mit dem Tod bestraft wurden. Die meisten Altkanarier waren Bauern und Hirten, die in einfachen Steinhäusern lebten. Sie waren sehr erfinderisch und entwarfen sogar Bewässerungssysteme für ihre Felder. Ein Zehntel ihres Ertrages gaben sie als Steuer an den Faycan genannten hohen Priester ab. Er verwaltete diese Abgaben als Nahrungsmittel für den Adel und als Notration für das Volk in schlechten Zeiten. Die Frauen waren auch in dieser Kultur für die Versorgung der Familie und für die handwerkliche Produktion zuständig. Sie fertigten kunstvolle Körbe, Matten und Kleidung aus Palmwedeln, Binsen und anderen Naturfasern sowie Keramiken mit auffallenden roten Zeichnungen, die sie in Erdlöchern brannten. Nach der Eroberung Gran Canarias wurden diese Erzeugnisse weit über die Insel hinaus sehr geschätzt. Noch heute produzieren Töpferinnen auf Gran Canaria ihre Keramiken wie einst die altkanarischen Frauen.

Heilwissen und Glaube

Bemerkenswert ist das große heilkundliche Wissen der Altkanarier. Sie kannten sich sehr gut mit Kräutern aus, die sie zur Heilung ihrer Kranken einsetzten, und der Faycan beherrschte die Kunst der Schädeltrepanation, einem Eingriff, bei dem der Schädelknochen angebohrt wird. Diese spezielle Operationsmethode erfordert ein großes medizinisches Wis-

Die Kultur der Canary

sen und viel Erfahrung. Sie wurde unter anderem zur Linderung von Kopfschmerzen und bei Epileptikern angewandt. Der Faycan war als Priester ein Mittler zwischen Himmel und Erde, der die Götter um Hilfe anrufen und milde stimmen konnte. Bei schwierigen Behandlungen standen dem Faycan die weisen Frauen, die Haringadas, zur Seite. Sie genosssen unter den Frauen das höchste Ansehen. Sie waren hellhäutig, weil sie kaum das Haus verließen, kannten sich in Heilkunde und Zeichendeutung aus. Außerdem bereiteten sie die höheren Töchter des Stammes auf ihre Heirat vor. Die jungen Frauen wurden unter anderem in traditioneller Handwerkskunst ausgebildet. Und sie wurden in dieser Zeit gemästet. Denn eine schöne Frau musste bei den Urkanariern breite Hüften, füllige Rundungen und einen üppigen Busen haben. Das entsprach dem urkanarischen Fruchtbarkeits- und Schönheitsideal. Die Canary hatten eine sehr naturverbundene Religion und glaubten an einen höchsten Gott namens Acorán, der als Schöpfer des Universums galt. Nach festen Ritualen wurde den Göttern an Kultplätzen gehuldigt. Als Opfer dienten meist Milch und Honig, Blutopfer gab es nur sehr selten. Bisweilen brachten die Canary eine Ziege und ihr Junges zum Opferplatz, töteten die Tiere jedoch nicht, sondern trennten sie nur. Das erbärmliche Blöken des Jungtiers sollte das Herz der Götter erweichen. Nur in ganz seltenen Fällen griff man tatsächlich zum Messer, um das Tier zu töten.

Bestattungsritual

Alle Berufsstände, die direkt oder indirekt mit dem Tod zu tun hatten, wie der Scharfrichter, der Schlachter oder der Leichenbestatter wurden gemieden. Trotz ihrer wichtigen Funktion lebten sie am Rande der Gemeinschaft. Das Bestattungsritual ist einer der Unterschiede, die zwischen den Inseln ins Auge fallen. Auf Gran Canaria wurden die Toten bevorzugt in Grabhügeln, den Tumuli, bestattet. Dazu hob man eine etwa 50 Zentimeter tiefe Grube aus, in die der

Höhlenhäuser im Barranco de Guayadeque

Die weisen Frauen spielten ein wichtige Rolle als Medium zwischen Himmel und Erde.

Verstorbene gebettet wurde. Der Körper wurde mit einem Lendenschurz in Leder gehüllt und mit duftenden Kräutern bestreut. Danach wurden Steine, fast pyramidenförmig, über der Grube aufgehäuft. Je höher und kunstvoller die Steinpyramide war, umso bedeutender war auch der Verstorbene. Ranghohe Persönlichkeiten wurden vor der Bestattung mumifiziert. Dazu wurde der Körper mit Fett eingerieben, tagsüber in die Sonne gelegt und nachts geräuchert. Insgesamt 15 Tage dauerte dieser Prozess. In der Vorbereitung wurden weibliche Verstorbene nur von Frauen berührt und männliche nur von Männern. Einen besonders guten Einblick in das faszinierende Leben der Altkanarier vermittelt der Themenpark Mundo Aborigen im Barranco de Fataga oder im archäologischen Museum in Gáldar.

Die Canary hatten einen eigenen Totenkult. Sie mumifizierten mit Kräutern.

Der Osten

28 Montaña de las Cuatro Puertas
Der Berg der vier Tore

Südlich von Telde ragt die Montaña Bermeja 319 Meter hoch in den Himmel. Besser bekannt ist die Erhebung als Montaña de las Cuatro Puertas, der »Berg der vier Tore«. Hier lag einst ein bedeutender Kultplatz der Altkanarier, der ihnen ihrem Glauben zufolge das Tor zu anderen Dimensionen öffnete. Auf der Montaña de las Cuatro Puertas waren sie dem Himmel und ihren göttlichen Ratgebern näher.

Auf der Landstraße GC-100 von Telde kommend, trifft man zwangsläufig auf die Montaña de las Cuatro Puertas (ausgeschildert). Was im ersten Moment wie ein unspektakulärer Hausberg aussieht, entpuppt sich bei näherer Betrachtung als prähispanische Kultstätte der Canary. Noch heute schwebt ein Hauch Mystik und Magie über dem Berg. Den weichen Vulkanfels des Bergstocks durchziehen Höhlen, Treppen und Gänge, die von den Canary vermutlich mit Steinen und Hörnern in die Montaña getrieben wurden. So schufen sie Wohnhöhlen, Getreidespeicher und einen Kultplatz.

Geheimnisvolle Kultstätten

Um die Anlage erkunden zu können, stellt man das Auto am Fuß des Berges ab und läuft auf Schusters Rappen weiter. Zunächst erreicht man an der Nordseite des Berges eine eindrucksvolle Höhle mit vier torähnlichen Öffnungen, die der Fundstätte ihren Namen gegeben haben. Die mit einer Fläche von 17 mal 7 Meter ungewöhnlich große Höhle wurde vermutlich als Versammlungsort, als ein sogenannter Tagoror, genutzt. Wahr-

Der magische Kultort Cuatro Puertas auf dem heiligen Berg Montaña Bermeja

Montaña de las Cuatro Puertas

scheinlich wurden hier auch heilige Riten zelebriert. Vor den Türen, die gen Norden weisen, befindet sich eine Plattform mit rund 20 in den Boden gehauenen Löchern. Die derzeit populärste Erklärung lautet, dass mithilfe dieser Löcher eine Art Sonnenschutz über den Platz gespannt wurde. Ganz in der Nähe dieser zentralen Höhe liegt in Richtung des Sonnenaufgangs ein weiterer seltsam anmutender Platz. Auf einer runden Fläche, dem *Almogarén*, sind ebenfalls Löcher und kleine Gräben gezogen. Wahrscheinlich fanden auch hier religiöse Riten statt. Die Priester der Urkanarier opferten ihren Gottheiten Honig und Ziegenmilch, sehr selten auch Tiere als Blutopfer. Unter zeremoniellen Gesängen ließen sie die Gaben bzw. das Blut der Opfertiere in der Erde versickern.

Wohnhöhlen und Speicher

Auf einem künstlich angelegten Pfad im Osten gelangt man zum Südhang des Berges und zur Cueva de los Papeles. Die »Höhle der Papiere« hat eine runde Grundfläche, an ihren Wänden sind dreieckige Felszeichnungen zu erkennen, die wohl Fruchtbarkeitssymbole darstellten. Ein Stück weiter erreicht man Los Pilares, »Die Säulen«, an der Südflanke des Berges. Mehrere Höhlen sind hier durch Gänge und Wege miteinander verbunden. Sie wurden teils als Wohnungen und Getreidespeicher genutzt, bei einigen weiß man bis heute nicht, welchem Zweck sie dienten. Um einen größeren Raum herum, das Zentrum, gruppieren sich kleinere Höhlen. Einige davon konnten wohl mit Steinen verschlossen werden und wurden mit einer Art Fackel aus Häuten erhellt. Archäologen vermuten, dass sich die verschiedenen Aktivitäten im Tagesablauf in den unterschiedlichen kleineren Höhlen abspielten. Bei der Besichtigung sollte man sich etwas Zeit nehmen, um die Stimmung des Ortes auf sich wirken zu lassen – und um den Ausblick zu genießen.

Infos und Adressen

Zur Besteigung dieser Kultstätte sollte man auf jeden Fall gutes Schuhwerk tragen und für ausreichend Sonnenschutz sorgen.

ESSEN UND TRINKEN
La Tunera. Hübsches kleines Restaurant im Zentrum von Telde. Moderne, kanarische Küche – sehr lecker. Calle Betancor Fabelo 17, Telde, Tel. 928 69 13 63, www.latunera.com

Der feine Rinnsal wurde möglicherweise für Opferrituale genutzt. In solche Kanäle schütteten die Hohepriester bei einer feierlichen Zeremonie Honig und Ziegenmilch.

Der Osten

29 Die Küste von Telde
Unbekannte Strandparadiese

Telde ist nicht als Ferienort bekannt, und doch gehören zu seinem Stadtgebiet auch rund zehn Kilometer Küste. Mehr als sieben schöne Strände reihen sich dort von der Playa de la Garita im Nordosten bis zur Playa Ojo de Garza kurz vor dem Flughafen auf. An diesem Küstenabschnitt trifft man vorwiegend Einheimische und einige wenige Urlauber, die die versteckten Strände schon für sich entdeckt haben.

Ganz im Süden von Teldes Küste liegt die Playa Ojo de Garza gleich nördlich des Flughafens vor dem kleinen Weiler Ojo de Garza, in dem vor allem Fischer leben. Der schmale Sandstrand taucht nur bei Ebbe auf, denn bei Flut reicht der Atlantik bis an die Kaimauer, die die Häuser vor dem Meer schützt. Ojo de Garza bedeutet übersetzt »Auge des Fischreihers«, und mit ein bisschen Glück kann man diese stolzen Vögel hier sogar beobachten.

Der Meeresgott Neptun wacht über die Playa Melenara an der Küste von Telde.

GUT ZU WISSEN

ZU SEHR IM ABSEITS?

So reizvoll Telde und seine Umgebung auch sein mögen, für Urlauber ist die Gegend vielleicht gewöhnungsbedürftig – zumindest, wenn sie das klassische Urlaubsprogramm absolvieren möchten. Eine touristische Infrastruktur ist nicht vorhanden, Hotels und Nachtleben sucht man vergeblich. Auch der meist schwarze Sand an den Stränden ist für manche ungewöhnlich. Wer sich aber lieber unter Einheimischen aufhält und sich mit ländlichen Unterkünften zufrieden gibt, hat mit Telde einen zentralen Urlaubsort zwischen dem Norden und dem Süden gefunden.

Ganz sicher sieht man aber Flugzeuge, die den nahe gelegenen Flughafen Gando frequentieren. Am Wochenende ist der Strand ein beliebtes Ausflugsziel der Einheimischen, die sich, mit Kühlboxen und Picknickkorb ausgerüstet, einen ruhigen Tag am Wasser gönnen.

Dunkle Schönheit Playa de Melenara

Weiter in Richtung Norden schließen sich die Strände Playa de Tufia, Playa de Hullera, Playa Las Salinetas, Playa de Melenara, Playa del Hombre und Playa La Garita an. Zwischen Las Salinetas und La Garita lädt eine kleine Promenade zum Spaziergang am Atlantik ein. Genau auf halber Strecke liegt die Playa de Melenara, der schönste Strand im Stadtgebiet. Etwa 600 Meter lang schmiegt sich hier dunkler Basaltsand an die Küste. Die meiste Zeit des Jahres ist die Bucht vor heftigem Wellengang und gefährlichen Strömungen geschützt. Liegestühle, Sonnenschirme und andere Serviceleistungen zeigen, dass die Playa de Melenara ein beliebter, gut besuchter Strand ist. Davon zeugen auch die zahlreichen Restaurants im Dörfchen Melenara, die vor allem für ihre Fischspezialitäten bekannt sind. Zu sehen sind in Melenara zudem

Geheimtipp

TELDES EINKAUFSWELT

Ein echter Geheimtipp für alle, die sich neu einkleiden möchten: Nahe der Küste steht an der Autobahn das größte Outlet-Shopping-Zentrum der Kanaren. Das Centro Comercial Las Terrazas ist ein wahres Shoppingparadies. Auf 20 000 Quadratmetern finden Schnäppchenjäger hier während des ganzen Jahres Markenware, die teilweise bis zu 70 Prozent reduziert ist. Für das leibliche Wohl sorgen 17 Restaurants, deren Angebot von Fast Food über kanarische Tapas bis hin zu Kebab und mexikanischen Spezialitäten reicht. Das Einkaufszentrum versteht sich auch als Treffpunkt. Regelmäßig sorgen zudem Konzerte und andere Unterhaltungsprogramme für Abwechslung. Das Zentrum ist leicht zu finden, die Ausfahrt 6B El Cortijo auf der GC-1 führt einen direkt hin.

Centro Comercial Las Terrazas.
Parque Marítimo Jinámar,
Tel. 928 70 63 28,
www.centrocomerciallasterrazas.es

Oben: Bewachsene Uferpromenade zur Playa Pozo
Mitte: Eine kanarische »Villa Kunterbunt« an der Uferpromenade bei Playa Garita
Unten: Wasserfontänen schießen an der Playa La Garita am Bufadero de La Garita in die Luft.

der Fischerhafen Puerto de Taliarte sowie das kanarische Institut für Meeresforschung, der Arbeitsplatz der Meeresbiologen. Die Playa de Melenara ist Schauplatz vieler Strandpartys und Feste, so der Johannisnacht am 24. Juni, und bietet verschiedene Sportmöglichkeiten.

Atlantikzauber an der Playa La Garita

Der nördlichste Badestrand und zweitwichtigste Treffpunkt der Sonnenanbeter ist die Playa La Garita, die sich wie eine geöffnete Muschel auf den Lavafeldern ausbreitet. Mit Blick auf den Sonnenaufgang ist dieser rund 260 Meter lange und etwa 25 Meter breite Strand bereits in den Morgenstunden malerisch und sonnig. Hier fühlen sich nicht nur Badegäste, sondern auch Wellenreiter und Windsurfer wohl, weht doch fast immer eine Brise. Kinder lieben vor allem den Spielplatz im warmen Sand. Eine faszinierende Laune der Natur ist der Bufadero de La Garita direkt neben der Avenida de la Garita y Playa del Hombre. Hier ist der vulkanische Basalt an der Küste so ausgehöhlt, dass bei Flut die anlaufenden Wellen eine Art Becken auffüllen und die Gischt in Fontänen hochspritzt. Begleitet wird das Spektakel von einem dumpfen Brummen, das aus den Tiefen des Atlantiks zu kommen scheint. Die Playa La Garita birgt aber noch ein weiteres Geheimnis: Genau vor diesem

Die Küste von Telde

Küstenstreifen soll die sagenhafte Insel San Borondón zu sehen gewesen sein. San Borondón ist die achte Insel der Kanaren, die in alten Büchern und Aufzeichnungen von Seefahrern immer wieder auftaucht und deren Legende bereits in der griechischen Antike erzählt wurde. Manche Abenteurer wollen die Geisterinsel, die im Meer ganz nach Belieben auf- und abtauchen soll, sogar schon besucht haben. Während die einen die Existenz der legendären Insel schlicht auf eine Spiegelung zurückführen, mögen sich andere die Faszination des Unerklärlichen nicht nehmen lassen.

Archäologie an der Playa de Tufía

Direkt an der Playa de Tufía liegt auf einer kleinen Halbinsel eine bedeutende archäologische Fundstätte Gran Canarias. Die Landzunge grenzt im Norden an die Playa de Aguadulce und im Süden an die Playa de Tufía, die sich übrigens sehr gut zum Angeln, Tauchen und Baden eignet. Auf diesem wunderschönen Fleckchen hatten sich schon die Ureinwohner niedergelassen und ein altkanarisches Dorf erbaut. Bei Ausgrabungen wurden im südlichen Teil vier gut erhaltene Wohnkomplexe entdeckt. Unweit davon befindet sich ein viereckiger Platz mit abgerundeten Ecken, der vermutlich als Versammlungsplatz, Kultstätte oder sogar für das Vieh genutzt wurde. Im nördlichen Teil sind zwei Beerdigungsstätten erhalten geblieben. Rund um die Insel verläuft eine Natursteinmauer, die der Siedlung Schutz vor den Wellen des Meeres bot. Sie diente offenbar der Abgrenzung nach außen, aber auch der Aufteilung. Eine Straße, die mit dem Auto befahrbar ist, führt bis zum Beginn der Halbinsel, danach geht es zu Fuß weiter. Bislang ist zwar nur ein Teil des Dorfes zur Besichtigung freigegeben, dennoch gehört die Anlage zu den am meisten besuchten archäologischen Stätten auf Gran Canaria, weil sie so leicht zugänglich ist.

Infos und Adressen

ESSEN UND TRINKEN

Casa Perico. Das populäre, einfache und freundliche Lokal bietet sehr gute lokale Küche zu günstigen Preisen und als Spezialität Fisch und Meeresfrüchte. Calle Luis Morote 9, Melenara/Telde, Tel. 928 13 30 13

Casa Perico Junior. Das typisch kanarische Restaurant am Strand lockt mit schönem Panoramablick, hervorragender einheimischer Küche und einem Kinderspielplatz. Lope de Vega 31, Playa del Hombre/Telde,
Tel. 928 13 33 16,
www.pericojunior.com

Casa Santiago. Einfaches, typisches Restaurant, bekannt für frischen Fisch und den schönen Meerblick. Calle Palmera 11, La Garita/Telde, Tel. 928 13 35 13

Salinetas Hot Dog. Fast Food mal anders – aufregend neue Hot-Dog-Zusammenstellungen. Americo Vespucio, Melenara

Rincón de Paqui. Einfache, aber gute Inselküche, direkt an der Strandpromenade. Paseo Maritimo Melenara, Melenara,
Tel. 685 10 19 71

ÜBERNACHTEN
Große Hotels gibt es hier nicht.

Hostal Albacar. Kleine Pension an der Playa Melenara. Sie ist mit drei Schlüsseln ausgezeichnet, hat jedoch nur 16 Zimmer und ist gemütlich-rustikal ausgestattet. Hier überzeugen die familiäre Atmosphäre und die günstigen Preise. Calle Padre Cueto 4, Melenara/Telde, Tel. 928 13 15 20, www.hostalalbacar.es

Der Osten

30 Santa Brígida
Die noble Grüne

Da es nur zwölf Kilometer von Las Palmas entfernt gelegen ist, gilt Santa Brígida sozusagen als ein nobler und vor allem grüner Vorort der Inselhauptstadt. Viele Besserverdienende haben sich hier ihren Traum vom Häuschen mit Garten erfüllt. Rund um den Ort liegen die teuren Villenviertel der Wohlhabenden. Doch trotz der Zuzügler hat das Dorf selbst seinen ländlichen Charakter behalten.

Ein Dorf im Grünen

Schon die Canary besiedelten das fruchtbare Land rund um Santa Brígida. Noch heute prägt die Landwirtschaft den Ort. Obst und Gemüse, Schnittblumen und Wein, Honig und Kunsthandwerk werden auf dem Bauernmarkt verkauft. Gleich daneben ist das kleine Museum Casa del Vino in einem herrschaftlichen Gebäude, auf der Finca El Galeón, untergebracht. Der Ortskern verströmt einen ländlichen Charme, wenngleich mittlerweile auch moderne Wohnhäuser entstanden sind. Zentrum ist die Pfarrkirche Santa Brígida, an deren Standort im Jahr 1522 die Gutsbesitzerin Isabel de Guerra eine kleine Privatkapelle errichten ließ. 1578 wurde die Kapelle von der Gemeinde übernommen und fünf Jahre später durch eine richtige Dorfkirche ersetzt. Sie wurde im Lauf der Jahrhunderte mehrmals umgebaut und brannte 1897 ab. Bei dem Feuer wurde das Gebäude erheblich beschädigt und einige wertvolle Kunstschätze, unter anderem Skulpturen von Luján Pérez, gingen in den Flammen auf. Bereits im darauffolgenden Jahr erbaute der Architekt Laureano Arroyo an gleicher Stelle ein neues Gotteshaus mit einer neugotischen Fassade. Die ursprüng-

Mitte: Ein malerischer Blick auf das Dorf Santa Brígida
Unten: Im Krater Caldera de Bandama hat man den Eindruck, das Vulkanische förmlich spüren zu können.

Santa Brígida

liche Struktur aus drei gleich hohen Kirchenschiffen wurde beibehalten. In der Peripherie des Dorfes liegt der älteste Golfplatz der Insel.

Der Vulkankrater

Das charakteristischste Naturdenkmal von Santa Brígida ist die Caldera de Bandama. 574 Meter ragt der U-förmige Vulkankrater, der die beiden Täler Las Goteras und Los Hoyos voneinander trennt, auf. Seinen Namen erhielt er von dem flämischen Geschäftsmann Daniel van Damme im 17. Jahrhundert. Die Caldera stammt aus der jüngsten vulkanisch aktiven Phase der Insel und umfasst eine über 325 Hektar große Landfläche. Mit einem Durchmesser von einem Kilometer ist sie der größte Krater der Insel. Bei seinem letzten Ausbruch schleuderte der damalige Vulkan so viel Asche aus seinem Schlund, dass in der Umgebung eine vier Meter hohe Ascheschicht liegen blieb. In kleinen Serpentinen kann man bis auf den Gipfel, den Pico, hinauffahren und von dort einen herrlichen Panoramablick genießen. Etwa auf halber Höhe liegt ein Aussichtsrestaurant, in dem man den grandiosen Blick in Ruhe und ohne die manchmal kühle Brise auf dem Gipfel schweifen lassen kann.

Archäologische Stätten

Nur schwer zugänglich liegt an der Nordseite des Kraters die Cueva de los Canarios. Die Altkanarier nutzten die Höhle als Getreidespeicher. Vasen und Tongefäße der Canary, die dort im 19. Jahrhundert gefunden wurden, sind heute im Museo Canario in Las Palmas verwahrt. Für die Geschichtsforschung sind die Inschriften an den Wänden besonders wichtig. Sie stammen aus dem lybisch-berberischen Sprachraum und untermauern die These, dass die Inseln einst von Nordafrika aus bevölkert

Einfach gut!

CENTRO LOCERO IN ATALAYA

Atalaya wirkt zunächst wie ein normales Bergdorf. Folgt man allerdings Richtung Centro Locero dem Wegweiser in den alten Ortskern Panchitos, kommt man zu den ursprünglichen Häusern, die sich an den Hang schmiegen. Erst auf den zweiten Blick erkennt man ihre Besonderheit: Sie sind Höhlenhäuser. Hinter einer unauffälligen Fassade sind sie tief in den Berg gebaut. Früher war Atalaya ein bekanntes Töpferzentrum. Wie bei den Ureinwohnern wurde die Kunst des Töpferns mit den bloßen Händen ohne Hilfsmittel, wie Töpferscheiben, gepflegt. Heute gibt es leider nur noch wenige Kunsthandwerker, die diese Fingerfertigkeit beherrschen. Ihnen kann man im Töpfermuseum Centro Locero im wahrsten Sinne des Wortes auf die Finger schauen. Ihre Keramiken verkauft der angeschlossene kleine Museumsladen.

Töpfermuseum Centro Locero. Mo–Fr 9–14 Uhr und 17–20 Uhr, Sa 10–14 Uhr, Casa Alfar Panchito, Camino de la Picota 11–13, Atalaya

Der Osten

wurden. Die Cueva de los Frailes nahe der Brücke Puente de la Calzada wurde von Menschenhand in das weiche Gestein des Vulkans Caldereta gegraben und im Jahr 1933 entdeckt. Rund um diese Haupthöhle gruppieren sich 37 weitere kleinere, natürliche Wohnhöhlen. Die Höhle ist nach den beiden Mönchen Juan de Lebrija und Diego de las Cañas benannt, die sich dort nach der Eroberung, Ende des 15. Jahrhunderts, von General Pedro de Vera die Erlaubnis holten, die Rebellen der Ureinwohner zu überwältigen und in den Barranco zu stürzen. Weitere ins Gestein gegrabenene Wohnhöhlen oder Vorratskammern lassen sich im Tal La Angostura entdecken. Die Gegend ist wegen ihrer archäologischen Bedeutung zum Kulturgut erklärt und unter Denkmalschutz gestellt worden. Die Fundstätte El Tejar stammt aus dem 16. Jahrhundert und bezieht sich auf eine alte Ziegelfabrik. Von archäologischer Bedeutung ist eine Natursteinmauer, die vermutlich zu einer ehemaligen Begräbnisstätte gehörte. Auch hier wurden wertvolle Relikte wie Keramikscherben, Schnitzarbeiten und Tonstempel, sogenannte *pintaderas*, gefunden.

Das grüne Umland

Nicht umsonst wird Santa Brígida die grüne Lunge der Hauptstadt genannt. Nirgendwo sonst findet man eine solche Vielfalt wie am Monte Letiscal. Drachen- und Wacholderbäume, Pinien, Erdbeer- und alte Ölbäume, gewaltige, duftende Eukalyptusalleen und Mastixsträucher prägen die Landschaft. Der 30 Hektar große Palmenhain Palmeral Satautejo stand schon zu Zeiten der Canary. Der lohnende Rundweg Senda interpretativa del Barranco Alonso beginnt etwa zwei Kilometer vom Dorf entfernt an der Brücke Las Meleguinas. An den Hängen des Lomo Espino windet er sich bis zum Drago de Barranco Alonso. Der etwa 500 Jahre alte Riese wächst fast senkrecht an einem Steilhang in die Höhe.

Oben: Fruchtbare Hänge in dem eingestürzten Vulkankegel
Mitte: Eingang zu einer Höhlenwohnung. Faszinierend, spannend und auch ein bisschen unheimlich
Unten: Ein imposanter Dragobaum in der Schlucht Barranco Alonso

Santa Brígida

Infos und Adressen

SEHENSWÜRDIGKEITEN
Casa del Vino. Mo–Fr 9–14 Uhr, Casa del Vino de Gran Canaria, Finca El Galeón. Calle Calvo Sotelo 26, Santa Brígida, Tel. 928 64 42 72, www.vinosdegrancanaria.es

Mercadillo. Freitags von 16–20 Uhr, samstags 7–20 Uhr, sonntags 7 bis 14 Uhr

ESSEN UND TRINKEN
Bodegón Vandama. Das reizende rustikale Restaurant auf einer Weinfinca nahe des Pico Bandama bietet typische einheimische und internationale Küche und als Spezialität Fleisch vom Grill sowie saisonale Gerichte aus der Region. Es zählt zu den besten Restaurants der Insel. Carretera Bandama 116, Santa Brígida, Tel. 928 35 27 54, www.bodegonvandama.com

Las Grutas de Artiles. Das bekannte Restaurant im Angostura-Tal serviert in einem tropischen Garten in einem 150 Jahre alten einmaligen Gebäude mit Vulkangrotten hervorragende kanarische und internationale Küche. Las Meleguinas, Valle de Angostura, Santa Brígida, Tel. 928 64 05 75, www.lasgrutasdeartiles.com

ÜBERNACHTEN
Caserio de San José de las Vegas. Eine echte Alternative zu einem Hotel: Die zwei rustikalen Ferienhäuser auf einer wunderschönen eingewachsenen Finca sind nur zwei Kilometer vom Ortskern entfernt. Camino Viejo de San José 25, Santa Brígida; Tel. 928 64 30 39, www.elcaseriodesanjose.com

Töpfermeister im Centro Locero im Nachbarort Atalaya bei der Arbeit

Hotel Escuela Santa Brígida. Das sehr schöne gehobene Landhotel residiert auf dem Monte Lentiscal in einem alten Herrenhaus und wird als Hotelfachschule geführt. Sein Restaurant Satautey ist weithin bekannt. Calle Real de Coello 2, Santa Brígida, Tel. 928 47 84 00, www.hecansa.com

Hotel Golf Bandama. Das kleine, aber feine Golfhotel mit 25 Zimmern steht mitten im Naturschutzgebiet und in unmittelbarer Nähe des Golfplatzes. Es bietet eine herrliche Aussicht und Ruhe. Lugar de Bandama, Santa Brígida, Tel. 928 35 15 38, www.vikhotels.com

EINKAUFEN
Bauernmarkt. Sa 7.30–20 Uhr, So 7.30–14 Uhr

AKTIVITÄTEN
Golf. Bandama Golf, Lugar de Bandama, Santa Brígida, Real Club de Golf Las Palmas, Campo de Golf 12, (Bandama), Santa Brigida, Tel. 928 35 01 04, www.realclubdegolfdelaspalmas.com

Reiten. Centro Hípico Bandama, Carretera Bandama, Santa Brígida, Tel. 928 35 00 95

Aussichtsterrasse auf dem Pico de Bandama

DER NORDEN

31 Arucas
Bananen und Rum — 172

32 Valleseco
Das feuchte Trockental — 178

33 Moya
Eine poetische Urwaldperle — 180

34 Firgas
Sprudelnder Lebensquell — 184

35 Teror
Die Hauptstadt der Marienverehrung — 188

36 Cenobio de Valerón
Vorratskammer der Altkanarier — 194

37 Santa María de Guía
Käse und Kunsthandwerk — 200

38 Gáldar
Der Sitz der Könige — 206

39 Sardina del Norte
Geheimtipp im Nordwesten — 212

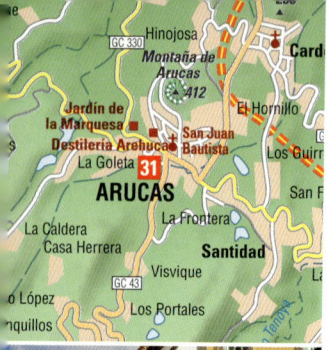

Der Norden

31 Arucas
Bananen und Rum

Drei Besonderheiten, die kontrastreicher nicht sein könnten, haben diese Stadt bekannt gemacht: die Kirche San Juan Bautista am Ortseingang, die berühmte Rumdestillerie Arehucas und Bananen. In dem mit fruchtbarem Boden und Wasserreichtum gesegneten Gebiet legten schon die Canary eine bedeutende Siedlung an, die sie »Arehuc« nannten. Aus dieser altkanarischen Bezeichnung leitet sich Arucas ab.

Das wirtschaftliche Zentrum des Nordens

Mit rund 9000 Einwohnern ist Arucas die drittgrößte Stadt der Insel und zudem der wirtschaftliche Motor an der Nordküste. Allerdings gründet sich der Wohlstand der Menschen in dieser Gegend nicht auf den Tourismus, stattdessen spielt bis heute die Landwirtschaft eine tragende Rolle. Dabei ist Arucas eine zauberhafte Stadt mit einer

GUT ZU WISSEN

ZUM BADEN UNGEEIGNET

Wer seinen Urlaub am liebsten am Strand verbringt, dem hat Arucas kaum etwas zu bieten. Zwar reicht das Stadtgebiet bis an die Küste zur Playa San Andrés oder zur Playa de Bañaderos in El Puertillo. Diese Strände sind jedoch eine Mischung aus Sand und Stein, das Meer hat an diesem Küstenabschnitt oft hohen Wellengang. Die Einheimischen treffen sich im Sommer dort zum Baden, aber den Ansprüchen von Urlaubsgästen, vor allem Familien mit Kindern, dürften sie wohl eher nicht genügen.

Vorangehende Doppelseite: Blick auf Arucas mit der beeindruckenden Kathedrale, Iglesia de San Juan Bautista
Mitte: Calle León y Castillo, eine der malerischen Gassen von Arucas
Unten: Rosette an der Fassade der Iglesia de San Juan Bautista

Arucas

wunderschönen historischen Altstadt. Trotzdem wird dieses Kleinod von vielen Urlaubern aus Unkenntnis ignoriert. Wer aber ein Faible für schöne Altbauten und das kanarische Alltagsleben hat, sollte einen Besuch in Arucas unbedingt einplanen. Die Stadt ist umgeben von großen Bananenplantagen, die die Einheimischen auch als *Mar de platanos*, als »Bananenmeer«, bezeichnen.

In Arucas fiel im Jahr 1481 der altkanarische König Doramas einem spanischen Hinterhalt zum Opfer, damit war die Kapitulation des Nordens besiegelt. Die heutige Stadt wurde 1503 gegründet, in der Folge entstand nach und nach der heutige historische Stadtkern. Die Spanier nutzten das wasserreiche Gebiet, um Zuckerrohr anzubauen und daraus Rum zu brennen. Das Geschäft florierte, bis die Billigkonkurrenz aus der Karibik im 19. Jahrhundert den europäischen Markt überschwemmte. Danach wurden auf den Kaktusfeigen der Gegend vor allem Cochenilleschildläuse für die synthetische Farbstoffindustrie gezüchtet.

Ein weiteres wichtiges wirtschaftliches Standbein ist der Abbau von blauem Basalt. Das schwer zu verarbeitende Lavagestein kommt rund um die Stadt vor. Es ist Teil der Identität des Dorfes geworden. Viele wichtige Bauwerke der Insel und natürlich die schönsten Gebäude der Stadt sind aus diesem Stein errichtet. Die Steinmetze aus Arucas gelten als besonders kunstfertig, und ihre Arbeiten werden weit über die Insel hinaus geschätzt. In dem kleinen Museum Piedras la Cantera ganz in der Nähe des Ortszentrums sind besonders schöne Einzelstücke zu sehen, und dort kann man kleine Souvenirs aus blauem Basalt erstehen. Eines der beeindruckendsten Bauwerke, die aus diesem Stein erbaut wurden, ist zweifelsohne die Kirche San Juan Bautista.

Nicht verpassen

DESTILERÍAS AREHUCAS

Der Rum, der in Arucas seit Jahrhunderten gebrannt wird, ist von hoher Qualität. In der Destilerias Arehucas begann man 1884 unter der Leitung von Alfredo Martin Reyes im großen Stil aus Zuckerrohr Rum herzustellen. Heute beträgt die Jahresproduktion rund 3,5 Millionen Liter. Wuchs das Zuckerrohr früher noch in der Gegend, wird es heute vor allem aus Südafrika oder Südamerika importiert. Neben den Rumsorten, als deren Krönung der 20-jährige Capitan Kidd gilt, werden sieben Liköre produziert, darunter eine Rum-Honig-Mischung. Persönlichkeiten wie das spanische Königspaar Juan Carlos und Sofia, die deutschen Politiker Walter Scheel und Willy Brandt und Montserrat Caballet, Julio Iglesias, Alfredo Krauss, Plácido Domingo und Tom Jones werden mit eigenen Fässern geehrt. Die größte Rumfabrik Europas beherbergt auch ein Museum, wo Besucher an Führungen und Verkostungen teilnehmen können.

Destilerias Arehucas. Führungen und Rumproben werktags, Mo–Fr 9 und 14 Uhr. Era de San Pedro 2, Arucas, Tel. 928 62 49 00, www.arehucas.es

JARDÍN DE LA MARQUESA

Etwa einen Kilometer außerhalb von Arucas erreicht man Richtung Banaderos den stilvollen exotischen Garten der ehemaligen Markgräfin von Arucas. Hier in der Abgeschiedenheit hat sich der Pflanzenliebhaber Ramón Madam y Uriondo, Markgraf von Arucas, 1880 einen romantischen Sommerpalast bauen lassen. Die Anlage gestaltete er mit zahlreichen tropischen und subtropischen Pflanzen, die er von seinen Reisen mitbrachte. Ende der 1980er-Jahre wurde der Park von den Nachkommen der Markgrafenfamilie der Öffentlichkeit zugänglich gemacht. Auf rund fünf Hektar Fläche wachsen dort mehr als 2500 Exemplare von rund 500 verschiedenen tropischen und subtropischen Pflanzenarten. Seltene Palmenarten und der zweitälteste circa 400 Jahre alte Drachenbaum der Insel werfen kühlenden Schatten.

Jardín de la Marquesa. Mo–Fr 9–12 Uhr, 14–18 Uhr, Sa 11–14 Uhr. Lugar Hoyas 2, Arucas, Eintritt ca. 4 €, www.jardindelamarquesa.com

Einfach gut!

Die Kirche San Juan Bautista

Weithin sichtbar steht die Kirche San Juan Bautista am Ortseingang von Arucas. Da sie ziemlich pompös geraten ist, wird sie häufig sogar als Kathedrale bezeichnet. Tatsächlich ist das Johannes dem Täufer geweihte Gotteshaus jedoch nur eine »einfache« Pfarrkirche. Auch der neugotische Stil der Kirche trügt, ist sie doch kein historisches Relikt aus alten Zeiten, sondern wurde erst ab dem frühen 20. Jahrhundert errichtet. Nach der Grundsteinlegung im Jahr 1909 wurde die Kirche erst 1932 eingeweiht. Finanzielle Schwierigkeiten führten dazu, dass es bis 1977 dauern sollte, bis der letzte Stein auf ihren Turm gesetzt war. Mit seinen 60 Metern ist er der höchste Kirchturm der Kanaren. Entworfen wurde das imposante Bauwerk von dem katalanischen Architekten Manuel Vega March (1871–1931). March war ein Schüler von Antoni Gaudí, des weltberühmten Schöpfers der Basilika Sagrada Familia in Barcelona. Manche sagen auch, dass eine gewisse Ähnlichkeit zwischen den beiden Kirchen nicht zu übersehen sei. Die Bauaufsicht führte der Architekt Fernando Navarro. Der jahrhundertealten Tradition von Arucas entsprechend, wurde die Kirche aus blau-

Arucas

em Basaltstein errichtet. Im Inneren beeindrucken vor allem Rundbögen, die bunten Fensterrosetten der bekannten französischen Brüder Mauméjean, die Gemälde des kanarischen Malers Cristóbal Hernández de Quintana sowie die Skulptur des liegenden Christus, die der einheimische Bildhauer Manuel Ramos González (1899–1971) schuf.

Die historische Altstadt

Vor der Kirche San Juan Bautista liegt die Plaza San Juan, an der jeden Samstag ein Wochenmarkt stattfindet. Von dort aus führen die Straßen der Innenstadt, die Calle San Juan und die Calle Gourié, alle einem Ziel zu – zur Plaza de la Constitución. Unterwegs passiert man ehrwürdige Gebäude, beispielsweise die arabisch-kanarische Casa de los Pérez aus dem 18. Jahrhundert oder die Casa de la Cultura in der Calle Gourié. Letztere, das »Kulturhaus«, beherbergt die Bibliothek und das Stadtarchiv. Es ist in einem alten Wohnhaus mit typischen Holzbalkonen aus dem 17. Jahrhundert untergebracht, in dessen großem Innenhof ein mächtiger Drachenbaum Schatten spendet. Gleich daneben ist über der Tür der Casa Colón das Stadtwappen in Stein gemeißelt. Die Plaza de la Constitución ist das soziale Zentrum der Stadt, an dem sich das Leben der Einheimischen abspielt. Rundum fallen vor allem das restaurierte Rathaus und die Wohnhäuser aus dem 19. Jahrhundert auf, die im eklektischen Stil Elemente aus verschiedenen Epochen zeigen. Das Herzstück bildet ein Brunnen zum Gedenken an den altkanarischen Herrscher Doramas. Gegenüber der Plaza de la Constitución beginnt der Jardín de las Hespérides. Der heutige Stadtpark befand sich früher im Privatbesitz der Familie Gourié, den Begründern des Rumimperiums. Das ehemalige Wohnhaus der Familie aus dem 19. Jahrhundert steht am Nordwestende des Parks neben dem Eingang und beherbergt heute das Touris-

Oben: Schon von Weitem sieht man dieses stolze Bauwerk, die Kirche San Juan Bautista.
Mitte: Kaffeepause in einem Straßencafé auf der Plaza de San Juan in Arucas
Unten: Die Fassaden in der Calle León y Castillo sind altehrwürdig.

Oben: Beliebter Treffpunkt für Jung und Alt – das Straßencafé
Mitte: Die Holzstatue »Der Betrachter« wurde 2003 von Thomas Mehlrander mit einer Motorsäge geschaffen.
Unten: Kunstsammlung im Museum Casa Gourié

musbüro. Der Jardín de Hespérides ist ein beschaulicher Park, durchzogen von Wasserläufen. Anders als in der antiken griechischen Sage über die Gärten der Hesperiden wachsen hier zwar keine goldenen Äpfel, wohl aber Zuckerrohr, das einst den Reichtum in die Stadt brachte. Zum dichten Baumbestand gehören unter anderem indischer Lorbeer, Wacholder, Araukarien, Pinien, Jacaranda- und Seifenbäume sowie duftende Magnolien. Wer aufmerksam die Stämme betrachtet, findet sogar Gesichter in so manchen Baum eingearbeitet. Sie wurden von einem lokalen Holzkünstler geschaffen. Die Holzskulptur *El Contemplador*, »der Betrachtende«, des deutschen Künstlers Thomas Mehlrander steht seit 2003 im Herzen des Parks. Wer den Jardín des las Hespérides auf der Ostseite verlässt, steht direkt vor der historischen Casa de Heredad de Aguas de Arucas y Fircas. Das 1908 errichtete Gebäude ist Sitz der Wasserbörse. Wasser ist auf Gran Canaria ein kostbares Gut, das in Form von Wasseraktien gehandelt wird.

Montaña de Arucas

Den schönsten Blick auf die Stadt hat man vom Aussichtspunkt Montaña de Arucas. Der 412 Meter hohe Vulkankrater wurde mit Steinen aufgeschüttet, um diese Aussichtsplattform zu schaffen. Von hier hat man einen herrlichen Rundumblick. Die Zufahrt ist ausgeschildert.

Arucas

Infos und Adressen

SEHENSWÜRDIGKEITEN
Museo Piedras de la Cantera. Mo–Fr 8–19 Uhr, Sa 9–13 Uhr, Camino de los Callejones 4, Eintritt frei

ESSEN UND TRINKEN
Casa Brito. Kanarisches Ambiente, sehr gute spanisch-kanarische Küche, auch vegetarische Gerichte. Pasaje Ter 17, Arucas, Tel. 928 62 23 23, www.casabrito.com

El Belingo Grill. Restaurant in der Altstadt, dekoriert mit dem berühmten blauen Basalt. Fleischspezialitäten und moderne kanarische Küche. Calle León y Castillo 3, Arucas, Tel. 828 12 69 07, www.elbelingogrill.com

La Marea Beach Club. Einfach die Seele baumeln lassen. An der Nordküste, Chill-out mit Tapas. Paseo de los Charcones, El Puertillo, Arucas, Tel. 928 31 14 10

Grill I Paroli. Das gute italienische Restaurant liegt etwas außerhalb Richtung Bañaderos. Hier schmecken Pizza und typisch italienische Küche. Carretera General del Norte 22, Tel. 928 62 74 11

Tasca Jamón Jamón. Spezialitäten der urigen Tasca direkt neben der Casa de la Cultura sind iberischer Schinken und Wurst, Tapas und kanarischer Käse. Calle Gourie 5, linkes Lokal

ÜBERNACHTEN
La Hacienda del buen suceso. Das zauberhafte kleine Landhotel mit 15 Zimmern steht außerhalb von Arucas auf einer alten Zuckerrohr-Hacienda. Carretera de Arucas a Bañaderos, KM1, Tel. 928 62 29 45, www.haciendabuensuceso.com

VERANSTALTUNGEN
Fiesta de San Juan. Am 24. Juni (Johannisfest)

Romantische nächtliche Stimmung im Park Gourié

Der Norden

32 Valleseco
Das feuchte Trockental

Tatsächlich steht der Name Valleseco, »trockenes Tal«, im krassen Gegensatz zur fruchtbaren Realität des Gebiets. In rund 1000 Metern Höhe liegt hier abgeschieden die jüngste Gemeinde der Insel. Hier erhielten sich uralte Traditionen und Handwerkskunst, aber auch seltene Tier- und Pflanzenarten. Etwa 80 Prozent des Gemeindelands stehen unter Naturschutz und gehören zum Parque Natural Doramas.

Mitten in der Bergwelt des Nordens der Insel liegt dieses verträumte Dorf. Die nur 22,11 Quadratkilometer große Gemeinde ist von der Landwirtschaft in den Tälern und dem umliegenden Naturschutzgebiet geprägt. Letzte Reste des legendären Lorbeerwalds, der zu Zeiten der Canary die ganze Insel durchzog, sind in dieser Abgeschiedenheit erhalten geblieben. Dank eines EU-Projekts wird der Bestand seit der Jahrtausendwende aufgeforstet.

Valleseco wurde erst 1842 gegründet und ist damit die jüngste Gemeinde der Insel. Bewohnt war das fruchtbare Bergtal allerdings schon zu Zeiten der Canary. Zauberhafte Felsenwohnungen, die an den Felsen kleben und möglicherweise schon vor der spanischen Eroberung bewohnt waren, findet man in El Andén. Gleich in den ersten Jahren nach der Gründung hatte Valleseco mit herben Rückschlägen zu kämpfen. Während einer großen Hungersnot 1847 verhungerten 40 Menschen, nur rund vier Jahre später raffte eine Cholera-Epidemie weitere 158 Dorfbewohner dahin.

Mitte: Bauer mit Kalb im Barranco del Laurel
Unten: Von Wind und Wetter gegerbtes Gesicht eines Bauern im Barranco del Laurel

Außer einer typisch kanarischen Bebauung im Ortskern hat das Dorf keine architektonischen

Valleseco

Attraktionen zu bieten. Erwähnenswert ist einzig noch die Kirche El Templo de San Vicente Ferrer. An ihrem Standort wurde bereits im Mai 1746 eine kleine Kapelle eingeweiht, die 1846 zur Pfarrkirche ernannt und 1884 durch die heutige Kirche ersetzt wurde. Damit ist das Gotteshaus das älteste Gebäude hier. Die Holzkassettendecke und die Kanzel sind im Mudejar-Stil gehalten. Hohen künstlerischen Wert besitzt das Bildnis des Schutzheiligen San Vicente Ferrer, früher in der Kirche von Teror zu Hause. In der Kirche wird zudem eine Reliquie aufbewahrt, ein Knochenstück aus dem Arm des Heiligen. Ein Juwel ist die Orgel aus Deutschland (18. Jahrhundert).

Tradition und Kunst

Landwirtschaft und Kunsthandwerk haben das Leben in den letzten beiden Jahrhunderten bis heute geprägt. Der fruchtbare Boden, die reichen Wasservorräte und die hohe Luftfeuchtigkeit prädestinieren Valleseco für den Ackerbau und die Viehwirtschaft. Bekannt ist die Gegend für ihren Honig und eine Art Honigwein, für ihr Brot und für den Madrelagua-Käse. Sonntags findet vor der Kirche ein toller Bauernmarkt statt. Sehenswert ist auch die alte Gofio-Mühle, deren Mahlsteine schon seit etwa 80 Jahren geröstetes Getreide zu Gofio verarbeiten. In der Umgebung findet man alte Bewässerungsgräben oder die sogenannten *Lavaderos*, an denen die Frauen einst ihren wöchentlichen Waschtag hielten.

Besonders bekannt ist Valleseco für sein Kunsthandwerk in Form von Instrumentenbau, Korbflechtkunst und Webkunst. So gehören Handgewebtes, handgefertigte Tischdecken und kanarische Trachten zu den Schätzen der lokalen Handwerkskunst. Die einmaligen Produkte kann man etwa im Taller de Artesania erwerben.

Infos und Adressen

ESSEN UND TRINKEN

El Rinconcito Canario. Leckere lokale Küche mit Spezialitäten wie Ziege aus dem Ofen, frittiertes Schwein und Kresseeintopf. Calle Las Molinas 25, Lanzarote-Valleseco, Tel. 928 61 85 94, www.elrinconcitocanario.com

Los Arcos de la Laguna. Grillrestaurant mit herrlicher Aussichtsterrasse und eigener Bodega. Spezialitäten sind z. B. Lamm und Spanferkel vom Grill. Pilze aus eigenem Anbau. Calle Cruce de La Laguna, Valleseco, Tel. 928 61 82 82

ÜBERNACHTEN

Casa Pico de Osorio. Die Ferienwohnung liegt zwischen der Lagune und dem Gipfel des Osorio idyllisch in einer Öko-Finca mit kleinem Streichelzoo. Camino al Pico s/n, Valleseco, Tel. 928 61 35 59, www.picoosorio.com

Casa Rural Las Calas. Zwei Ferienhäuser für 6 bis 7 Personen. Moderner Komfort, gemütlicher Kamin. Calle La Zamora 48, Zamora-Valleseco, Tel. 928 61 89 05, www.lascalas.com

Finca Casa de la Virgen. Ferienhaus für bis zu 6 Personen. Mit Zentralheizung. Barranco de La Virgen 13, Valleseco, Tel. 630 07 46 13, www.casadelavirgen.com

EINKAUFEN

Bauernmarkt. Sa 8–14 Uhr. Plaza San Vicente de Ferrer

Taller de Artesanía/Oficina de Turismo. Kunsthandwerkszentrum und Tourismusbüro, Mo–Fr 8–15 Uhr, Calle León y Castillo 27, Tel. 928 61 87 40

Der Norden

33 Moya
Eine poetische Urwaldperle

Die Gemeinde Moya ist Gran Canarias heimliche »Dschungel-Hauptstadt« und der Geburtsort des großen kanarischen Arztes, Schriftstellers und Poeten Tomás Morales. Zwischen dem Barranco de Azuaje im Osten und dem Barranco del Pinar im Westen sendet das Städtchen auf den Steilwänden aus luftigen 490 Metern Höhe seinen stolzen Gruß ins Tal.

Als Erstes fällt bei der Anfahrt nach Moya die Dorfkirche Nuestra Señora de Candelaria ins Auge: Sie steht direkt auf der Felskante einer Steilwand, die zum Barranco del Pinar senkrecht abfällt. Der dreischiffige Bau ist eher schlicht im altkanarischen Stil gehalten. Die Kirche wurde erst 1957 eingeweiht und ist der Schutzpatronin aller sieben Kanareninseln, der Virgen de Candelaria, geweiht. Als die vorangegangene Kapelle Doramas zur heutigen Kirche umgebaut wurde, sind leider einige Kunstschätze verloren gegangen. Die älteste noch erhaltene Darstellung der Virgen de Guadalupe war aber vermutlich schon in der ersten Kapelle Doramas vorhanden. Die Statue des Judas Thaddäus, die 1732 noch in der Inventarliste der Kapelle auftaucht, ist ebenfalls verschwunden. Sie wurde Anfang des 19. Jahrhunderts durch eine Skulptur des kanarischen Bildhauers José Luján Pérez ersetzt. Von anonymer Herkunft, aber durchaus ein schönes Zeugnis kanarischer Bildhauerkunst ist die Figur des Josef mit dem Jesuskind. Sie stammt vermutlich aus etwa Mitte des 18. Jahrhunderts.

Ein weiteres wichtiges Baudenkmal ist die Wasserbörse, in der einst die wichtigen Wasseraktien verwaltet wurden. Das zweigeschossige Basaltgebäu-

Blick auf das Bergdorf mit der Kirche Nuestra Señora de Candelaria

Moya

de der Heredad de Agua zieren ein auffälliger Glockenturm und neoklassizistische Säulen.

Dorf des Dichters und Denkers

Gleich gegenüber der Kirche steht das Geburtshaus des bekanntesten Sohns der Gemeinde. Dort wurde Tomás Morales am 10. Oktober 1884 geboren, am 15. August 1921 verstarb er in Las Palmas. Tomás Morales war Arzt, Politiker, aber vor allem Poet. Er bereitete den Weg für moderne lyrische Ausdrucksformen in seiner Heimat und galt spanienweit als Initiator der spanischen Moderne. Seine wichtigsten Werke sind *Las Rosas de Hércules* (Die Rosen des Herkules) und die *Oda al Atlántico* (Ode an den Atlantik). 1976 wurde in Morales' Geburtshaus ein kleines Museum eingerichtet, in dem Bilder, Bücher, Manuskripte, Zeichnungen, seine Schreibmaschine und andere Erinnerungsstücke an den Dichter zu sehen sind.

Handwerkskunst

In der ländlichen Idylle rund um Moya leben die Menschen wie eh und je hauptsächlich von der Landwirtschaft. Aber auch traditionelles Handwerk ist hier lange erhalten geblieben. Früher war Moya für seine Hutmacher, Schmiede und Sattler bekannt. Nachdem diese Berufsgruppen aber immer mehr an Bedeutung verlieren, findet man hier heute eher hervorragende Tischler und Käfigbauer, Korbflechter und Stickerinnen. Neben deren Erzeugnisse kann man auch typische Trachten sowie Arbeiten aus Holz und Eisen als Souvenirs erstehen. Ein relativ junger Zweig ist die Seifensiederei, die sich ebenfalls gewisser Bekanntheit erfreut. Aus alter Zeit erhalten blieb die Backkunst in Gran Canarias heimlicher »Kuchenhauptstadt«. Mehrere Bäckereien, deren Produkte sowohl in den Geschäften vor Ort als auch in den Supermärkten

Oben: Traditionelles Haus mit Balkon in Moya
Mitte: Erinnerungen an den Poeten und Philosophen im Museum Tomás Morales in Moya
Unten: Skulptur von Tomás Morales

Hausfassade mit der Kirche Iglesia la Candelaria im Hintergrund

LORBEERWALD LOS TILOS DE MOYA

Geheimtipp

Westlich von Moya liegt die »Lorbeer-Schlucht« Barranco del Laurel. Sie wird auch »Los Tilos de Moya« genannt und ist Teil des Parque Natural de Doramas. In der Schlucht haben sich Überreste des einst gigantischen Lorbeerwaldes erhalten, der vor rund fünf Jahrhunderten den nördlichen Teil der Insel bedeckte. Heute sind nur noch vereinzelte Lorbeer-Oasen übrig, doch sorgen seit den 1980er-Jahren Umweltprojekte für eine gezielte Wiederaufforstung. Der kanarische Lorbeerwald bestand in erster Linie aus Stinkendem Lorbeer, *Ocotea foetens*, der auf Spanisch *Til* heißt – daher der Name Los Tilos de Moya. Der imposante Lorbeerbaum kann bis zu 40 Meter hoch werden und verströmt einen intensiven Duft. Ebenfalls vertreten ist der edle oder Gewürzlorbeer, dessen Blätter man zum Kochen verwenden kann. Der Ausflug in die duftintensive Natur des Barranco »putzt« Kopf, Lunge und Seele gleichermaßen durch.

der ganzen Insel zu finden sind, haben immer noch ihren Firmensitz in der kleinen Gemeinde. Der *Bizcochon*, ein mit Zuckerguss verzierter Biskuitkuchen, und die köstlichen fruchtigen Zitronenschnecken, die sogenannten *Suspiros*, sind das süße Aushängeschild und ein Markenzeichen der Gemeinde.

Historische und vulkanische Spuren

Die schroffen Felswände, das dunkle Basaltgestein und der Charco de San Lorenzo, ein Naturbecken an der Küste, zeugen von der vulkanischen Entstehungsgeschichte der Region. Wie im benachbarten Valleseco grenzt das Gemeindegebiet von Moya an den Montañon Negro, den derzeit einzigen noch aktiven Vulkan der Insel, und die Caldera de Los Pinos. Beide entstanden vor rund 3000 Jahren nach dem letzten Ausbruch des Vulkans. In unmittelbarer Nähe des Dorfes liegen die bedeutenden archäologischen Ausgrabungsstätten La Montañeta und Cueva del Dorama. In dem weitverzweigten Höhlennetz befanden sich Wohnstätten und ein Getreidespeicher der altkanarischen Ureinwohner.

Moya

Infos und Adressen

SEHENSWÜRDIGKEITEN
Casa Museo Tomás Morales. Calle del Poeta Tomás Morales, Tel. 928 62 02 17, www.tomasmorales.com

ESSEN UND TRINKEN
Grill Casa Pedro. In einem einfachen, aber gemütlichen Ambiente schmecken hier kreative kanarische Küche und die Spezialitäten: Fleisch vom Grill oder Hausmannskost wie z.B. Bohneneintopf. Calle Practicante Manuel González 96, Tel. 928 61 22 88

Außenansicht des Museums Tomás Morales in Moya

Restaurante El Paso. Das Fischrestaurant an der Küste serviert gute kanarische und internationale Küche zu üblichen Preisen. Camino San Lorenzo 6, Tel. 928 62 01 77

Sibora. Hier gibt es echte kanarische Hausmannskost in einem gepflegten Ambiente. Am besten bestellt man typisch Kanarisches, das noch nach Großmutters Rezepten gekocht wird. Calle Juan Mateo de Castro, Tel. 928 62 04 24

ÜBERNACHTEN
Casa El Drago. Die hübschen Ferienhäuschen gefallen mit kanarischem Flair. Camino Moreto 1, Tel. 928 36 21 71, www.casarural-eldrago.com

El Castañar de Doramas. Das rustikale, gemütliche Ferienhaus am Barranco del Pinar ist ideal für Wanderfreunde, Vogelgezwitscher inklusive. Camino Barranco del Pinar 17, Tel. 928 36 03 17

Panchita Casa. Hier findet man bäuerliche Idylle in einem echt kanarischen Häuschen für bis zu vier Personen. Camino de la Esperanza 9, Tel. 928 70 61 81

EINKAUFEN
Taller La Guarnicionera. Hier gibt es traditionelles Lederkunsthandwerk: Gürtel, Taschen, Messerscheiden und andere nützliche Souvenirs. Paseo Doramas, Tel. 928 61 12 37

Das zauberhafte Bergdorf Moya liegt verträumt zwischen Bergen, Meer und Horizont.

Der Norden

34 Firgas
Sprudelnder Lebensquell

Wasser, der Quell des Lebens, ist das Markenzeichen der Gemeinde Firgas. Dank einer stark mineralhaltigen Quelle, die in den Bergen entspringt, ist Firgas sozusagen »in aller Munde«. Das sehr schmackhafte und erfrischende Mineralwasser aus Firgas wird auf allen Kanarischen Inseln verkauft. Früher gab es im Barranco de Azuaje sogar eine warme Quelle, die wundersame Heilungen vollbracht haben soll.

Wasserreiches Firgas

Mit einer Fläche von nur knapp 16 Quadratkilometern ist Firgas die kleinste Gemeinde Gran Canarias. Darüber hinaus ist sie eine der wenigen, die nicht an die Küste grenzen. Das Wasser aus den Quellen im Umland von Firgas war schon zu Zeiten der Altkanarier eine Attraktion von Afurgad, wie diese das Gebiet nannten. Die Bezeichnung *afurgad* besaß mehrere Bedeutungen und verwies entweder auf Orte mit guter Vegetation

Mitte: Atemberaubender Blick auf das sprudelnde Firgas
Unten: Inneres der Kirche von San Roque in Firgas

GUT ZU WISSEN

DIE KRAFT DES WASSERS

Der Barranco de Azuaje bietet ein einmaliges Naturerlebnis und lohnt einen Besuch. An den einstigen Rummel um das dortige Heilwasser erinnert heute jedoch nur noch eine traurige Ruine. Es ist jedoch nicht ausgeschlossen, dass das Balneario irgendwann wieder zum Leben erweckt wird. Auf jeden Fall sollte man das Mineralwasser von Firgas ganz bewusst trinken. Es hat wirklich einen sehr guten Geschmack und vielleicht immer noch verborgene Heilkräfte.

Firgas

oder auf eine Kreuzung. Als die Spanier die Ländereien auf der frisch eroberten Insel unter ihren verdienten Feldherren aufteilten, fiel das Gebiet des heutigen Firgas an Tomás Rodríguez de Palenzuela. Er begann mit dem Zuckerrohranbau, der ihn und die Gemeinde wohlhabend machte. Danach wuchsen im 17. Jahrhundert auf den Feldern vor allem Kartoffeln und Mais, wurden im 19. Jahrhundert Cochenilleschildläuse gezüchtet und begann im frühen 20. Jahrhundert die Banane ihren Eroberungszug. Bis heute ist die Gegend von der Landwirtschaft geprägt. Allerdings sind viele der einstigen Quellen mittlerweile versiegt. Geblieben sind die Mineralwasserquellen von Firgas. Deren Wasser, das Agua de Firgas, wird in der Nachbargemeinde Arucas abgefüllt.

Barranco de Azuaje

In der Calle 18 de Julio, die auch La Capellanía genannt wird, beginnt der Barranco de Azuaje, der früher Barranco Ausmartel hieß. Sein heutiger Name erinnert an die Familie, die später die Ländereien in der Schlucht übernahm und bewirtschaftete. Von steilen Wänden begrenzt und mit viel Grün bewachsen, schlängelt sich der V-förmig eingeschnittene Barranco durch die Bergwelt des Naturschutzgebietes Selva de Doramas. Von Firgas aus gelangt man durch den Barranco zum ehemaligen Thermalbad, dem Balneario. Entdeckt wurde die heilende Wirkung der Quelle von einem Hirten, der an einer Augen- und einer Hautkrankheit litt. Er badete im warmen Wasser, während er seine Herde in der Gegend grasen ließ. Zu seiner großen Überraschung waren seine Beschwerden nach wenigen Tagen vollständig verschwunden. Als sich die Geschichte verbreitete, kamen viele Menschen aus allen Teilen der Insel zu der Quelle. Sie alle sollen eine Heilung oder zumindest eine

Nicht verpassen

FIESTA DE SAN ROQUE

Kurz hinter der Gofio-Mühle ehrt das Monumento del Ganadero die harte Arbeit und die Mühen, die die Menschen damals wie heute zur Bestellung ihrer Felder auf sich nehmen müssen. Eng mit der Landwirtschaft verbunden ist auch das populärste Fest der Gemeinde, die Fiesta de San Roque. Der Ehrentag des Schutzpatrons der Stadt wird am 16. August gefeiert. Zu dem Fest gehören bedeutende Traditionen. Bis auf das Jahr 1778 geht die Bajada del Palo zurück, bei der ein perfekt gewachsener, etwa acht Meter langer Baumstamm aus den Bergen zur Plaza de San Roque gebracht und aufgestellt wird. An ihm hisst man dann die Fahne der Gemeinde. Der Transport des Stammes wird den starken jungen Männern überlassen, beim Feiern macht aber das ganze Dorf gern mit.

Für Besucher noch sehenswerter ist die *romería*. Bei diesem großen Erntedankumzug ziehen bunt geschmückte, von Ochsen gezogene Wagen und Folkloregruppen durch die Innenstadt.

Alte Maismühle aus dem 16. Jahrhundert, mit der Gofio hergestellt wurde.

Der Norden

Oben: Eingangsbereich des Rathauses von Firgas auf der Plaza de San Roque
Mitte: Viehzüchter-Denkmal in Firgas
Unten: Leise plätschert das malerische Wasserspiel Paseo de Gran Canaria bei Tag und Nacht.

große Linderung ihrer Beschwerden erfahren haben. Die Quelle wurde fortan nur noch »heilige Quelle«, Fuente santa, oder »Hirtenquelle«, Fuente del pastor, genannt. Bei einer späteren Analyse stellten Wissenschaftler einen besonderen Mineralgehalt des Wassers fest und empfahlen seine äußerliche oder innerliche Anwendung vor allem bei Haut-, Magen- und Blutkrankheiten. Anfang des 20. Jahrhunderts wurde aufgrund der großen Nachfrage das Hotel Azuaje gebaut. Besucher aus ganz Europa kamen zum Balneario bis zu dessen kriegsbedingter Schließung 1938. Die Bäderanlage selbst zerstörte ein Unwetter im Oktober 1955. Man erreicht das verlassene Gebäude nach einem etwa anderthalbstündigen Fußmarsch bergab durch den Barranco. Vom Balneario führt anschließend ein leichter Anstieg nach Buenlugar, von wo aus man mit dem Bus nach Firgas zurückkehren kann.

Der Zauber des Wassers

Firgas ist die Stadt des Wassers, deshalb begrüßt schon am Eingang ein Springbrunnen den Besucher. Von dort kommt man direkt zur zentralen Plaza de San Roque und zum einmaligen Paseo von Gran Canaria. Eine besondere Attraktion ist der 30 Meter lange Wasserfall, der sich mitten im Zentrum von der nahen Plaza de San Luis bis zur Plaza de San Roque ergießt. Geschmückt ist die Kaskade mit kunstvollen Mosaiken aus Keramik, die alle 21 Wappen der Gemeinden Gran Canarias nachbilden. Auf dem Boden stellen große Keramikbilder die sieben Kanarischen Inseln dar. Die schönen Keramiken sollte man sich auf jeden Fall ansehen, wenn man sich in der Gegend aufhält. Sehenswert ist zudem der reizende alte Dorfkern mit der Kirche San Roque, dem Rathaus, dem Kulturzentrum und weiteren historischen Gebäuden sowie der alten Gofio-Mühle.

Firgas

Infos und Adressen

ESSEN UND TRINKEN

Asadero Las Brasas. Die Spezialität dieses empfehlenswerten Grillrestaurants mit seinem schönen kanarischen Ambiente sind frische Hähnchen und gute Hausmannskost. Es duftet schon von Weitem nach Holzkohle. Avenida la Cruz 36, Tel. 928 62 52 50

El Chiringuito. Das einfache, freundliche, typisch kanarische Lokal serviert traditionelle Gerichte und ist ein echter Geheimtipp. Einkehr unter Einheimischen. Calle Manuel Hernández Quintero 2/Ecke Plaza San Luis, Tel. 928 61 61 01

Irejul. Hervorragendes Restaurant im Hotel Melva Suite. Genuss und Weitblick. Calle Gardenia 16, La Caldera, Firgas, Tel. 928 27 75 75

ÜBERNACHTEN

Finca El Lance. Auf dem ländlichen Anwesen mit Pool und exotischem Garten werden vier restaurierte kanarische Häuschen als Ferienwohnungen mit modernem Komfort vermietet. El Zumacal, Tel. 928 46 25 47, www.kanarische-insel-gran-canaria.de

Hotel Rural Melva Suite. Ländliches, charmantes Hotel mit nur acht Zimmern. Herrliche Aussicht, abgeschiedene Lage. Gardenia 16, 35432 Firgas, Tel. 928 27 75 75, www.hotelmelvasuite.com

Los Bermejales. Das typisch kanarische Ferienhaus mit Garten, Terrasse und Grill bietet Platz für vier Personen inmitten einer herrlichen Landschaft. Calle Las Huertecillas 15, Tel. 928 66 15 60

Blick auf die Dorfkirche von Firgas

Der Norden

35 Teror
Die Hauptstadt der Marienverehrung

Der Name Teror stammt noch aus der Zeit der Altkanarier, die diesen Ort »Terore« nannten. Das zauberhafte Dorf ist mitten in den Bergen gelegen und Zentrum des Marienkults um Gran Canarias Schutzpatronin, die Virgen del Pino. Um deren Gestalt ranken sich viele Legenden und Mysterien, vor allem aber eine tiefe Verehrung. Die Hoffnung auf Mariä Schutz und Segen lockt alljährlich zahlreiche Pilger an.

Das 745 Meter hoch gelegene Dorf Teror ist Gran Canarias bedeutendster Wallfahrtsort. Seit Jahrhunderten erbitten sich die Menschen der Insel hier die Hilfe der Jungfrau Maria, beteten um Schutz, wenn ihr Leben von Krieg, Dürre, Epidemien oder sonstigen Katastrophen bedroht war. Sogar die wertvollsten Kunstwerke aus der Kathedrale Santa Ana in Las Palmas wurden 1588 nach Teror gebracht, als man eine Invasion von feindlichen Piraten befürchtete.

GUT ZU WISSEN

FÜR KULT- UND KULTURTOURISTEN
Wer mit Kirche oder Geschichte nichts am Hut hat, dem wird Teror vermutlich nicht viel sagen. Der Marienkult steht im Mittelpunkt des Dorflebens. Das Dörfchen selbst ist aber zauberhaft, und wer gerne feiert, dem sei ein Besuch im September empfohlen, wenn die großen Feierlichkeiten zu Ehren der Madonna stattfinden. Ein buntes Rahmenprogramm sorgt für Unterhaltung, bei der es keine Rolle spielt, ob man den religiösen Hintergrund schätzt oder nicht.

Mitte: Wasserspeier an der Fassade der Wallfahrtskirche Basilica de Nuestra Señora del Pino in Teror
Unten: Wallfahrtskirche Basilica de Nuestra Señora del Pino mit einer Statue der Virgin del Pino, der Schutzpatronin Gran Canarias

Teror

Einfach gut!

Dank des fruchtbaren Bodens und des Wasserreichtums gedieh in Teror die Landschaftwirtschaft und brachte dem Dorf bescheidenen Wohlstand. Angebaut wurden weniger Exportprodukte wie Zuckerrohr, sondern vor allem die Grundnahrungsmittel Kartoffeln und Mais. Rund um die Plaza entstanden herrschaftliche Häuser im typisch kanarischen Baustil, die dem Ort heute seinen besonderen Charme verleihen. Durch ein königliches Dekret aus dem Jahr 1979 steht der gesamte Ortskern unter Denkmalschutz. Seit dem 19. Jahrhundert ist Teror eine eigenständige und florierende Gemeinde. Wichtigste Figur ist und bleibt dabei die Virgen del Pino, die in der gleichnamigen Basilika verehrt wird.

Die Legende von der Virgen del Pino

Schon zu Zeiten der Eroberer soll eine riesige, rund 50 Meter hohe kanarische Pinie auf einer Anhöhe ein markantes Wahrzeichen des Gebietes gewesen sein. Um sie herum wuchsen drei Drachenbäume, die sie ebenso überragte wie den dichten Wald, der sie umgab. Der Legende zufolge erschien zwei Hirten sowie dem damaligen Bischof Fray Juan de Frías am 8. September 1481 in der Krone des Baumes ein Bildnis der Jungfrau Maria. Das Abbild der Marienfigur wurde fortan als Virgen del Pino in einer kleinen Kapelle am Fuß der Pinie aufbewahrt und angebetet. Dort sprudelte auch eine klare Quelle. Zur damaligen Zeit war das keine Seltenheit, weil es viele Quellen in dieser Region gab. Dieses spezielle Quellwasser soll allerdings Wunder vollbracht haben. Von allen Teilen der Insel kamen die Menschen herbei, um damit ihre Beschwerden zu heilen oder zu lindern. Zum Dank warfen sie in der Regel eine Spende in einen Opferstock. Als ein gieriger Priester die Quelle

DIE CASA DE LOS PATRONOS

An der Calle Real de la Plaza gewährt links neben dem Eingangsportal der Basilika das Museum Casa de los Patronos Einblicke in die Lebenswelt der herrschaftlichen Kreise in vergangenen Jahrhunderten. Unter anderem sind in diesem Museumshaus aus dem 17. Jahrhundert Gemälde des deutschen Malers Georg Heindrich zu sehen, der in Teror lebt. Das Museum erinnert zudem an Bernardo Rodríguez de la Torre, der 1675 in diesem Haus geboren wurde. Er war der Urgroßvater von María Teresa del Toro y Alayza, der späteren Ehefrau des südamerikanischen Freiheitskämpfers Simón de Bolívar, dessen Familie ebenfalls von den Kanaren stammte. Das Wappen der Familie mit der heiligen Pinie sieht man am Brunnen auf der bezaubernden kleinen Plaza de Teresa de Bolívar, wo Steinbänke zu einer kleinen Rast einladen. Mehr als fünf Generationen lang war die Casa de los Patronos im Besitz der Familie Manrique de Lara, die sie vor allem als Sommersitz nutzte.

Typisches kanarisches Stadthaus mit Balkon in der historischen Innenstadt

FINCA DE OSORIO

Geheimtipp

Zwei Kilometer von Teror entfernt trafen sich früher auf diesem etwa 207 Hektar großen Landgut an der Straße zwischen Teror und Arucas in den Sommermonaten adelige, politische und intellektuelle Größen der Gesellschaft. Heute noch ist die Finca einen Zwischenstopp wert und lädt zu einem Spaziergang ein. Der hinreißende Garten bezaubert mit Wasserspielen und versteckten Ecken für romantische Zweisamkeit. Auf der Finca erstreckt sich ein Teil des legendären Urwaldes Doramas, mit alten Lorbeer und Kastanienbäumen. Seitdem das Landgut der Regierung gehört, werden gezielt Aufforstungen vorgenommen. Zu sehen sind darüber hinaus vereinzelte Bauernhäuser der Pächter und Cochinos negros de Canarias, die berühmten schwarzen kanarischen Schweine, züchten.

Finca de Osorio. Carretera Arucas-Teror, Besichtigungen nur nach telefonischer Voranmeldung oder im Tourismusbüro täglich 9–17 Uhr, Tel. 928 63 00 90

einzäunen ließ und Eintritt verlangte, versiegte das Wasser. Am 3. April 1684 wurde die mächtige Pinie in einem Akt des Vandalismus gefällt und hätte fast die kleine Kapelle unter sich begraben. Aus ihrem Holz soll das *cruz verde*, das grüne Kreuz, geschnitzt worden sein, das man heute noch in der Basilika sehen kann. Der Marienfigur werden zahlreiche Wunderheilungen zugesprochen und auch in Zeiten schlimmster Hungersnot soll sie geholfen haben. 1914 schließlich erklärte Papst Pius X. die Virgen del Pino zur Schutzheiligen Gran Canarias. Die tiefe Verehrung der Jungfrau der Pinie ist bis heute geblieben. Zu ihrem Ehrentag am 8. September feiern Gläubige aus allen Teilen der Insel hier ein großes Fest.

Die Basilika von Teror

Einst stand am Fuße der gewaltigen Pinie nur eine kleine Kapelle, in der die Figur der Virgen del Pino verehrt wurde. Woher sie genau stammt, ist unklar. Manche glauben, sie ist die einst in der Pinie gefundene Marienfigur, andere wiederum glauben, dass sie der Kirche im 16. Jahrhundert von Hauptmann Juan Pérez Villanueva als Geschenk überge-

Teror

ben wurde. Anstelle der einstigen Kapelle wurde 1600 eine dreischiffige Kirche errichtet. Anno 1708 wurde diese um einen achteckigen gelben Turm erweitert, die Torre Amarilla. Der gelbe Stein, der typisch für die Gegend ist, wird in einem nahe gelegenen Steinbruch abgebaut und ist auch in anderen Häusern hier verbaut.

Der Turm wurde als einziges Element in die 1760 neu errichtete Basilika integriert. Die dreischiffige barocke Kirche wurde unter Antonio Lorenzo de la Rocha gebaut und besticht durch klare Linien, Säulen und 14 halbrunde Bögen. Im Inneren birgt sie reich geschmückte Altäre aus den Jahren 1767 bis 1783. Die Hauptattraktion ist der in Silber und Gold gearbeitete Hauptaltar von Nicolás Jacinto, in dessen Mitte die Figur der Virgen del Pino während der Festtage ausgestellt ist. In der übrigen Zeit ist die rund einen Meter hohe Marienfigur in einer Nische zu bewundern. Ausgestellt sind in dieser kleinen Sammlung sakraler Kunst liturgische Gegenstände sowie der Schmuck und wertvolle Ziermäntel der Marienfigur. Der älteste dieser Mäntel stammt von 1785. Zudem birgt die Basilika weitere wertvolle Kunstwerke, etwa Skulpturen von Christus und des heiligen Johannes von José Luján Pérez sowie alte Gemälde. An der Außenfassade fallen die bunten Mosaikfenster aus dem 20. Jahrhundert auf. Sie zeigen, wie Papst Pius X. die Virgen del Pino zu Gran Canarias Schutzpatronin erklärte sowie Papst Pius XII. noch als Kardinal Pacelli. Über dem Haupteingang erkennt man die Marienfigur. Die Uhr an der Fassade stammt aus Valencia und ist ein Geschenk des Bischofs Codina aus dem Jahr 1853.

Oben: Rundbögen und geschichtsträchtiges Ambiente im Innenhof des Dominikanerklosters
Mitte: Verehrung der Schutzpatronin Nuestra Señora del Pino
Unten: Auszeit im Straßencafé in der historischen Altstadt bei klarer Bergluft und Vogelgezwitscher

Sehenswürdigkeiten von Teror

Direkt vor der Basilika sollte man auf der Plaza Nuestra Señora del Pino einen Moment unter den

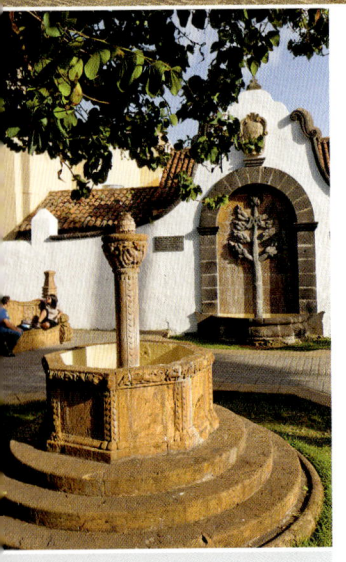

Oben: In Teror weiß man das Leben zu genießen.
Unten: Die malerische Plaza Teresa Bolivar im Zentrum von Teror

großen Pinien innehalten, die noch immer das Stadtbild prägen. Ringsum stehen typisch kanarische Häuser, die einst von Adeligen und wohlhabenden bürgerlichen Familien gebaut und bewohnt wurden. Von Holzbalkonen grüßen Geranien in die engen Gassen. Der gesamte Ortskern von Teror ist Fußgängerzone und lädt zu einem kleinen Spaziergang ein. Sonntagsvormittags findet rund um die Basilika ein Markt statt, auf dem Obst, Gemüse und Kunsthandwerk aus der Region verkauft wird. Eine süße Sünde wert, sind die Gebäcke der Nonnen aus dem Zisterzienserinnenkloster, die Dulces de las Monjas del Císter. Das Kloster kann in der Calle de los Castaños besichtigt werden.

Hinter der Basilika steht an der Plaza del Pio XII der auffällige alte Bischofspalast. Der linke Flügel entstand 1760 bis 1767 als ein Geschenk des Volkes an die Bischöfe Morán und Delgado zum Dank für den Bau der Basilika. Der rechte Flügel wurde rund 100 Jahre später angebaut. Heute befindet sich in dem Gebäude ein Kulturzentrum mit mehreren Ausstellungsräumen.

Teror

Infos und Adressen

SEHENSWÜRDIGKEITEN
Basílica y Real Santuario Mariano de Nuestra Señora del Pino. Tgl. 9–19 Uhr, Plaza de Nuestra Señora del Pino, Tel. 928 63 01 18

ESSEN UND TRINKEN
El Rincon de Magüi. Das eher unscheinbare, einfache Lokal lockt mit guter lokaler Küche, deftiger Hausmannskost und Zutaten aus der Region. Calle Diputación 6, Tel. 928 63 04 54

El Encuentro. Einheimisches Restaurant mit kanarischem Flair, direkt an der Basilika. Plaza Del Pino, 35330 Teror, Tel. 928 61 37 86

ÜBERNACHTEN
Casa Doña Margarita. In dem traditionellen Haus aus dem 17. Jahrhundert im historischen Ortskern bieten drei Ferienwohnungen authentisches kanarisches Wohngefühl. Casco, Tel. 609 62 90 76

Casa El Borbullón. Der typische Landsitz aus Holz und Stein aus dem Jahr 1760 bietet nahe der historischen Altstadt mehrere Ferienwohnungen, kanarisches Flair, einen exotischen Garten mit Grill und einen Pool. Calle El Mesón 22, Tel. 928 23 02 86, www.elborbullon.com

Alles Käse in diesem urigen Lebensmittelladen

Schlafzimmer im Museo de los Patrones de la Virgin, einem herrschaftlichen Stadthaus aus dem 17. Jahrhundert. In den dazugehörigen Ställen ist eine alte Kutschensammlung zu bewundern.

JM El Pino. Dieses kleine, gemütliche Zweisternehotel vermietet ungefähr 1 km vom Ortskern Zimmer mit Heizung und gemütlicher Einrichtung. Avenida del Cabildo Insular 141, El Rincón, Tel. 928 63 20 16

EINKAUFEN
Markt. So 8–14 Uhr, rund um die Basilika

INFORMATION
Tourismusbüro. Mo–Fr 9–16.30 Uhr, Calle Casa Huerta 1, Tel. 928 61 38 08

Der Norden

36 Cenobio de Valerón
Vorratskammer der Altkanarier

In prähispanischer Zeit war das Leben der Canary innerhalb ihrer Gemeinschaft gut organisiert. Für schlechte Zeiten lagerten sie ihre Jahresvorräte in riesigen Getreidespeichern und Kammern. Die Ältesten verwalteten zudem Bestände, die zum Überleben in Notzeiten gedacht waren. Ein beeindruckendes Zeugnis altkanarischer Vorratspolitik ist der Cenobio de Valerón.

Im Gemeindegebiet des heutigen Santa María de Guía bot die Montaña de Calabozo ideale Bedingungen für die altkanarische Vorratshaltung. Ihre steilen Wände schützten wie eine natürliche Trutzburg die wertvollen Nahrungsmittel vor Piraten und anderen Eindringlingen. In den weichen Sandstein gruben die Altkanarier mit einfachen Werkzeugen aus Stein und Holz ein weitverzweigtes Höhlennetz. Mehr als 300 teils durch Gänge miteinander verbundene Höhlen durchziehen die Nordflanke des Berges. Die Höhlen konnten zum Schutz vor Wind, Wetter und Angreifern mit Steinen, Lederhäuten und Stoffen verschlossen werden.

Das weiche Gestein, das damals die Möglichkeit bot, recht einfach Höhlen zu graben, ist heute eine Gefahr für die Stätte. Deutlich spürbar löst sich schon dann feiner Staub, wenn man nur mit den Händen die Wände berührt. Man sollte sich daher unbedingt an die vorgegebenen Pfade halten, damit die Stätte noch lange erhalten bleibt.

Vom Kloster zum Speicher

Den Spaniern und auch den ersten Forschern, die sich damit beschäftigten, war der Zweck des Höh-

Mitte: Blick von der Fundstätte Cenobio de Valerón auf die Nordküste
Unten: Dieses Höhlenlabyrinth von Cenobio Valerón diente als Kornspeicher und Vorratskammer.

Cenobio de Valerón

lennetzes nicht klar. Sie vermuteten darin die Reste eines alten Klosters, wobei die Höhlen als Schlafstätten gedient hätten – daher der heutige Name *cenobio*, »Kloster«. Man wusste, dass in der altkanarischen Gesellschaft weise Priesterinnen, sogenannte *Harimaguadas*, die jungen Mädchen der angesehenen Familien auf ihre spätere Rolle als Ehefrauen vorbereiteten und unter anderem in den traditionellen Handwerkskünsten ausbildeten. Diese Theorie hielt sich bis etwa zu Beginn des 20. Jahrhunderts und wurde auch durch romantische Erzählungen von Schriftstellern wie Sabino Berthelot genährt. Heute ist man sich in der Expertenwelt jedoch sicher, dass es sich hier nicht um ein Kloster, sondern um eine gigantische Vorratskammer handelt. Angeregt wurde die Idee einer sakralen Stätte durch den Versammlungsort, den sogenannten *Tagoror*, der auf dem Gipfel liegt. Vermutlich diente er in erster Linie als Ausguck und nur gelegentlich als Opferstätte. Noch heute hat man von dort einen tollen Blick über die Nordküste. Hin kommt man aber nur über einen Umweg über Los Naranjeros und ein Privatgrundstück – das lohnt nicht.

Der Zauber der Geschichte

Der Cenobio de Valerón ist ein faszinierender Ort, an dem man die Vergangenheit spürt. Fast magisch zieht es den Besucher über die Steinstufen nach oben. Unterwegs erläutern Schautafeln die umgebende Landschaft und typische Pflanzen und Tiere. Atemberaubend ist dann der Anblick des etwa 20 Meter hohen und 27 Meter breiten Halbrunds der Höhlenanlagen. Davor macht ein alter Drachenbaum die Kulisse perfekt. Mittlerweile sind die Höhlen nicht mehr direkt begehbar, aber dem Zauber des Ortes tut dies keinen Abbruch. Vor allem, wenn man (fast) allein auf dem Berg steht, kann man sich der erhabenen Atmosphäre der Stätte kaum entziehen.

Infos und Adressen

CENOBIO DE VALERÓN.
Die Fundstätte Cenobio de Valerón ist ein geschütztes Kulturgut und gehört zur Gemeinde Santa María de Guía im Nordwesten von Gran Canaria. Vor allem im Sommer sollte man bei einem Besuch die Mittagshitze meiden, denn der Aufstieg ist zwar kurz, aber steil. Von der Autobahn zwischen Agaete und Las Palmas ist Cenobio gut ausgeschildert.

April–September Di–So 10–18 Uhr, Oktober–März Di–So 10–17 Uhr, 1. Januar, 6. Januar, 1. Mai, 25. Dezember geschlossen.

Eintritt 2,50 €, Rentner und Studenten 1,50 €. Auf Wunsch können geführte Touren organisiert werden. Voraussetzung sind mindestens zehn Teilnehmer und eine rechtzeitige Anmeldung unter Tel. 618 60 78 96.

Tief in den weichen Stein wurden die Höhlen gegraben.

SO ISST GRAN CANARIA

Geselligkeit und Lebenslust werden auf Gran Canaria ganz großgeschrieben. Dazu gehören natürlich unweigerlich gutes Essen und ein Gläschen Wein. Die Landesküche besteht aus einfachen, aber sehr schmackhaften Gerichten. Der Wein der Insel hat sich in den letzten Jahren zu einigen edlen Tropfen verbessert. Aber auch so mancher Landwirt hat einen überzeugenden, eigenen Wein, mit dem er gern anstößt.

Nach Großmutters Art

Deftiges, nach alten Rezepten, steht bei den Einheimischen sehr hoch im Kurs, dabei allen voran Gerichte mit Kaninchen oder Ziege in einer herzhaften Sauce. Beides ist absolut empfehlenswert für alle, die wissen wollen, wie die Inselküche traditionell schmeckt. Dazu werden die typischen Runzelkartoffeln, *papas arrugadas*, mit der genauso charakteristischen Mojo-Sauce gegessen. Hinter dem klangvollen Namen Carajacas verbirgt sich ein klassisches Lebergericht. Und natürlich ist frischer Fisch angesagt. Er wird gegrillt, gebraten oder gekocht angeboten. Eine erfrischende und leckere Tapa ist der Pulposalat, aus Tintenfisch, Zwiebeln und Paprika. Vor allem im Winter schmeckt der herzhafte Eintopf *ropa vieja*, der hauptsächlich aus Kichererbsen

So isst Gran Canaria

und Fleisch besteht. Zur Vorspeise essen die Einheimischen oft eine einfache Suppe, *puchero*, die aus verschiedenen pürierten Gemüsesorten gekocht wird. Manche reichern sie mit dem gerösteten Getreidemehl, *gofio*, an. In den kanarischen Haushalten wird oft zu Wochenbeginn ein großer Topf davon gekocht, von dem dann jeden Tag gegessen wird. Damit wurden auch traditionell die Kinder großgezogen. Moderne Gläschen mit Babybrei haben erst in der Neuzeit Einzug gehalten.

Die Ziege gehört nicht nur in Form von Fleisch zur kanarischen Küche, vielmehr ist der Ziegenkäse eine vielfach preisgekrönte lokale Spezialität. Es gibt ihn in verschiedenen Varianten, als frischen Weißkäse, geräuchert oder mit einem Paprikamantel. Das Zentrum der Käseherstellung ist Valsequillo im Hinterland der Ostküste. Ziegenkäse wird zu Wein und Brot gegessen oder auf den Grill gelegt und mit Mojo oder Honig serviert. Der Olivenanbau ist erst im Laufe des letzten Jahrzehnts gewachsen und bringt inzwischen ein ganz hervorragendes Olivenöl hervor.

Ganz schön fruchtig

Auf Gran Canaria wachsen bekannte Früchte wie Aprikosen, Pfirsiche, Feigen, Mandeln und natürlich Bananen, aber auch Exoten wie Sternfrucht, Melonenbirne, Cherimoya und Kaki. In den höheren Lagen sind sogar Apfel-, Birnen- oder

S. 196/197: Olivenöl aus Gran Canaria wird sogar von Gourmetköchen geschätzt. Unbedingt probieren!
Oben: Typisch kanarisch: Frischer Fisch mit Runzelkartoffeln und roter Mojo (Sauce)

Lebendiges Stadtleben im Geschäftsviertel Triana in Las Palmas. Nach dem Einkaufsbummel wird eingekehrt.

seltener Kirschbäumchen anzutreffen. Die Ziegenhochburg Valsequillo ist für ihre aromatischen Erdbeeren bekannt. Relativ neu ist die Kultivierung von Himbeeren. Die Früchte, die auf Gran Canaria angebaut werden, werden direkt verkauft oder zu interessanten Likören, Marmeladen, Saucen oder anderen Köstlichkeiten verarbeitet. Ursprünglich zur Zucht der Cochenillelaus wurde der Feigenkaktus aus Amerika eingeführt. Diese Pflanze ist inzwischen weitverbreitet und wächst wild. Die Kaktusfeigenfrucht, *higo pico*, wird von den Einheimischen gern gegessen. Zwar sind die vielen Körnchen im Inneren etwas gewöhnungsbedürftig, aber mit Joghurt vermischt ist ihr Verzehr weitverbreitet – nicht zuletzt, weil sie gesund und als cholesterinsenkend bekannt ist. Wer aufmerksam über Bauernmärkte schlendert, findet bestimmt so manche Spezialität, die er noch nie zuvor probiert hat. Nur Mut, greifen Sie zu – Gran Canarias kulinarische Verlockungen schmecken sehr lecker!

In der La Quesera gibt es verschiedene Käsesorten. Berühmt ist Santa María de Guía aber für den cremigen Queso de Flor.

Der Norden

37 Santa María de Guía
Käse und Kunsthandwerk

Die Gemeinde Santa María de Guía liegt im Nordwesten von Gran Canaria und ist noch ein echter, charmanter Geheimtipp. Der Ort bezaubert mit dem ältesten Stadtkern der Insel und pflegt mit Hingabe seine Kultur und tief verwurzelten Traditionen. Auf Gran Canaria ist Santa María de Guía nicht nur die Hauptstadt des Kunsthandwerks, sondern auch die Produktionsstätte der Käsespezialität Queso de Flor.

Lebendige Geschichte

Wer sich für Geschichte begeistert, für den ist Santa María de Guía ein wunderbares Schatzkästchen. Der Ort gehörte einst zur Nachbargemeinde Gáldar und ist seit 1526 eigenständig. In jener Zeit siedelten sich in Santa María de Guía vor allem wohlhabendere Familien an, die sich so vom gemeinen Volk etwas absondern wollten. Heute ist der Ort stolz auf seinen großartig erhaltenen alten Stadtkern, der auf der gesamten Insel seinesglei-

Kunsthandwerk aus Santa María de Guía. Hier eine Holzmanufaktur mit Souvenirladen

GUT ZU WISSEN

WEIT AB VOM SCHUSS

Zugegeben: Wer im Süden Urlaub macht, für den ist ein Ausflug nach Santa María de Guía eine echte Tagestour. Nur für den historischen Ort scheint der Aufwand vielleicht ein bisschen groß, doch der Weg lohnt sich. Zudem kann man den Ausflug hervorragend mit der Besichtigung weiterer Sehenswürdigkeiten verbinden, wie dem Getreidespeicher Cenobio de Valerón und dem archäologischen Museum in der Nachbargemeinde Gáldar.

chen sucht und seit 1982 unter Denkmalschutz steht. Einige der Häuser wurden schon vor Jahrhunderten erbaut. Für das besondere Flair sorgt die typisch kanarische Architektur. Deren charakteristische Elemente sind unter anderem zentrale Haustüren und Holzbalkone, die mit Steinen verziert sind. Symmetrische klassizistische Bauwerke stehen im Kontrast zu den eher funktionalen Häusern der einfachen Bevölkerung. Neben schönen Wohnhäusern sieht man hier auch beeindruckende Sakralbauten, so die Pfarrkirche Santa María de Guía und die Kapelle San Roque oberhalb des historischen Stadtkerns. Hinter den wunderbaren historischen Fassaden der Altstadt ist in Santa María de Guía das traditionelle Kunsthandwerk zu Hause. In kleinen Läden und Werkstätten kann man hochwertige Erinnerungsstücke kaufen. Zum Stöbern lädt jeweils dienstags und sonntags von 8.30 Uhr bis 13 Uhr ein lohnender Kunsthandwerkermarkt an der Plaza Grande vor dem Rathaus ein.

Sehenswürdigkeiten in der Altstadt

Das älteste Haus ist die Casa de Quintana aus dem 17. Jahrhundert. Das imposante Haus im Mudejar-

Einfach gut!

QUESO DE FLOR AUS SANTA MARÍA DE GUÍA

Eine berühmte Spezialität aus Santa María de Guía ist der »Blumenkäse« Queso de Flor. Die köstliche, cremige Delikatesse wird hauptsächlich aus einer Mischung aus Schaf- und Kuhmilch sowie einem geringen Anteil Ziegenmilch gewonnen. Die Milch wird mit Artischocken- oder Distelblüten zum Gerinnen gebracht, was dem Käse seinen Namen und seinen charakteristischen Geschmack verleiht. Danach reift der Käse etwa 22 Tage in einem Holzfass aus Tea-, Nuss- oder Kastanienholz. Anhand der geometrischen Muster, die man später auf dem ausgereiften Käse sieht, kann man die verschiedenen Käsereien unterscheiden. Diese besondere Käsesorte wird außerdem noch in Gáldar und Moya hergestellt. Das unbestrittene Käsezentrum ist und bleibt jedoch Santa María de Guía. Der Käse wird in Läden in der Gegend, in den Käsereien oder auf den Bauernmärkten verkauft. Alljährlich im Mai findet zudem ein großes Käsefest statt.

Die Dorfkirche Santa María de Guía trägt den gleichen Namen wie der Ort.

Nicht verpassen

ÁREAS RECREATIVAS

Die Áreas Recreativas, eine Art öffentliche Grillplätze, werden vor allem an den Wochenenden und in den Ferien gern für Treffen im Familien- und Freundeskreis genutzt: Jeder bringt etwas mit, nicht selten werden Trommeln und Gitarren ausgepackt, man musiziert gemeinsam und verbringt einen vergnüglichen Tag. Diese Áreas Recreativas liegen meist an landschaftlich reizvollen Stellen, haben einen Spielplatz und manchmal auch einen Zeltplatz. Bei Santa María de Guía gibt es die Área Recreativa del Barranco de Moya, am Monte Pavón 28, nahe der Küste. Große Bäume spenden Schatten, während man es sich auf Holzbänken gemütlich macht.

Über die GC-700 erreicht man außerdem in den Bergen die Área Recreativa de Santa Cristina, ein Naturschutzgebiet, in dem neben dem kanarischen Heidekraut auch alte Lorbeerbäume und Pinien gedeihen. Besonderer Beliebtheit erfreut sich das Gebiet bei Wanderern und Pilzsuchern.

Stil steht direkt an der Plaza Mayor de Guía gegenüber der Kirche. In unmittelbarer Nähe findet man das historische Rathaus und in der Calle San José 9 ein kleines Museum zu Ehren des Komponisten und Dichters Néstor Álamo (1906–1994), der in diesem Haus geboren wurde. Heute ist es dem Leben und Wirken des Poeten gewidmet, dessen Lieder in ganz Spanien berühmt sind. Ein weiterer großer Künstler, der in Santa María de Guía geboren wurde, ist José Luján Pérez (1756–1815). Der Bildhauer und Architekt hinterließ in den Kirchen der gesamten Insel mit Skulpturen und Gemälden seine künstlerischen Spuren. In der hiesigen Pfarrkirche Santa María, die 1836 eingeweiht wurde, sind der Altar sowie die Figur des gekreuzigten Christus Werke des berühmten Meisters. Der Altar vereinbart zwei Kunstepochen. Der zentrale Teil repräsentiert den Stil des späten Barocks. Der Hochbau im klassizistischen Stil wurde von Luján Pérez im Jahr 1799 geschaffen. Die Kirche selbst ist ebenfalls im klassizistischen Stil gebaut, den imposanten Eindruck ihrer Fassade unterstreichen zwei charakteristische Türme, die die Vorderfassade flankieren. In einer Nische hinter dem Altar kann man die Virgen de Guía sowie mehrere sakrale Kunstgegenstände,

Santa María de Guía

Historischer Rundgang mit Einkaufsbummel

In Santa María de Guía kann man einen besonders schönen Rundgang durch die Altstadt unternehmen und mit einem Einkaufsbummel verbinden.

Sehenswert sind sowohl die historischen Häuser und Fassaden als auch die verschiedenen Kunsthandwerksgeschäfte in der Altstadt. Im Tourismusbüro erhält man handliche kleine Stadtpläne, die einen auf diesem Rundgang begleiten. Schautafeln weisen immer wieder auf die Besonderheiten hin.

Bekannte Erzeugnisse des lokalen Handwerks sind unter anderem die handgeschnitzten Messer. Sie haben eine etwa 15 bis 20 Zentimeter lange Klinge und einen Griff aus Horn und Metall. Darüber hinaus bieten Korbflechter und Töpfer ihre Waren an. Vasen, Schüsseln, Obstschalen, Kerzenhalter oder auch Wandschmuck sind originelle und zugleich nützliche Souvenirs. Einen guten Ruf haben auch die Trachtennäherinnen und Stoffmaler, die Schreiner und Schnitzer. Vom Möbelstück über Holzbalkone bis zu feinen Schnitzereien reicht die Warenpalette der »Holzmeister«. Auch ein Stückchen des bekannten Käses oder eines besonderen Feingebäcks muss man probieren. Dazwischen lässt sich der Besuch des Museums oder der Pfarrkirche einschieben – ein wunderbares Programm für ein paar schöne Stunden in diesem interessanten historischen Ort.

Einige empfehlenswerte Adressen:

A Laden – Käse von Guía

B Bäckerei – typisches Feingebäck

C Werkstatt – kanarische Messer

D Holzschnitzereien

E Töpferladen

F Traditionelle Trachten und Kostüme

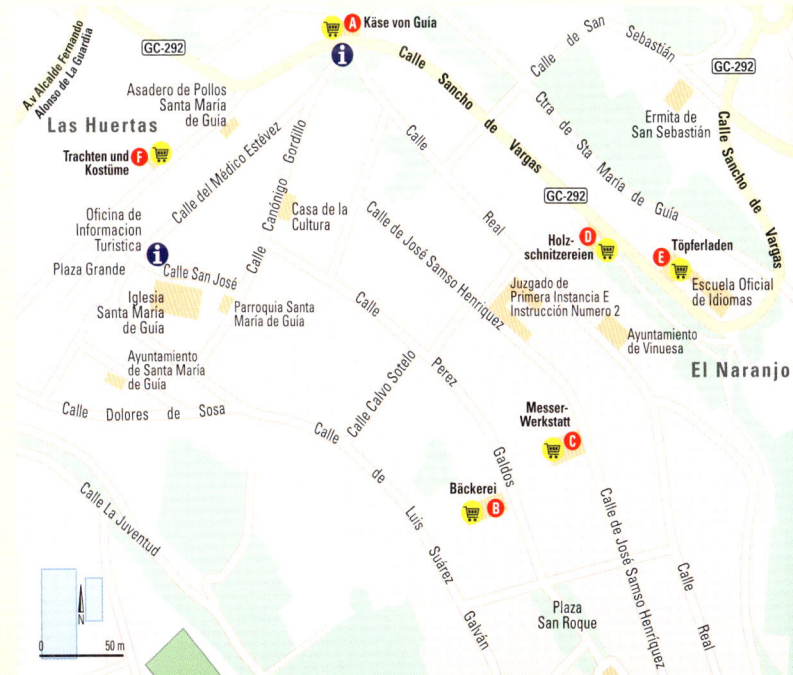

Der Norden

unter anderem die prunkvollen Mäntel der Madonna, bewundern. Ein interessanter Blickfang ist außerdem die hölzerne Kanzel von Eduardo Gregorio, die zahlreiche pflanzliche Motive schmücken. Ein echtes Meisterwerk.

Oberhalb der Altstadt ist die kleine Kapelle San Roque einen Besuch wert. Sie wurde im 16. Jahrhundert im typisch kanarischen Stil aus Kalk und Naturstein erbaut.

Strände von Santa María de Guía

Obwohl die Gemeinde doch in erster Linie landwirtschaftlich geprägt ist, gehört zu ihrem Gebiet ein rund sechs Kilometer langer Küstenabschnitt zwischen Caleta de Soría im Westen und San Felipe im Osten. Der einsame Sandstrand von San Felipe am Ostende ist über einen eigenen Zugang leicht erreichbar und wird in erster Linie von Einheimischen und kaum von Urlaubsgästen frequentiert. Nicht nur zum Baden und Sonnen eignet sich dieses Fleckchen Küste. Beliebt ist es auch bei Windsurfern, die dort häufig den perfekten Wind in den Segeln genießen. Von den Steilklippen herab kreisen Paraglider auf den Luftströmungen wie Möwen zwischen Land und Wasser. In der Nähe des Strandes findet man freundliche einheimische Restaurants.

Oben: Santa María de Guía mit seiner typisch kanarischen Altstadt
Unten: Aufwendig gearbeiteter Balkon an historischer Fassade

In Roque Prieto lockt zwar kein klassischer Strand, aber dafür ein ganz besonderes Naturschwimmbad. Atlantik und Vulkanstein haben dort natürliche Becken geschaffen, in denen man gefahrlos baden gehen kann. Lediglich bei richtig hohem Wellengang ist natürlich auch hier Vorsicht geboten. Auch an diesem Strand wird man kaum auf ausländische Badegäste treffen. Dafür ist es ein Ort, an dem Lokalkolorit spürbar ist.

Santa María de Guía

Infos und Adressen

Allein die hübsche Altstadt von Santa María de Guía ist einen Besuch wert.

SEHENSWÜRDIGKEIT

Museo Nestór Álamo. Museum über die Musik auf den Kanaren im Geburtshaus von Nestór Álamo. Er war ein Literat, Historiker und Komponist. Gleichzeitig beherbergt das Museum das lokale Tourismusbüro. Mo–Sa 10–15 Uhr, Calle San José 9, Santa María de Guía, Tel. 928 55 30 43, www.museonestoralamo.com

Virgen de Guía. Die Nische der Heiligenfigur in der Pfarrkirche Santa María ist Mi–Sa 10–14 Uhr geöffnet.

ESSEN UND TRINKEN

El Rifeño. Das gute Restaurant an der Küste nahe der Playa San Felipe bietet Abwechslung mit nordafrikanischen Spezialitäten in schönem Ambiente. Barrio de San Felipe 74, Tel. 928 55 61 62, www.actiweb.es/elrifeno

Tiscamanita. Das kanarische Restaurant in der Altstadt bietet nahe der Kirche eine angenehme Atmosphäre, gute Küche und als Spezialitäten Käse aus Guía sowie Blutwurstbällchen mit Tomatenmarmelade. Calle Lomo Guillén 6, Tel. 928 88 24 62, www.rodasorio.com

ÜBERNACHTEN

Albergue Juvenil San Fernando. Die Jugendherberge für Gruppen und Individualreisende ist kostengünstig, einfach, aber sauber und modern eingerichtet, bietet Sportplätze und Pool sowie 70 Gruppen- und 10 Einzelplätze. Avenida de la Juventud, Tel. 928 89 65 55-1177, 928 88 36 81

Casa Los Escobones. Das rund 100 Jahre alte Ferienhaus im Parque Doramas in den Bergen bietet traditionelle Architektur, Panoramablick und Unterkunft für 6 Personen. Der ideale Ausgangspunkt für Wanderungen. Barranco del Pinar 18, Montaña Alta/Santa María de Guía, Tel. 646 27 39 38, www.losescobones.com

Casa Lucianita. Das mehrfach ausgezeichnete kanarische Ferienhaus für 6 Personen lockt auf einer Finca in den Bergen mit gemütlicher Stein-Holz-Architektur und Jacuzzi. Tel. 928 39 01 69

EINKAUFEN

Kunsthandwerkermarkt. Di und So 8.30–13 Uhr. An der Plaza Grande vor dem Rathaus

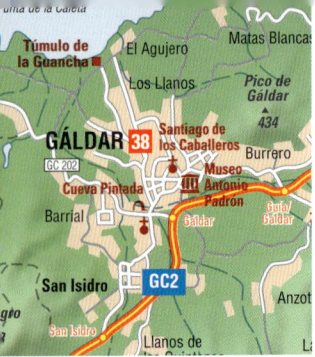

Der Norden

38 Gáldar
Der Sitz der Könige

Schon zu Zeiten vor der spanischen Eroberung gehörte Gáldar zu den am dichtesten bevölkerten Gebieten Gran Canarias. Hier, am Fuß des 440 Meter hohen Pico de Gáldar und in unmittelbarer Nähe zum Atlantik, lag die Hauptstadt des Königreichs im Nordwesten der Insel. Dessen letzter altkanarischer Herrscher, Tenesor Semidán, spielte eine wichtige Rolle bei der Eroberung und wurde unter dem Namen Fernando Guanarteme berühmt.

Gáldar leitet sich vom altkanarischen Agaldar, der »Königlichen Stadt«, ab. Der Name zeigt, dass Gáldar als altkanarische Stadt bereits vor der spanischen Eroberung 1484 eine bedeutende Rolle spielte. Zahlreiche Wohnhöhlen, Häuser, Kultstätten und eine gute Infrastruktur charakterisierten die Siedlung – Gáldar war sozusagen das nördliche Pendant zu Telde im Süden Gran Canarias. Beide waren große Siedlungen in strategisch wichtiger Lage. Der spanische Geistliche, Gelehrte und

Mitte: Die Kirche Santiago de los Caballeros in Gáldar
Unten: Denkmal für Fernando Guanarteme in Gáldar – viele Ureinwohner betrachteten ihn als Verräter.

GUT ZU WISSEN

DER ERSTE EINDRUCK TÄUSCHT

Zugegeben: Wer nichts über Gáldar weiß und von der Schnellstraße aus lediglich den kargen Hügel sieht, an dem die Häuschen kleben, verspürt im ersten Moment nicht das Bedürfnis, den Ort näher kennenzulernen. Doch sollte man der ehemaligen »königlichen Stadt« mit bedeutender Vergangenheit eine zweite Chance geben, denn Gáldars Altstadt ist wirklich zauberhaft und das archäologische Museum ist ein echtes Highlight, dessen Besuch auf jeden Fall lohnt.

Schriftsteller José Viera y Clavijo bezeichnete Gáldar in seinen *Noticias de la Historia General de las Islas Canarias* (1772/73) als die »Metropole der Insel«.

Der letzte altkanarische Herrscher, Tenesor Semidán, wurde samt seiner Familie von spanischen Soldaten unter Führung von Pedro de Vara im Schlaf überrascht und festgenommen. In der Folge spielte der Feldherr einen taktisch klugen Schachzug: Er unterwarf den König nicht, sondern hofierte ihn. Man brachte ihn sogar an den spanischen Hof, wo er sich von Prunk und Glanz beeindrucken ließ und ganz auf die Seite der Eroberer wechselte. Tenesor Semidán ließ sich daraufhin auf den Namen Fernando Guanarteme taufen. Im politischen Bereich handelte er mit den Spaniern 1481 die Carta de Calatayud aus, die den Altkanariern die Freiheit versprach. Obwohl sich einige Widerstandskämpfer unter Tasarte neu formierten und in den Untergrund gingen, gelang den Spaniern die restlose Eroberung der Insel. Guanarteme selbst wurde von den meisten seiner ehemaligen Anhänger als Verräter angesehen. Persönlich führte er viele seiner widerspenstigen Untertanen in die Sklaverei. Wegen seiner Schlüsselrolle bei der spanischen Eroberung der Insel

Nicht verpassen

ARCHÄOLOGIE-MUSEUM CUEVA PINTADA

Das hochinteressante Museo y Parque Arqueológico Cueva Pintada in der Innenstadt umfasst eine altkanarische Siedlung, die aus über 50 Häusern und künstlichen Höhlen bestand. Die Behausungen stammten aus dem 6. bis 16. Jahrhundert. Seit 1987 finden hier gezielt Ausgrabungen statt, das Museum schützt die Originalstätten. Hauptattraktion ist die namengebende Höhle, deren Wände mit geometrischen Figuren bemalt sind. Ein Rundweg führt durch die authentischen Relikte einer vergangenen Zeit. Wohnhöhlen, Kochstellen, die letzten Mauerreste alter Häuser sowie Trampelpfade zwischen den Häusern lassen das Leben der Altkanarier lebendig werden. Den Eindruck vertiefen die Ausstellungsstücke und ein Dokumentarfilm.

Museo y Parque Arqueológico Cueva Pintada. Di–Sa 9.30–20 Uhr, So/Feiertage 11–20 Uhr, Calle Audiencia 2, Tel. 928 89 54 89, www.cuevapintada.com

Der Norden

ES WIRD GEFEIERT …

Im Jahresverlauf werden in der historischen Innenstadt von Gáldar einige Fiestas gefeiert, so z.B. das Fest der Heiligen Lucía im Dezember. Das traditionelle Schauspiel zu Ehren der Heiligen Drei Könige im Januar wurde sogar zum regionalen Kulturgut erklärt. Und auch Karneval wird in Gáldar gefeiert. Die größten Feste der Gemeinde finden jedoch zu Ehren ihres Schutzpatrons Santiago de los Caballeros am 18. Mai statt, und am 25. Juli zu Ehren des heiligen Jakobus, der auf Spanisch Santiago heißt. Letzteres umfasst ein mehrwöchiges Programm, zu dem prächtige Umzüge mit Ochsenkarren und Folklore, eine Blumenschlacht, die Krönung der Guayarmina und Feuerwerk gehören. Wer zu dieser Zeit auf der Insel ist, sollte sich vor Ort ein Festprogramm besorgen. Neben den religiösen Festen liebt man in Gáldar auch sportliche Ereignisse. Regelmäßig werden hier Wettkämpfe im kanarischen Ringkampf Lucha Canaria ausgetragen und im Sommer Surfmeisterschaften an den Stränden El Agujero und Bocabarranco.

Geheimtipp

schätzten die Spanier den ehemaligen Herrscher sehr. Seine majestätische Büste ist an der Plaza del Faycán zu bewundern.

Die Bedeutung Gáldars zu Zeiten der Canary unterstreichen wichtige archäologische Funde. Im Museo y Parque Arqueológico Cueva Pintada erhält man einen Einblick in das Leben der Menschen vor der Eroberung. Unter anderem wurden Wohnhöhlen, Wege und sogar eine Höhle, die Kultzwecken diente, überdacht und so in das historisch-anthropologische Museum integriert. Darüber hinaus gibt es an der Küste und in den Bergen bemerkenswerte Siedlungen und Grabhügel. Das Andenken an die Vorfahren wird in Gáldar bis heute mit Stolz bewahrt. So tragen etwa viele Straßen und Plätze im Ort Canary-Namen.

Sehenswürdigkeiten im Ortskern

Gáldars markantes Wahrzeichen ist der 440 Meter hohe Vulkankegel Pico de Gáldar, der weithin sichtbar an der Küste aufragt. Äußerlich gleicht er dem Teide (3718 Meter) auf Teneriffa, Spaniens höchstem Berg. Bei klarer Sicht sehen die beiden Kegel von Weitem aus wie Brüder. Aus der Nähe wirkt der Pico de Gáldar mehr wie ein schmutziger »Sandhaufen«, aber er ist ja auch nicht die Hauptattraktion Gáldars. Die sieht man, wenn man die Skulptur der drei Prinzessinnen am Ortseingang passiert hat: die bezaubernde Altstadt. Seit 1981 steht der alte Kern unter Denkmalschutz.

Für Kunstfreunde ein »Muss« ist die Iglesia Santiago de los Caballeros an der Plaza de Santiago. Die dreischiffige Kirche wurde nach Plänen des Architekten Diego Nicolás Eduardo am Standort des Palasts des letzten Guarnarteme erbaut. Nach der Grundsteinlegung am 23. Mai 1778 sollte die Vollendung der Kirche bis zum Jahr 1826 dauern.

Das Leben lässt sich in vollen Zügen in einem Straßencafé auf der Plaza de Santiago genießen.

Gáldar

Rundgang

Von Weitem sieht der Ort wenig einladend aus, doch die zauberhafte Altstadt von Gáldar ist auf jeden Fall einen Besuch wert.

Ⓐ Museo y Parque Arqueológico Cueva Pintada – In dem archäologischen Museum sind Original-Fundstätten zu besichtigen.

Ⓑ Teatro Municipal – Das Stadttheater ist der kulturelle Mittelpunkt der Stadt.

Ⓒ Ayuntamiento – Das klassizistische Rathaus beherbergt eine prähispanische Sammlung.

Ⓓ Plaza de Santiago – Auf dem schönem Platz mit Brunnen, Andentannen und Lorbeerbäumen findet donnerstags der Markt statt.

Ⓔ Iglesia Santiago de los Caballeros – Die Kirche war das erste klassizistische Bauwerk auf der ganzen Insel. In ihrem Inneren sind beeindruckende Kunstschätze und eine deutsche Orgel zu bewundern.

Ⓕ Casa-Museo Antonio Padrón – Das interessante Kunstmuseum residiert im ehemaligen Wohnhaus des großen kanarischen Malers Antonio Padrón.

Ⓖ Mercado Municipal – In der städtischen Markthalle ist jeder Tag ein Markttag. Bauern und Händler aus der Region bieten hier ihre frischen Waren feil. Ein fabenfrohes Spektakel für alle Sinne!

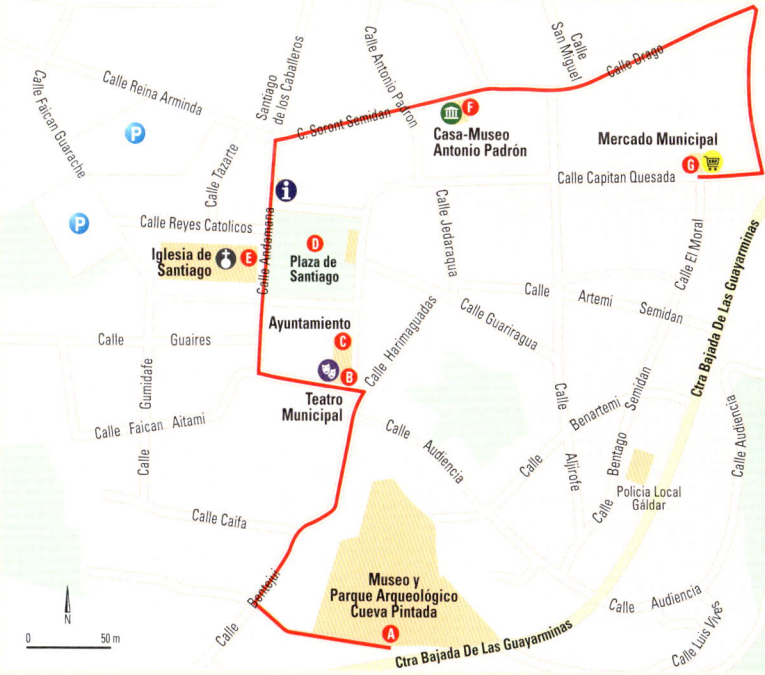

Oben: Exponate im Museum Museo Antonio Padrón
Mitte: Der Dragobaum im Innenhof des Rathauses von Gáldar
Unten: Blick zum bizarr-kunstvollen Dach des Theaters

Die Iglesia Santiago de los Caballeros gilt als erstes klassizistisches Bauwerk auf Gran Canaria und zählt zu den wichtigsten architektonischen Denkmälern der Insel. Auffällige Elemente sind vor allem der gelbe Naturstein, aus dem die Kirche gebaut ist, sowie die beiden 35 Meter hohen Türme, die die Vorderfront flankieren. Im Inneren trennen 38 Säulen die drei Schiffe, blickt man nach oben in die luftige Höhe der Kuppel, es werden in 15 kleinen Kapellen oder Nischen verschiedene Heilige angebetet. Zu den zahlreichen wertvollen Kunstwerken gehören auch Arbeiten von José Luján Pérez. Besonders stolz ist man auf eine deutsche Orgel, die 1926 nach Gáldar gebracht wurde. Mit ihren 1500 Pfeifen kann sie 4700 Töne erzeugen. Das angeschlossene Museum für sakrale Kunst zeigt unter anderem ein grünes Taufbecken aus dem 16. Jahrhundert sowie Bilder und Skulpturen bedeutender kubanischer, spanischer und kanarischer Künstler.

Die Plaza de Santiago vor der Kirche gilt als einer der schönsten Stadtplätze auf den Kanarischen Inseln. Umgeben von vier riesigen Andentannen (Araukarien) und indischen Lorbeerbäumen plätschert hier ein romantischer Brunnen. Jeden Donnerstagvormittag findet auf der Plaza ein Markt statt – lokale Produkte einkaufen kann man zudem in der städtischen Markthalle. Gleich neben der Plaza bewahrt das klassizistische Rathaus hinter

Gáldar

seiner historischen Fassade eine Sammlung prähispanischer Exponate sowie das Bildnis der Virgen de la Vega. Der mächtige Drachenbaum im Innenhof, bereits 1718 in Aufzeichnungen erwähnt, ist wohl einer der ältesten der Insel. Neben dem Rathaus steht das Teatro Municipal (1912).

Casa-Museo Antonio Padrón

Ein weiteres Ziel für Kunstfreunde in der Altstadt ist das Casa-Museo Antonio Padrón. Der große kanarische Maler Antonio Padrón wurde am 22. Februar 1920 in Gáldar geboren. Nach einem Kunststudium in Madrid und dem Unterricht bei großen Künstlern seiner Zeit kehrte er in seine Heimatstadt zurück. Padróns Stil ist expressionistisch, jedoch mit ganz eigenen Ausprägungen. Im Mittelpunkt seiner Werke stehen prähispanische Elemente, die kanarische Folklore, Traditionen und Mystik. Warme, vulkanische Farben wie Ockergelb und Rot sind charakteristisch. Im Casa-Museo in Gáldar kann man unter anderem *Magische Kanaren*, *Der Regen*, *Die Kindheit* und das unvollendete letzte Bild *Piedad* (»Frömmigkeit«) bewundern. An Letzterem arbeitete Padrón bis kurz vor seinem Tod am 8. Mai 1968.

Eindruck aus dem Museo Antonio Padrón

Infos und Adressen

SEHENSWÜRDIGKEITEN
Iglesia Santiago de los Caballeros. Tgl. 9–20 Uhr, Sonntagsmesse 9 und 11 Uhr, Plaza de Santiago

Museo Antonio Padrón. Mo–Fr 9–14 Uhr, Tel. 928 55 18 58, Calle Drago 2

ESSEN UND TRINKEN
La Tasca de Juan Pedro. Einheimisches Lokal in der Altstadt mit einer sehr guten Inselküche.
Plaza Santiago 12, Gáldar,
Tel. 636 67 56 36

La Tasca La Cuarta. Ideal mit einem Stadtbummel und Museumsbesuch kombinierbar. Abwechslungsreiche Karte, Terrasse. Plaza Santiago 10, Gáldar, Tel. 630 13 23 25

La Bodeguita Ca Juancri. Perfekte Tapas-Bar, lockere Atmosphäre, leckeres Essen.
Calle Tagoror 1, Gáldar,
Tel. 928 89 74 15

ÜBERNACHTEN
La Hacienda De Anzo. Das sehr hübsche kleine Stadthotel im kanarischen Stil sorgt mit antikem Flair, Garten und Pool für entspannte Urlaubstage. Calle Pablo Díaz, 37,
Tel. 928 55 16 55,
www.lahaciendadeanzo.com

INFORMATION
Tourismusbüro. Plaza de Santiago 1,
Tel. 928 89 58 55,
www.galdar.es

EINKAUFEN
Markthalle. Mercado Municipal.
Mo–Sa 7–13 Uhr, Fr auch 16–19 Uhr
Straßenmarkt. Do 8–14 Uhr,
Plaza de Santiago

Der Norden

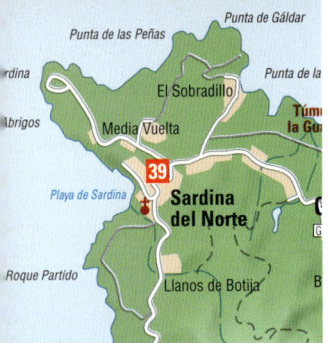

39 Sardina del Norte
Geheimtipp im Nordwesten

Sardina del Norte liegt an der Nordwestspitze von Gran Canaria. Hier findet man keine »großen«, beeindruckenden Attraktionen, doch gerade dies ist die Stärke des reizenden Fischerortes. In dem reizenden Dorf mit schöner Badebucht vor steiler Felskulisse trifft man hauptsächlich Einheimische und kaum Touristen an. Im versteckt gelegenen Sardina del Norte scheint die Zeit stillzustehen.

Sardina del Norte ist eigentlich ein Ortsteil von Gáldar. Nur wenige Autominuten liegen zwischen dem historischen Städtchen und dem Fischerdorf an der Küste, und doch scheinen Welten zwischen beiden Orten zu liegen. Bis heute weiß man nicht genau, woher der Name Sardina kommt. Möglicherweise stammt er von einem portugiesischen Kapitän, der hier im 17. Jahrhundert mit seinem Schiff geankert haben soll, vielleicht aber auch reichen seine Wurzeln bis in die Zeit der Altkanarier zurück. Die Canary fischten mit einer beson-

Mitte: Ein Geheimtipp – der malerische Hafen von Sardina del Norte, ganz im Nordwesten der Insel
Unten: Der Leuchtturm an der Playa de Sardina weist den Schiffen den Weg um die Nordwestkante der Insel.

GUT ZU WISSEN

DAS KANN MAN SICH ERSPAREN
Manchmal werden die Playa de Agujero oder weitere historische Fundstätten wie einfache Siedlungen und Grabstätten im Barranco La Guancha empfohlen. Allerdings sind diese nicht gut erhalten und größtenteils auch nicht zugänglich. Den Weg kann man sich sparen, wenn man das Museo y Parque Arqueológico Cueva Pintada in Gáldar besucht. Außerdem ist die Playa de Agujero insofern kein guter Tipp, weil sie zuweilen mit Fäkalien verunreinigt ist.

Sardina del Norte

deren Fangtechnik. Sie trieben Sardinen- und andere Fischschwärme zusammen, betäubten sie mit dem Gift von Wolfsmilchgewächsen und sammelten dann die Fische einfach ein. An der Küste von Sardina del Norte wurde einst die Nichte des damaligen altkanarischen Königs von Gáldar, die schöne Tenesoya, bei einem Bad mit ihren Hofdamen von den Spaniern überwältigt. Man verschleppte sie nach Lanzarote, taufte sie auf den Namen Luisa und verheiratete sie mit Maciot II de Bethencourt. Als wenig später eine Gruppe junger Christen in Gáldar gefangen genommen wurde, tauschte man Tenesoya gegen diese Gefangenen aus. Doch die junge Canary und der Spanier hatten sich so unsterblich ineinander verliebt, dass sie nicht mehr ohne einander leben wollten. Eines Nachts entfloh Tenesoya aus dem von Hunden bewachten Palast in die Arme ihres Mannes, und gemeinsam flohen sie über den Atlantik. Auch eine andere bedeutende Persönlichkeit ist mit Sardina del Norte verbunden. Im August 1492 sollen hier Schiffe der Flotte von Christoph Kolumbus vor Anker gelegen haben, ehe sie Richtung Amerika den Atlantik überquerten. An dieses Ereignis erinnert heute ein Monolith.

Zauberhaftes Sardina del Norte

Bunte, vor sich hindümpelnde Fischerboote und am Wochenende ein reges Treiben – dies ist das Erste, was man sieht, wenn man sich der wenig bekannten Bucht mit dem kleinen Fischerhafen in Sardina del Norte nähert. Zu ihrer malerischen Kulisse tragen zudem imposante Felswände bei, die auch noch für ein weiteres Faszinosum in der Bucht sorgen: Einige der netten Restaurants hier sind Höhlenhäuser – hinter ihren Fassaden speist man im »Bauch« des Berges. Bei einem Restaurantbesuch kann man nachvollziehen, wie es sich in einem solchen Höhlenhaus lebt. Diese Erfah-

Geheimtipp

UNTERWASSER-ABENTEUER

Für Taucher fast ein Muss ist die Unterwasserwelt vor der Küste von Sardina del Norte, einer der schönsten Tauchgründe Gran Canarias. Vulkangestein und eine artenreiche Tier- und Pflanzenwelt formen hier eine faszinierende Unterwasserlandschaft: Seeanemonen, die ihre kräftig bunten »Blüten« präsentieren, Rochen, Engelshaie, Seepferdchen … Um dieses Paradies zu erkunden, muss man nicht tief abtauchen: Es liegt nur zwölf bis 18 Meter unter der Wasseroberfläche. Die Tauchgänge können leicht von der Mole aus gestartet werden, sodass man noch nicht einmal ein Boot braucht. Dadurch ist das Gebiet selbst für Tauchanfänger perfekt geeignet, zumal eine Tauchschule vor Ort Kurse anbietet und das nötige Equipment verleiht. Regelmäßig werden Unterwasser-Fotowettbewerbe durchgeführt, zudem ist ein Projekt geplant, in dessen Rahmen Skulpturen auf dem Meeresboden versenkt werden. Diese Art Kunstmuseum wurde von Künstlern wie Jason de Caires populär gemacht.

Engelhaie sind ungefährliche Zeitgenossen. Sie vergraben sich gern im Sand auf dem Meeresboden.

Der Norden

rung sollte man sich nicht entgehen lassen. Die Bucht lockt mit einem wunderschönen Sandstrand und fast ganzjährig mit einer sanften Brandung. Hier kann man fast immer baden, und vor allem Familien mit Kindern wissen das ruhige Wasser und das überschaubare Strandleben zu schätzen. Romantiker dürfen sich mit ein bisschen Glück auf einen traumhaften Sonnenuntergang freuen.

Wer den Blick geradeaus über den Atlantik richtet, kann bei klarer Sicht bis auf die Nachbarinsel Teneriffa blicken. In Sardina del Norte gibt es sozusagen die letzte Mahlzeit vor Teneriffa. Aber um richtig gut zu essen, bleibt man am besten gleich vor Ort. Rund um die Bucht liegen mehrere kleine, typisch einheimische Restaurants, die mit herrlichen Düften locken. In diesem Fischerdorf am Atlantik liegt es auf der Hand, dass hier frischer Fisch und Meeresfrüchte die Spezialitätenliste anführen. Mit der Fischertradition eng verknüpft sind auch die Feste des Dorfes, so beispielsweise die *romeria* für San Telmo und *Nuestra Señora del Carmen* im Juli.

Der Leuchtturm von Sardina

Wer auf dem Weg zur Bucht der GC-202 folgt, stößt kurz vor Sardina auf die Abzweigung zum Leuchtturm von Sardina. El Faro, wie er auf Spanisch heißt, steht schmuck in strahlendem Rot-Weiß auf der nordwestlichsten Landzunge. Dort wirft er sein Licht auf den Ozean hinaus, um den Seeleuten den sicheren Weg um die Nordwestspitze der Insel zu weisen. Im Gegensatz zur geschützten Bucht von Sardina lassen die Naturelemente ihrem Temperament hier freien Lauf. Deshalb ist man an der Spitze meist von hohen Wellen und einer steifen Brise umgeben. Perfekt, um sich den Kopf durchpusten zu lassen und neuen Ideen Platz zu machen.

Oben: Scharfkantige Klippen an der Playa de Sardina
Unten: Besonderes Erlebnis: essen in einem Höhlenrestaurant am Hafen von Sardina del Norte

Sardina del Norte

Infos und Adressen

ESSEN UND TRINKEN

Emiliano. Dieses einfache Lokal mit Terrasse liegt sozusagen »auf der anderen Seite«, nordöstlich des Leuchtturms am Strand und Naturbecken Bocabarranco. Auf der inseltypischen Karte stehen vor allem Fisch und Tapas. Playa Bocabarranco, Agujero/Gáldar

La Ancla. Das bei Einheimischen und Tauchgruppen beliebte Restaurant mit großer Terrasse serviert Typisches wie frischen Fisch, Fischkroketten und Paella. Avenida Alcalde Antonio Rosas, Tel. 928 55 14 96

La Cueva. Dies ist ein sehr empfehlenswertes Höhlenrestaurant, das direkt an der Bucht typische einheimische Küche serviert. Der Service ist freundlich, das Essen preiswert. Besonders schmackhaft sind die Fischspezialitäten und die hausgemachten Desserts. Avenida Antonio Rosas 80, Tel. 928 88 02 36

La Fragata. Das sehr gute Lokal mit Terrasse und Panoramafenster liegt am Ende der Hafenpromenade direkt am Atlantik und ist bekannt für seine Fischspezialitäten und Reisgerichte mit Meeresfrüchten. El Muelle s/n, Tel. 928 88 32 96

ÜBERNACHTEN

Apartamentos Faro Sardina. Das Haus mit mehreren Ferienwohnungen ist ideal für einen idyllischen Urlaub. Calle Alcala Galiano, Tel. 928 17 11 12

AKTIVITÄTEN

Tauchen. Buceo Norte. Das Tauchzentrum bietet Kurse für Anfänger und Fortgeschrittene und bildet Tauchlehrer aus. Es organisiert Tauchausflüge direkt vor Ort oder in andere Tauchgründe und verleiht Tauchausrüstungen.
Avda. Alcalde Antonio Rosas 46, Tel. 928 88 38 07, www.buceonorte.com

Speisen im Bauch des Berges

DIE MITTE

40 La Vega de San Mateo
Fruchtbare Täler und erhabene
Bergspitzen   218

41 Valsequillo
Stadt des Käses und des Teufelshundes   224

42 San Bartolomé de Tirajana
Eine Gemeinde wie ein Kontinent   230

43 Santa Lucía de Tirajana
Schauplatz von Legenden   236

44 Roque Nublo
Die vulkanische Majestät   240

45 Tejeda
Das versteinerte Gewitter   246

46 Artenara
Gran Canarias höchstes Dorf   250

Die Mitte

40 La Vega de San Mateo
Fruchtbare Täler und erhabene Bergspitzen

Nur 21 Kilometer von Las Palmas entfernt, fühlt man sich in La Vega de San Mateo wie in eine andere Welt versetzt. Eingebettet in grüne Hügel und Wälder und umgeben von mächtigen Kastanienbäumen bildet die ländliche Idylle der Ortschaft einen starken Kontrast zum urbanen Getriebe der Metropole. Direkt vor den Toren der pulsierenden Stadt bietet La Vega de San Mateo Erholung in grüner Umgebung.

Bereits zu Zeiten der Eroberung war das Gebiet des heutigen La Vega de San Mateo besiedelt. Damals hieß der Ort in der Sprache der Altkanarier Atiacar (später Utiaca). Regiert wurde der Landstrich vom altkanarischen Herrscher Auteiga. Die erste christliche Kapelle wurde in der Gegend um 1652 gebaut. Ab 1736 tauchte der Ort in den Annalen der Insel auf, anfangs noch in Verbindung

Vorangehende Doppelseite: Blick vom Pico de las Nieves – im Hintergrund der Teide auf Teneriffa
Mitte: Die Dorfkirche von La Vega de San Mateo
Unten: Das Leben in Vega de San Mateo geht seinem gemächlichen Gang.

GUT ZU WISSEN

EIN ZIEL FÜR AKTIVE NATURFREUNDE
La Vega de San Mateo ist ruhig, sehr beschaulich und äußerst ländlich. Wer Abwechslung, ein großes kulinarisches Angebot oder ein reges Nachtleben sucht, ist gut beraten, ein anderes Urlaubsdomizil zu wählen. Der Ort ist ein Ziel für Naturfreunde, Aktivsportler oder Wanderer, die möglichst unverfälschte Natur und Ruhe suchen und dem bisweilen recht kühlen Wetter nicht so viel Bedeutung beimessen – denn vor allem im Winter kann es hier richtig frisch werden.

Vom Pico de las Nieves genießt man den Weitblick.

Einfach gut!

mit dem benachbarten Santa Brígida. Die heutige Kirche San Mateo wurde im Jahr 1800 errichtet und seitdem mehrmals erweitert. 1824 wurde La Vega de San Mateo unter König Fernando VII. offiziell als eigenständige Gemeinde anerkannt. Strategische Bedeutung besaß der Ort vor allem durch das Wasser des Barranco Guiniguada und weiterer Schluchten in der Umgebung. Da der Zugang zu Wasser damals wichtiger als Landbesitz war, kam es in diesem Zusammenhang immer wieder zu Konflikten. Ende des 18. Jahrhunderts ernannte man deshalb einen Wasser-Bürgermeister, der als Vermittler bei Streitigkeiten um die Wasserverteilung fungierte.

1851 wurde La Vega de San Mateo von einer Cholera-Epidemie heimgesucht, 40 Jahre später brachten die Pocken vielen Bewohnern den Tod. 1914 beschloss die damalige Inselregierung den Bau einer Straße und ließ die erste Telefonleitung in das Bergtal verlegen. Nach dem Zweiten Weltkrieg wurde 1946 die erste öffentliche Schule des Ortes eingeweiht. Noch heute ist La Vega de San Mateo für die üppige Schönheit der umgebenden Natur und einen ländlichen Lebensstil bekannt. Die Landwirtschaft spielt noch immer eine große Rolle.

PICO DE LAS NIEVES

Mitten im größten Naturschutzgebiet Gran Canarias reckt sich der Pico de las Nieves 1950 Meter der Sonne entgegen. Die Kugel, die auf dem Berg auffällig weiß glänzt, ist eine militärische Beobachtungsstation zur Überwachung des Luftraums. Davon sollte man sich jedoch nicht abschrecken lassen, denn vom Pico de las Nieves genießt man einen unbeschreiblichen Panoramablick. Ringsum sieht man die Dünen im Süden, den Krater von Tirajana, den Roque Nublo und bei klarer Sicht sogar den majestätischen Vulkan Teide auf der Nachbarinsel Teneriffa. Fährt man in Richtung Pozo de las Nieves um den Stützpunkt herum, kann man auf der Rückseite den Blick in die andere Richtung über die wildromantischen Täler und die bizarr zerklüftete Bergwelt im Osten schweifen lassen. Der Pozo de las Nieves ist einer der wenigen verbliebenen Brunnen aus dem 17. Jahrhundert. Sie wurden früher mit gepresstem Schnee gefüllt, sodass sich darin Eis bis in den Sommer hielt.

Die Mitte

La Vega de San Mateo heute

La Vega de San Mateo ist noch heute ein beliebter Ort, den die Bewohner der nahen Hauptstadt gern für eine Auszeit in der freien Natur nutzen. Die Möglichkeiten für Outdoor-Sportarten reichen hier vom Wandern und Klettern bis zum Reiten und Mountainbiken. Ganz Wagemutige stürzen sich beim Puenting, einer Art Bungeejumping, das sich aber in der Technik von diesem etwas unterscheidet, von Brücken.

Wer von Las Palmas aus der GC-15 folgt, lässt schon nach einer knappen halben Stunde das geschäftige Leben der Stadt hinter sich und taucht in eine ländliche Idylle ein, in der die Sinne vom Rauschen der Bäume und dem Duft von Pinien und Eukalyptusbäumen betört werden.

Der alte Ortskern ist eine Mischung aus verschiedenen Baustilen, an denen sich die Entwicklung des Dorfes im Laufe der Jahrzehnte nachvollziehen lässt. Neoklassizistische Architektur ist hier genauso zu finden wie Gebäude im typischen Stil der Nachkriegszeit oder der Moderne. Dennoch wirkt das Dorf harmonisch. Besondere Schmuckstücke sind die Kirche Iglesia de San Mateo, die Kapelle Ermita de Lourdes sowie die Plaza Alameda de Santa Ana mit dem alten Quiosco de la Música und dem Rathaus. Direkt hinter dem Rathaus führt der schmale Fußweg Calle La Caldereta zu einem Aussichtspunkt, der einen herrlichen Panoramablick auf die umliegenden Berge gewährt. Die Berge und die Ausrichtung nach Norden sorgen dafür, dass die Passatwolken gegen die Berge gedrückt werden und kondensieren. Gleichzeitig entsteht durch die Tallage vor allem am Abend eine Art Föhn. Die Wolken steigen auf der einen Seite des Tals auf und sinken auf der gegenüberliegenden Bergseite wieder ab. Dadurch entsteht

Oben: Idyllisch schlängelt sich die Bergstraße B zwischen Vega de San Mateo und Valsequillo.
Mitte: Nostalgie zum Anfassen – eine alte Dampfmaschine in Vega de San Mateo
Unten: Ein alte Gofio-Mühle in Vega de San Mateo

La Vega de San Mateo

der laue Luftzug. Dieses »Wolkenmeer«, das *mar de nubes*, ist für das feucht-kalte Klima des Gebiets im Winter verantwortlich. Selbst Schnee oder Graupel sind dann auf den höchsten Bergspitzen keine Seltenheit. Im Sommer hingegen kann sich die Hitze im Tal stauen.

Das Bergdorf Vega de San Mateo liegt zwischen Terrassenfeldern, die sich an den umliegenden Berghängen staffeln. Der fruchtbare Boden und der Wasserreichtum sind bis heute der größte Schatz der hiesigen Landwirte. Bekannt sind das frische Obst und Gemüse, der Honig, Wein und Ziegenkäse aus der Region. Auf dem beliebten Bauernmarkt bieten die Bauern aus der Region jeden Samstag und Sonntag Frisches zum Kauf an.

La Caldereta

La Caldereta ist der alte Gründungskern von San Mateo, von dem aus das Dorf sich entwickelte. Der Name bezieht sich auf die kleine Caldera eines Vulkans unterhalb des Dorfes. Typische kanarische Häuser mit zwei Stockwerken und charakteristischem Ziegeldach bestimmen das Gesicht von La Caldereta. Die wichtigsten Gebäude sind das alte Kino, das Jugendzentrum Casa de la Juventud sowie ein restauriertes kanarisches Wohnhaus, das zu einem Kunstzentrum umfunktioniert wurde und heute den Ausstellungssaal La Caldereta beherbergt. Zusammen mit dem Taller José Marti, einem Gebäude aus dem frühen 19. Jahrhundert in der Calle Principal, bildet es das kulturelle Zentrum des Ortes.

Naherholungsgebiete

Rund um Vega de San Mateo liegen entlang der Straße zum Pico de las Nieves zahlreiche Aussichtspunkte. Von diesen Miradores reicht der

Oben: Produkte aus der Region füllen die Stände des Wochenendmarktes in Vega de San Mateo.
Mitte: Duftende Kräuter auf dem Bauernmarkt
Unten: Verschiedene Honigsorten versüßen den Urlaub oder sind ein nettes Mitbringsel.

Die Mitte

Blick von La Vega de San Mateo bis an die Nordwestküste oder in Richtung Süden. Des Weiteren findet man Grillplätze in freier Natur, die bei den *canarios* sehr beliebt sind. Dort laden Holzbänke, gemauerte Grillstellen und oft auch Kinderspielplätze zum Picknicktag ein. Nur wenige Kilometer hinter dem Dorf stößt man auf der Fahrt in Richtung Berge auf den Picknickplatz La Lechucilla. Mitten im Kastanienwald tankt man dort die Akkus auf und lässt den Alltag eine Weile hinter sich. Hoch oben bei Cueva Grande ist die Zona recreativa de los Llanos de Ana López der am höchsten gelegene Picknickplatz der Region. Man erreicht ihn über die GC-15, der man bis Cruz de Tejeda folgt. Von dort muss man nur noch rund fünf Kilometer auf der GC-150 zurücklegen, bis man zum Pico de las Nieves gelangt. Der Platz ist von Pinien umgeben und bezaubert mit seiner Waldatmosphäre. Ein großer Spielplatz macht ihn zum beliebten Ausflugsziel für Familien.

Fiestas in Vega de San Mateo

Wenn in der ersten Maihälfte die Virgen de Fátima gefeiert wird, sind die Straßen des historischen Ortskerns etwa eine Woche lang von einem Blumenteppich bedeckt. Im Juni erinnert man im Ortsteil La Lagunetas mit der Fiesta del Indiano an die zahlreichen *canarios*, die im 18. Jahrhundert nach Kuba auswanderten. Am ersten Sonntag im August beherrschen beim »Bauernfest«, der Fiesta del Agricultor, traditionelle Aktivitäten wie das Dreschen des Getreides das Geschehen. Das größte und wichtigste Fest findet zu Ehren von San Mateo Apóstol am 21. September statt. Schon während des ganzen Monats ranken sich zahlreiche Aktivitäten rund um diesen Feiertag. Die wichtigsten Ereignisse sind der große Erntedankumzug, die *romería*, sowie eine Viehschau und ein traditionelles Pferderennen.

Oben: Canarios lieben es, ihre Häuser in bunten, leuchtenden Farben zu streichen.
Unten: Ein Tänzchen in Ehren …

La Vega de San Mateo

Infos und Adressen

ESSEN UND TRINKEN

Bar Guiniguada. Das typisch kanarische Restaurant mit Lokalkolorit bietet sehr gute Hausmannskost und günstige Preise. Straße von San Mateo nach Teror, bei KM 3 (Utiaca), Vega de San Mateo. Tel. 928 66 06 41

Grill El Labrador. Die Spezialitäten des Restaurants in einem alten kanarischen Gebäude sind Fisch und Fleisch vom Grill. Calle Cueva Grande 29 (an der GC-600), Vega de San Mateo, Tel. 902 57 08 54

La Veguetilla. Das stilvolle, elegante Restaurant in einem klassischen kanarischen Haus mit Garten serviert moderne spanische und regionale Küche und als Spezialitäten Lamm, Secreto Ibérico sowie Fischgerichte. Sehr gute Weinkarte.
Calle Tinamar 49, Vega de San Mateo, Tel. 928 66 07 64

Besonders charmantes Landhotel, das in einem alten Landhaus untergebracht ist. Es verströmt einen zeitlosen Charme.

ÜBERNACHTEN

Albergue de Camaretas. Diese Herberge in den Bergen wird vor allem tageweise von jungen Aktivurlaubern genutzt. Kontakt über Vivacaventura: Calle Virgen del Pilar 32, Lokal 8, Las Palmas, Tel. 928 41 32 82, www.vivacaventura.com

Hotel Rural Las Calas. Dieses kleine Landhotel in einem restaurierten Anwesen aus dem 19. Jahrhundert gefällt mit antiken Möbeln, modernem Komfort und arabischen Einflüssen. Calle El Arenal 38, La Lechuza/San Mateo, Tel. 928 66 14 36, www.hotelrurallascalas.com

AKTIVITÄTEN

Outdoor-Sport. Vivacaventura. Calle Virgen del Pilar 32, Lokal 8, Las Palmas, Tel. 928 41 32 82, www.vivacaventura.com

Reiten. Centro Hípico de San Mateo. Zufahrt über den Mirador Montaña Cabreja gleich nach La Vega. Tel. 928 66 19 32, www.centrohipicosanmateo.blogspot.com

Antike Möbel schaffen in dem Landhotel Ambiente. Hier warten süße Urlaubsträume darauf, geträumt zu werden.

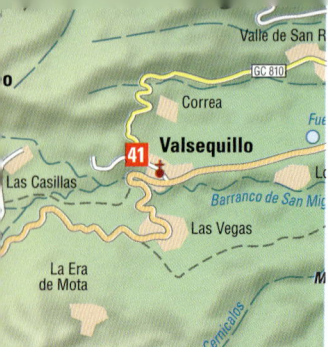

Die Mitte

41 Valsequillo
Stadt des Käses und des Teufelshundes

Valsequillo ist die selbsternannte Wanderhauptstadt der Insel. Durch die umliegenden fruchtbaren Barrancos und am Vulkankrater Caldera de los Marteles erstreckt sich ein ganzes Netz gut ausgebauter, unterschiedlich schwieriger Wanderrouten. Unterwegs passiert man je nach Weg und Jahreszeit blühende Mandelhaine, blau blühende Natternköpfe, duftende Erdbeerfelder oder Kirschbäume mit üppigen Früchten.

Das wasserreiche und fruchtbare Tal von Valsequillo war schon zu Zeiten der Eroberung von Altkanariern besiedelt, die den Spaniern heftigen Widerstand leisteten. Die Eindringlinge trugen jedoch den Sieg davon und begannen selbst, das Gebiet landwirtschaftlich zu nutzen. Die prähispanischen Höhlen im Barranco von San Miguel geben ein letztes Zeugnis von der Lebensweise der Canary, deren Kultur mit der Eroberung ein jähes Ende fand. Wo einst eine wichtige altkanarische

Mitte: Die Kirche von Valsequillo ist dem Erzengel Michael gewidmet.
Unten: Bei Motorradfahrern ist das kurvige Hinterland der Insel für Ausflugsfahrten sehr beliebt.

GUT ZU WISSEN

WARTEN AUF DEN HUND
Wanderer finden im Umland von Valsequillo ihr Eldorado mit interessanten und sehr unterschiedlichen Touren. Wer kein Naturliebhaber ist und mit Wandern nichts am Hut hat, für den herrscht hier zumindest so lange »tote Hose«, bis der »teuflische Hund« in der lustig-gespenstischen Feier am 28. September freigelassen wird. Dann ist Valsequillo mit seinem einmaligen Fest wirklich für jeden eine Attraktion.

Valsequillo

Kult- und Opferstätte auf der Montaña del Helechal lag, genießt man heute vom Aussichtspunkt Mirador de Helechal den herrlichen Blick auf die Gemeinde und die umliegenden Schluchten und Täler. Zu den heutigen Kulten in Valsequillo gehören unter anderem das einzigartige Fest La Suelta del Perro Maldito (»Die Freilassung des verdammten Hundes«) und die Hexentänze in der Nacht von Johanni.

Das Dorf Valsequillo

Das Gemeindegebiet von Valsequillo erstreckt sich in einer Höhe von rund 300 Metern über dem Meeresspiegel bis hinauf auf etwa 1800 Meter. Das Landschaftsbild variiert je nach Höhenlage. Oft verschwindet das Dorf im *mar de nubes*, dem Wolkenmeer, das durch die Passatwinde verursacht wird.

Valsequillo gehörte lange Zeit zum benachbarten Telde, bis es 1802 zu einer eigenständigen Gemeinde erklärt wurde. Noch heute versprüht die Ortschaft mit den typisch kanarischen Häusern dörflichen Charme. Ihre Kirche Iglesia de San Miguel wurde zwischen 1903 und 1923 am Standort einer kleinen Friedhofskapelle von etwa 1670 errichtet, die ebenfalls dem Erzengel Michael geweiht war. In ihrem alten Taufbecken aus grünem Sevilla-Porzellan wurden schon die ersten altkanarischen Konvertiten getauft. Es stand ursprünglich in der Kirche San Juan in Telde und wurde später an Valsequillo abgetreten. Weitere zentrale Elemente der Ausstattung sind die Skulptur des San Miguel el Chico aus dem 17. Jahrhundert und vor allem die große Statue des Erzengels aus dem Jahr 1804. Der große schwarze Hund, der Michael zu Füßen liegt, symbolisiert das Böse. Mit Ketten hat ihn der Erzengel fest im Griff – ein Sinnbild des uralten Kampfes der guten Mächte

Einfach gut!

ALLES KÄSE

Besonders bekannt ist Valsequillo für seinen hervorragenden und vielfach ausgezeichneten Ziegenkäse und für seine Käsesorten aus verschiedenen Milcharten. Sie werden als Weichkäse, *queso blanco*, halbreifer oder reifer Käse, manchmal auch geräuchert, mit Paprika oder Gofio bestäubt angeboten. Der kanarische Ziegenkäse zeichnet sich durch seinen leichten Geschmack aus. Neben den großen Produzenten, die viele kanarische Supermärkte beliefern, findet man auch kleinere lokale Betriebe, die ihren Käse noch immer nach alter Tradition zubereiten.

Quesos Las Cuevas. Ziegen-Rohmilchkäse. Calle La Rajilla 2, Valsequillo
Quesos Los Risquetes. Käse aus Ziegen- und Schafmilch. Calle La Culata 8, Valsequillo
Quesos Empleita. Halbreifer und reifer Käse aus Ziegenmilch und Käsekuchen. Calle El Roque Grande 4A, Valsequillo
Qesoso Roque Grande. Käse aus Ziegen- und Schafmilch. Calle El Roque Grande 3, Valsequillo
Lokale Erzeugnisse kann man teils direkt vom Hersteller oder jeden Sonntagvormittag auf dem Bauernmarkt erstehen.

Die Mitte

LA SUELTA DEL PERRO MALDITO

Nicht verpassen

La Suelta del Perro Maldito, das Fest des freigelassenen, verdammten Hundes, wird nur in dieser Gemeinde gefeiert. Das einzigartige Spektakel findet stets in der Nacht vom 28. auf den 29. September statt. Der Hund symbolisiert dabei das Böse oder den Teufel, der nach den Seelen der Menschen trachtet. Der archaische Kampf beginnt genau um Mitternacht. Eine gespenstische Stimmung macht sich breit, wenn plötzlich alle Lichter ausgehen. Auf der Bühne auf der Plaza San Miguel spielt sich dann ein wahres Drama ab, kämpft doch der Erzengel Michael für die Menschen gegen den Fürsten der Dunkelheit. Von allen Seiten strömen nun dunkle Stelzenläufer, Feuerschlucker, geheimnisvolle Magier und andere Furcht einflößende Freunde Luzifers auf den Dorfplatz, und zunächst scheint Satan zu siegen. Er markiert die Seelen der Menschen mit einem Regen aus Blättern, Mehl und Schaum. Am Ende siegt aber doch das Licht. Dieser Moment wird mit einem gigantischen Feuerwerk von der Montañeta del Anís gefeiert. Das Licht geht wieder an, und das ganze Dorf tanzt bis in die Morgenstunden.

La Suelta del Perro Maldito. Die Nacht, in der der Teufel und fürchterliche Wesen unterwegs sind, vom 28. auf 29. September. Genaue Infos, auch zum Rahmenprogramm, auf der Webseite der Gemeinde: www.valsequillogc.es

Gerne trifft man sich auf der Plaza vor der Kirche zu einem Schwätzchen.

gegen das Böse. Die Statue ist ein Werk des kanarischen Bildhauers Luján Pérez, der auch den Christus am Kreuze schuf. Die sehenswerte Figur der Virgen del Rosario ist hingegen flämischen Ursprungs und wird auf die Zeit der Eroberung datiert. Das kostbare Gemälde, das San Jerónimo darstellt, taucht schon 1889 in der Inventarliste der alten Kapelle auf. Wertvolle Kunstwerke beherbergt auch die städtische Bibliothek, die nach dem Schriftsteller Benito Pérez Galdós benannt ist. Dort ziehen fünf polychrome Holzskulpturen flämischer Schule die Blicke auf sich. Sie stellen Klara von Assisi, die Heiligen Lucia, Catalina, Bernhard und Johannes den Großen dar.

Valsequillo

Ruta del Tajinaste Azul in Tenteniguada

Die kanarischen Kiefern haben besonders lange Nadeln, an denen Feuchtigkeit aus der Luft kondensiert.

INFORMATIONEN
Start-/Endpunkt: Calle El Pino, Rincón Tenteniguada
Ziel: Presa de la Cumbre

Zum Startpunkt, der hundertjährigen Pinie in der Calle El Pino in Rincón Tenteniguada, gelangt man entweder mit dem Auto oder mit der Buslinie Global 13. Von hier aus folgt man der Calle El Toril und biegt an deren Ende gen Süden in die Calle La Casa Nueva ein. An deren Ende wiederum folgt man links der Calle El Majorero bis zur Kreuzung Calle La Rajilla. Dort hält man sich erneut links, bis man eine Kreuzung mit einem großen Kastanienbaum erreicht. In der Calle Las Peñas weist neben einem Haus mit Natursteinen das Schild »Caldera de los Marteles« die Richtung. Etwa zwei Stunden dauert der Aufstieg auf den Kraterkamm. Auf der Carretera de Cazadores–Cruz de Tejeda angekommen, geht es ungefähr noch einmal einen Kilometer lang bergauf bis zum Stausee Presa de la Cumbre. Dort hält man sich auf einem Sandweg nordöstlich und beginnt den Abstieg über den Camino de la Pasadera.

Ein ganz besonderes Erlebnis ist eine Wanderung im Barranco Tenteniguada übrigens zwischen Januar und April, denn dann blüht hier der seltene Blaue Natternkopf, der *Tajinaste azul*. Die Blüten tauchen die Landschaft in ein kräftig blaues Blütenmeer, in dem ab und an weiße und rosa Tupfen erstrahlen. Diese wunderschöne Pflanze ist nur auf Gran Canaria heimisch und mittlerweile leider vom Aussterben bedroht, darum wird sie streng geschützt. Sie wächst ausschließlich in einer Höhe von rund 450 bis 1500 Metern über dem Meeresspiegel und wird bis zu 3,5 Meter hoch.

Die Mitte

Außerhalb von Valsequillo steht im Ortsteil El Colmenar die Häusergruppe El Cuartel de El Colmenar aus dem Jahr 1530. Die denkmalgeschützte Anlage gilt als wichtigstes architektonisches Kulturerbe der Gemeinde. In den Gemäuern dieses einstigen Standorts einer spanischen Kavallerietruppe wurde der Vater des Schriftstellers Benito Pérez Galdós geboren.

Beeindruckende Landschaft

Das Umland von Valsequillo prägen Berge und Schluchten, die zum Teil von Bächen durchzogen werden. Eine besonders markante Landmarke ist der Vulkankrater Caldera de Teneniguada mit seinen Felsen Roque Saucillo, Los Picachos, Roque Jincado, Roque del Pino sowie den Roques de Teneniguada, die auch einfach »großer Fels« genannt werden. Das dunkle Gestein ist ein vulkanisches Agglomerat, das im Laufe der Zeit zu auffälligen Formen erodierte.

In der Caldera de Teneniguada fließt das ganze Jahr über frisches Quellwasser. Die benachbarte Caldera de Los Marteles hat einen Durchmesser von rund 500 Metern und ist etwa 80 Meter tief. Fruchtbarkeit und Leben spendendes Nass charakterisieren diese ungewöhnliche Landschaft, in der noch immer Landwirtschaft und Viehzucht dominieren. Die Region ist das führende kanarische Erdbeeranbaugebiet, zudem wachsen hier Kirschen, Aprikosen, Pflaumen, Birnen, Äpfel, Guaven, Zitrusfrüchte und vor allem Mandeln, die in der heimischen Küche allgegenwärtig sind. Wild wachsende Magnolien, Olivenbäume, endemische Pflanzen wie die Holzartige Maiblume (*Pericallis hadrosoma*) und der *Tajinaste azul* genannte Blaue Natternkopf, letzte Bestände des Lorbeer-Urwaldes und Palmenhaine tragen zu einem einzigartigen Naturerlebnis bei.

Oben: Kiefernwald im Pinar de Tamadaba
Unten: Die Mandelblüte verwandelt das Tal im Frühling in ein zauberhaftes Blütenmeer.

Valsequillo

Infos und Adressen

Honig und Marmelade werden vor Ort hergestellt und verkauft.

ESSEN UND TRINKEN

Asador El Quinque. Spezialität des rustikalen Restaurants ist Fleisch aus der Region vom Holzkohlengrill. Avenida de los Almendros 44, La Barrera/Valsequillo, Tel. 928 57 10 17

Tasquita El Escondite. Einfaches, kleines, sehr uriges Lokal mit hervorragender Hausmannskost. Av. Juan Carlos I 9, Valsequillo, Tel. 928 70 54 36

Monzón. Das direkt an der Plaza San Miguel gelegene Restaurant überzeugt mit kanarischem Flair und einheimischer Küche mit Spezialitäten aus der Region, z. B. Kroketten mit Spinat und Nüssen. Plaza San Miguel 3, Valsequillo, Tel. 928 70 50 43

ÜBERNACHTEN

Casa El Palmito. Das ländlich in den Bergen gelegene Ferienhaus für sechs Personen bietet 3 Schlafzimmer, 2 große Terrassen mit Traumblick und einen Whirlpool. Calle El Cardón, Valsequillo, Tel. 928 24 99 80, www.casaruralelpalmito.com

Finca Casa de la Virgen. Die Finca mit zwei gemütlichen Ferienhäusern für 4 oder 6 Personen liegt direkt im Wandergebiet. Barranco de la Virgen, Valleseco, Tel. 630 07 46 13

Villa Elena. Das rustikale, kanarische Ferienhaus für sechs Personen mit Pool und Sonnenterrasse steht mitten in einer Zitrusfinca etwa zwei Kilometer von Valsequillo entfernt. Calle El Laderón 16, Las Vegas/Valsequillo, Tel. 928 36 23 09

INFORMATION

Tourismusbüro. Punto de Información Turística de Valsequillo, Mo–Do 9–16 Uhr, Calle León y Castillo 2, Valsequillo, Tel. 928 70 50 11-04 11

Die Mitte

42 San Bartolomé de Tirajana
Eine Gemeinde wie ein Kontinent

Wo sich mitten in den Bergen viele der uralten Königswege kreuzen, liegt San Bartolomé de Tirajana zwischen schroffen Felsen und Schluchten. Das versteckte Kleinod am Barranco de Tirajana gehört zu Gran Canarias größter Flächengemeinde und ist darüber hinaus für den Fremdenverkehr von herausragender Bedeutung: Von diesem Bergdorf aus wird der größte Teil des touristischen Südens verwaltet.

Rund 333 Quadratkilometer groß ist die Gemeindefläche von San Bartolomé de Tirajana – und außerordentlich vielfältig. Das Gebiet umfasst die Dünen in Maspalomas, trockene und fruchtbare Barrancos, reicht hinauf bis zu den markanten Gipfeln der Berge und bildet mit seiner abwechslungsreichen Landschaft gleichsam einen Minikontinent.

GUT ZU WISSEN

EIN ORT DER RUHE
Nur wegen der Ortschaft lohnt ein Ausflug nach San Bartolomé de Tirajana nicht. Der Ort selbst ist eher unscheinbar und hat Besuchern außer Ruhe wenig zu bieten. Wer jedoch auf dem Weg in den Nationalpark ist, ein Refugium der Ruhe inmitten von Natur und Geschichte sucht oder gern zum Wandern geht, ist hier gut aufgehoben. Auch zu den Festen oder zu einer Einkehr empfiehlt sich ein Besuch. Besonders schön ist das Gebiet zur Zeit der Mandelblüte im Januar und Februar.

Das einsame Bergdorf San Bartolomé de Tirajana mit den Bergen im Hintergrund ist die größte Gemeinde der Insel. Von hier aus werden die großen Touristenzentren im Süden verwaltet.

San Bartolomé de Tirajana

Ihren Wohlstand und ihre herausragende Rolle in der touristischen Entwicklung Gran Canarias verdankt die Gemeinde den bedeutenden Urlaubszentren Maspalomas, Playa del Inglés, Meloneras, San Agustín und Bahía Feliz am Atlantik. Zu den turbulenten Ferienorten an der sanft geschwungenen, trockenen Küste bilden die Bergdörfer rund um das Zentrum von San Bartolomé de Tirajana einen extremen Kontrast.

Hier oben findet man Ruhe, schroffe Felswände und fruchtbare Felder. In dieser grünen Bergwelt gab es schon vor der Eroberung der Insel die altkanarische Siedlung Tunte, der Dorfname lebt in dem Weiler Hoya de Tunte weiter. Damals gehörte die Region zu Telde und wurde von dem Herrscher Bentejuí regiert. Es war neben Tirma eines der geheiligten Rückzugsgebiete der Insel.

Genau an dieser Stelle, die heute als *Hoya de Tunte* bekannt ist, stand einst ein riesiger Vulkan, dessen Ausbruch den heutigen Krater hinterließ. Vor allem auf der Südseite wurden die Flanken durch den Wind und Erosion abgeschliffen. An der Nordwand gibt es weniger Angriffsfläche. Dort trennt das Amurga-Massiv die beiden Barrancos de Fataga und Tirajana.

Wer von Süden her in Richtung Tirajana aufbricht, schlängelt sich auf Serpentinen über den Barranco de Fataga bis hinauf in die ländliche Einsamkeit. Dort begegnet man dem einfachen Leben, der Gastfreundschaft der *canarios* und den kulturellen Wurzeln der Insel. Die Gegend ist bekannt für ihre Palmenhaine und Obstplantagen, in denen Zitrusfrüchte, Kirschen, Pflaumen, Aprikosen und Pfirsiche wachsen. Das traditionelle Kunsthandwerk wird hier gepflegt, und so findet man in der Region noch Korbmacher, Keramikkünstler und Frauen, die die alten Häkel- und Sticktechniken beherrschen.

Nicht verpassen

STAUSEE CUEVA DE LAS NIÑAS

Mitten in den Bergen auf einer Höhe von rund 1000 Metern befindet sich der Stausee, Embalse de la Cueva de las Niñas. Obwohl es in der Bergwelt mehrere solcher künstlichen Seen gibt, in denen das Wasser bei Regen aufgefangen wird, ist dieser See bei den Höhlen der Mädchen besonders schön. Am Ufer findet man eine gepflegte Anlage mit Bänken und Tischen aus Stein. Egal, ob man zu Fuß, per Rad, Motorrad oder Auto in diese Idylle kommt, man hat sofort Lust, am Ufer des Sees die Seele ein wenig baumeln zu lassen. Zur Anlage gehören außerdem ein Kiosk, gemauerte Grillplätze und sanitäre Anlagen. Wer sich nicht mit einer kleinen Pause zufrieden geben möchte, kann sogar sein Zelt aufschlagen und den klaren Sternenhimmel genießen. Allein unterm Himmelszelt – an diesem Ort kommt man der Vorstellung recht nah. Die maximale Campdauer beträgt eine Woche. Allerdings muss man sich vorher beim Umweltschutzamt anmelden.

Campingplatz. Reservierung über das Umweltschutzamt, Tel. 922 219 229 oder über E-Mail oiac@grancanaria.com

Die Mitte

Das Dorf

Geheimtipp

EIN AUSFLUG IN DIE GESCHICHTE

Am 24. August 1479 brachten die Altkanarier den spanischen Eroberern in einer blutigen Schlacht in der Caldera eine herbe Niederlage bei. Die spanischen Invasoren flehten damals den heiligen Bartholomäus um Hilfe an. Aus dieser Zeit stammen der Name des Ortes und der Feiertag des Schutzheiligen Bartholomäus. Etwa ein Jahr später war die gesamte Insel dem spanischen Königshaus unterworfen. Zahlreiche Altkanarier, die sich nicht den Spaniern ergeben und den Rest ihres Lebens als Sklaven fristen wollten, zogen sich auf den Berg Ansite zurück, der letzten Bastion des Widerstands. Als sie erkannten, dass es keine Rettung für sie gab, stürzten sie sich 1484 zu Hunderten von dem Felsen in den Tod. In der Folge wurde die Region die Heimat von Fischern, die sich an der Küste ansiedelten, und von Hirten und Bauern in den Bergen. Erst als der Tourismusboom zu Beginn der 1960er-Jahre einsetzte, änderte sich das Leben im Süden der Insel grundlegend.

Mitten in den Bergen schmiegt sich San Bartolomé de Tirajana eher unscheinbar in seinen kleinen Kessel. Kleine weiße Häuser im typisch kanarischen Baustil, die Kirche San Bartolomé, das Rathaus und die dazugehörige Plaza bilden das Zentrum des Dorflebens. Auf der Plaza trifft man sich, um die alten Feste gemeinsam zu feiern. Jeden Sonntag ist dort auch Markt, wo man unter anderem Spezialitäten wie den Kirschlikör Guindilla und den Mejunje aus Honig, Rum und Zitrone kosten und kaufen kann. Die Pfarrkirche mit dem Altarbild des heiligen Bartholomäus ist ein dreischiffiger Bau mit Rundbögen aus Holz im Mudejar-Stil. Ihr Bau wurde zwar schon 1690 begonnen, aber erst 1922 vollendet. Noch in den 1950er-Jahren war sie die einzige Kirche der gesamten Gemeinde. Sowohl aus den nur wenig besiedelten Küstenorten wie auch aus den umliegenden Bergweilern musste man die Toten mühsam hierher tragen, um sie zu bestatten. Die stärksten Männer sattelten dazu eine Art Transportsarg auf ihre Schultern und nutzten die alten Königswege oder die Pfade, auf denen sich schon die Altkanarier fortbewegt haben.

Rund um den Ort in den Bergen liegen kleine Weiler – in diesen *caserios* führen die Menschen ein einfaches, bäuerliches Leben. Touristen, die länger bleiben, findet man in San Bartolomé eher selten. Die meisten besuchen den Ort auf der Durchreise, wenn sie in den Nationalpark Roque Nublo fahren. Beliebt ist die Bergwelt dank ihrer gut ausgebauten Wege aber auch bei Wanderern, Mountainbikern und Reitern, die das Glück auf dem Rücken der Pferde suchen. Die Landschaft ist bekannt für ihre vielfältige endemische Flora und Fauna. Beste Voraussetzungen, um sich diesen Teil der Insel wandernd zu erobern.

Typische Gasse im Bergdorf San Bartolomé de Tirajana. Größer könnte der Kontrast zum Trubel an der Küste nicht sein.

San Bartolomé de Tirajana

Wanderung von Stausee zu Stausee

Der rund fünf Kilometer lange Wanderweg vom Stausee Presa de Chira zur Presa de Soria beginnt an der Staumauer am südlichen Ende der Presa de Chira. Zunächst führt er etwa 260 Meter an der Staumauer entlang, dann orientiert man sich nach links beziehungsweise Westen. Über einen kleinen Kanal gelangt man zu einem kleinen Stausee, der über eine schmale Mauer überwunden wird. Auf einer Sandpiste geht es bergauf und dann etwa einen halben Kilometer westlich weiter, bis man an eine Kreuzung gelangt. Dort weist ein Hinweisschild den Weg in Richtung Presa de Soria. Folgt man ihm, lässt man rechter Hand ein paar Wochenendhäuschen in Lomo de la Palma liegen: Der Weg führt bergab, an einer Schmalstelle vorbei und bis nach Morro del Convento. Von dort hat man schon eine herrliche Aussicht auf den Stausee. Weiter bergab trifft man auf Paso de la Galana

und wandert tief in den Barranco hinein auf die andere Seite – eine Wanderung durch ein echtes Naturparadies. Etwa 15 Meter vor der Mauer des Stausees hält man sich rechts auf der Route 13. Auf ihr überquert man die Staumauer. Auf der Westseite des Staubeckens lockt die gemütliche Casa Fernando zur wohlverdienten Einkehr.

Wanderer im Kiefernwald am Cruz Grande

Die Mitte

Natur und Geschichte

Die Reserva Natural Especial de Los Marteles kann man von jedem Punkt in der Caldera de Tirajana aus bewundern. Es handelt sich um einen rund 400 Meter hohen Felsendom aus Phonolith. Dieses vulkanische Gestein wird bei heftigen Eruptionen aus den Tiefen des Vulkans an die Erdoberfläche geschleudert und erstarrt in Form von erkalteten Lavaströmen, Gängen oder sogenannten Domen.

Der Parque Natural de Pilancones auf dem Bergrücken zwischen der Caldera de Tirajana und dem Stausee Chira ist aus geologischer Sicht eine der ältesten Stellen der Insel. Schluchten und Felsklüfte bestimmen das Bild. In den Pinienbäumen nisten zahlreiche, zum Teil vom Aussterben bedrohte Vogelarten, weshalb dieses Gebiet auch speziell dem Vogelschutz gewidmet ist.

Das Naturmonument Riscos de Tirajana wird von den steilen Wänden des rund 35 Quadratkilometer großen Kraters Caldera de Tirajana geformt und ist ein Refugium für gefährdete endemische Pflanzen. Die Montes de Amurga, ein Felsmassiv zwischen den Schluchten Tirajana und Fataga, laufen wie eine Art Rampe zur Küste hin aus. Neben einer reichen Fauna und Flora findet man hier auch einige der ältesten altkanarischen Relikte. Von archäologischem Interesse ist darüber hinaus der Barranco de Rosiana. Hier entdeckt man zahlreiche Höhlen, die zum Teil sogar Wandmalereien aufweisen und manchmal durch Gänge miteinander verbunden sind. Sie dienten sowohl als Wohnstätten als auch als Getreidespeicher oder Kultplätze. Dramatisch und beeindruckend schön ragt der Risco Blanco aus weißem, rund 3,7 Millionen Jahre altem Phononlith aus seiner grün-braunen Umgebung auf. Den mächtigen, erhabenen Felsen nutzten die Canary als religiöse Kultstätte.

Oben: Berglandschaft beim Stausee Presa Cueva de las Niñas
Mitte: Bäuerin in den Bergen bei Artenara
Unten: Die Menschen leben hier ein einfaches und bescheidenes Leben.

San Bartolomé de Tirajana

Infos und Adressen

Typisch kanarische Architektur im Hotel La Hacienda de Molino

ESSEN UND TRINKEN

El Molino de Gofio. Das Restaurant im Landhotel La Hacienda del Molino ist nicht nur für Gäste des Hauses geöffnet und wegen seines typischen Ambiente ganz sicher einen Besuch wert. Calle Los Naranjeros, Tunte/San Bartolomé de Tirajana, Tel. 928 12 73 44

Restaurant Mirador de Tunte. Das kanarische Restaurant mit Terrasse ist direkt an der Landstraße gelegen. Carretera Fataga s/n, San Bartolomé de Tirajana, Tel. 928 12 74 32

ÜBERNACHTEN

Camping Presa de Chira. Der Campingplatz mit rund 100 Plätzen und einer kleinen Herberge liegt direkt am Stausee. Tel. 928 38 41 65

Ferienhaus Las Colmenas. Ein Refugium der Ruhe ist dieses Ferienhaus in einer Obstplantage am Stausee Presa de Chira. Calle Cercados de Araña, San Bartolomé de Tirajana, Tel. 928 46 25 47, www.grancanariarural.com

La Hacienda del Molino. Das hübsche Landhotel mit ethnografischem Zentrum und einer Gofio-Mühle ist ein idealer Ausgangspunkt für Wanderungen. Calle Los Naranjeros, Tunte/San Bartolomé de Tirajana, Tel. 928 12 73 44, www.laholiendadelmolino.com

Paradise Las Tirajanas. Das zauberhafte Viersternehotel mit Clubcharakter der Paradise-Kette liegt rund 920 m über dem Meeresspiegel inmitten der Natur und bietet eine herrliche Aussicht, Ruhe und ein Hochzeitszimmer mit Himmelbett. Avenida Teniente Alcalde Antonio Santana, San Bartolomé de Tirajana, Tel. 928 12 30 63, www.hotel-lastirajanas.com

VERANSTALTUNGEN

Fiesta de Santiago Apóstol. Am 25. Juli in Tunte. Wie in früheren Zeiten, als Tunte ein heiliger Ort war, löst man bei diesem wichtigen Fest Versprechen und Gelübde ein.

Fiesta zu Ehren des Schutzheiligen San Bartolomé de Tirajana. In der zweiten Augusthälfte, Haupttag: 24. August. Volkstümliches und Kulinarisches aus der Region.

Es duftet nach frischem Brot und süßem Gebäck in der Dorfbäckerei von San Bartolomé de Tirajana.

Die Mitte

43 Santa Lucía de Tirajana
Schauplatz von Legenden

Für Naturfreunde ist Santa Lucía de Tirajana jeden Ausflug wert. Hier finden sich Spuren der Altkanarier, karge Bergmassive, markante Basaltformationen wie die Fortaleza de Ansite, liebliche Palmenhaine und fruchtbare Felder. Den Barranco de Tirajana als Markenzeichen teilt sich Santa Lucia mit der Nachbargemeinde San Bartolomé de Tirajana.

Die Legende erzählt, dass im Krater Tirajana einst die Riesen Tira und Jana lebten. Als sie einmal im Spiel einander mit Steinen bewarfen, traf Jana Tira tödlich am Kopf. Als der Riese sah, was er angerichtet hatte, soll er vor Schmerz einen solch lauten Schrei ausgestoßen haben, dass ihm seine Seele entwich. Bis heute heißt der Ort, an dem Tira und Jana begraben liegen sollen, Sepultura del Gigante, das »Grab des Riesen«.

Aber noch ein weiterer Schrei, der von dem Felsen Ansite ertönte, wurde legendär. Der Felsen soll die letzte Festung der Altkanarier gewesen sein. Als die spanischen Eroberer nicht mehr aufzuhalten waren, stürzten sich mindestens zwei der Bedrängten lieber in die Tiefe, als sich zu ergeben. Alljährlich am 29. April gedenkt man diesem Ereignis aus dem Jahr 1483 mit einem Ehrenfest.

Malerisches Dorf

Santa Lucía de Tirajana ist kein spektakuläres, aber ein charmantes Bergdorf. Ringsum sieht man Felder und Palmenhaine sowie Pinienwälder in den höheren Lagen. Blumen, Obst und Gemüse

Mitte: Steile Gassen machen einen Spaziergang in Santa Lucía beschwerlich.
Unten: Der legendäre Roque de Ansite bei Santa Lucía

Der Stausee Embalse Tirajana umrahmt von Bergen

werden an den kargen Berghängen angebaut, zum Schutz gegen die Erosion verlaufen Steinmauern entlang der Felder. Zum Gemeindegebiet gehört auch das Richtung Agüimes gelegene Örtchen Temisas. Dort befinden sich die größten Olivenplantagen der Insel, die exzellentes Öl herstellen.

Das Leben der Bevölkerung ist von der harten bäuerlichen Arbeit geprägt. Zu Ehren der Bäuerinnen, die ihre Ernten einst in Körben auf den Köpfen nach Hause trugen, wurde zwischen der Kirche und dem Rathaus ein kleines Denkmal errichtet. Ein hübscher Brunnen und liebliche Gärten verbinden das Rathaus mit der 1898 erbauten Kirche, die der heiligen Lucía von Syrakus geweiht ist. Die italienische Märtyrerin ist die Schutzpatronin der Stadt. Ihr zu Ehren wird jedes Jahr am 13. Dezember ein Lichterfest gefeiert, an dem vor allem auf Gran Canaria ansässige Skandinavier und skandinavische Besucher gern teilnehmen. Die Kirche selbst steht auf einer kleinen Anhöhe und ist nicht zu übersehen. In strahlendem Weiß und mit einem auffallenden Kuppeldach ausgestattet, grüßt sie die Besucher schon von Weitem. Im Kirchenschiff sind vor allem das etwa einen halben Meter große Holzkreuz des Bildhauers

Einfach gut!

MUSEO CASTILLO DE LA FORTALEZA EL HAO

Die Miniaturburg in der Altstadt verwundert zunächst, entpuppt sich dann als Ausflugslokal. Das Hao ist besonders für seine lokale Küche, Gastfreundschaft und frisches Fleisch vom Grill bekannt. Vicente, der Besitzer, ist aber nicht nur ein sympathischer Gastwirt, sondern auch ein Hobby-Forscher, der seit vielen Jahren historische, ethnologische, botanische und archäologische Schätze zusammenträgt. Seine Sammelleidenschaft hat dem Ort ein kleines privates Museum gebracht. Gezeigt werden im Museo Castillo de la Fortaleza El Hao altkanarische Artefakte, lokale kanarische Handwerkskunst und Militaria. Nach einem Spaziergang im zauberhaften Garten kann man auch gleich zum Mittagessen bleiben und vom Restaurant aus den fantastischen Blick auf das Tal und die Berge genießen.

Museo Castillo de la Fortaleza El Hao. Calle Vicente Sánchez de Araña, Santa Lucía, Tel. 928 79 80 07

Oben: In der Kirche Santa Lucía wird die gleichnamige italienische Märtyrerin verehrt.
Unten: Geheimnisvolle Felsen der natürlichen Festung – Fortaleza de Ansite

Die Mitte

Luján Pérez sowie das unvollendete Gemälde des aus Telde stammenden Künstlers José Arencibia erwähnenswert. Es nimmt die gesamte Front der Kirche ein. Vom Ortskern aus lohnt sich der Weg hinauf zum Mirador Las Tederas. Von dort hat man einen herrlichen Rundumblick auf das kanarische Dorf und sein grünes Umland.

Fortaleza de Ansite

Der Name Fortaleza – »Festung« – ist irreführend, denn die Fortaleza de Ansite ist kein von Menschen geschaffenes Bauwerk, sondern ein auffälliger Basaltfels unterhalb von Santa Lucía. Ein weitverzweigtes Höhlennetz durchzieht den Berg wie einen Schweizer Käse. Auf der Ostseite nutzten die Altkanarier natürliche Höhlen als Wohnungen oder um ihre Toten zu bestatten. Auf der Nordseite befinden sich kreisrunde Steingebilde, die vermutlich eine Art Kochstelle waren und an denen das Gemeinschaftsleben stattfand. Ein gigantischer Tunnel, der in den 1960er-Jahren nachträglich erweitert wurde, führt bis auf die Westflanke des Felsens. Der Aufstieg ist allerdings beschwerlich und kann auch gefährlich werden – Vorsicht ist also geboten. Die Fortaleza de Ansite ist über die Landstraße C-815 zu erreichen und als »Las Fortalezas« ausgeschildert.

Mirador Presa de la Sorrueda

Nicht verpassen sollte man auch außerhalb von Santa Lucía den Aussichtspunkt Mirador de la Sorrueda. Von dort hat man einen großartigen Blick auf den größten Palmenhain der Insel, wo sich die Wedel der endemischen Palmen in der Bergluft wiegen. Die bezaubernde Palmenlandschaft erstreckt sich rund um den Stausee Presa de la Sorrueda, der als Wasserspeicher für die ganze Region von großer Bedeutung ist.

Santa Lucía de Tirajana

Infos und Adressen

Kurvenreiche Abenteuerfahrt auf zwei Rädern – Urlaub der besonderen Art

ESSEN UND TRINKEN

Casa Antonio. Das Lokal an der GC-85 bietet eine nette Terrasse, kanarisches Ambiente und schmackhafte Großmutter-Küche. Calle Maestro Enrique Hernández González 6, Santa Lucía, Tel. 928 79 80 63

El Apendre. Die ideale Einkehr für Wanderer, die den Stausee erkunden, bringt in typisch kanarischem Ambiente echte Hausmannskost auf den Tisch. La Sorrueda, Santa Lucía, Tel. 928 79 84 49

El Mirador. Das Lokal serviert authentisch kanarische Gerichte, beispielsweise typische Eintöpfe, Suppen und frischen Fisch. Calle Maestro Enrique Hernández González 3, Santa Lucía, Tel. 928 79 80 05

ÜBERNACHTEN

In der ländlichen Gegend gibt es einige romantische Ferienhäuser zu mieten, aber keine Hotels. Die nächsten sind in erst Vecindario zu finden.

Casa Rural La Escuela. Das malerische Ferienhaus in der Nähe des Stausees La Sorrueda war früher eine kleine Dorfschule und ist ein idealer Ausgangspunkt für Wanderungen. La Sorrueda, Santa Lucía, Tel. 928 39 01 69, www.laescuela.grantural.es

El Olivar. Das rund 100 Jahre alte kanarische Haus im alten Ortskern von Santa Lucía ist von altem Palmen- und Baumbestand umgeben. Calle Baldomero Argente 12, Santa Lucía, Tel. 626 08 83 45

El Palmeral del Valle. Das rustikale Ferienhaus im Tal von Santa Lucía steht zwischen Palmen und Olivenbäumen. El Paralillo, Santa Lucía, Tel. 928 33 02 62, www.santaluciarural.com

INFORMATION

Tourismusbüro. Im Rathaus von Santa Lucía, Avenida De Canarias, Plaza de la Era, Santa Lucía, Tel. 928 12 52 60

Ein Blick in das Museum Castillo Fortaleza in Santa Lucía

Mitte: Bergeinsamkeit in La Culata
Unten: Schafe, wie hier in La Culata, sind ein eher seltenes Bild.

Die Mitte

44 Roque Nublo
Die vulkanische Majestät

Wie ein Finger zeigt der 1803 Meter hohe Roque Nublo gen Himmel. Obwohl er nicht der höchste Berg auf Gran Canaria ist, so fällt er doch aufgrund seiner außergewöhnlichen Form besonders auf. Als ein Wahrzeichen der Insel ist er auf zahllosen Postkarten abgebildet. Das Plateau des Berges nutzten einst die Canary als Kultplatz, der in ihrem Glauben als Schnittstelle zwischen Himmel und Erde fungierte.

Tatsächlich erfasst wohl jeden, der vor oder auf dem Gipfel des Roque Nublo steht, so etwas wie Ehrfurcht und Verzauberung. Wie ein warnender Finger reckt sich der »Wolkenfels« aus Basalt 70 Meter dem Himmel entgegen. Umgeben von Vogelgezwitscher, unter blauem Himmel oder zwischen Wolkenfeldern, fühlt man sich dem Tor zum Himmel sehr nah.

Das Naturschutzgebiet Roque Nublo umfasst eine Fläche von fast 452 Hektar und bildet den Mittelpunkt des 263 Quadratkilometer großen Naturschutzgebiets, das die gesamte Mitte der Insel umfasst. Vom Roque Nublo aus eröffnet sich ein wunderschöner Blick auf die umliegende Bergwelt, auf den Krater La Caldera, in dem sich kleine Bergdörfer an den Hang schmiegen, und bei klarer Sicht in Richtung Westen gar bis zum Vulkan Teide auf der Nachbarinsel Teneriffa (mit seinen 3718 Metern übrigens der höchste Berg Spaniens). Besonders eindrucksvoll ist der Panoramablick am frühen Abend, wenn die untergehende Sonne die ganze Bergwelt in ein wahrlich himmlisches rotes Licht hüllt. Die beeindruckende Landschaft schroffer Felsen und üppiger Natur verbreitet eine besondere Mystik.

Im Hintergrund ist der Teide-Vulkan der Nachbarinsel Teneriffa zu sehen.

Entstehungsgeschichte

Der Roque Nublo ist das Relikt eines Vulkanausbruchs, der vor Jahrmillionen stattfand. Der ursprüngliche Stratovulkan war vermutlich über 3000 Meter hoch und wurde durch Eruptionen und Erosion zu seiner heutigen Gestalt geformt. Der Roque Nublo ist gleichsam der Pfropf, der einen ehemaligen Vulkanschlot verschloss. Der charakteristische Basaltfelsen schälte sich aus den vulkanischen Resten heraus, nachdem das weichere Material an seinen Flanken durch Erosion abgetragen wurde.

Bergwelten

Neben dem Roque Nublo hat Gran Canarias Vulkangebirge jedoch noch eine ganze Reihe weiterer bizarr geformter Steinformationen zu bieten. Gleich neben dem Roque Nublo duckt sich der kleinere »Froschfelsen« Roque Rana – und wie ein zum Absprung bereiter Frosch sieht der Basaltfelsen auch wirklich aus. Wer vom Parkplatz La Goleta aus zu Fuß bis zum Roque Nublo spaziert, passiert die Felsformation El Fraile, »Der Mönch«. Mit ein bisschen Fantasie erkennt man in der kuriosen

Nicht verpassen

KLETTERFREUDEN AM ROQUE

Die kanarische Trauminsel ist ein echtes Eldorado für Bergsportler. Hier gibt es zahlreiche Routen für passionierte Kletterer; allein rund um den Roque Nublo herum verlaufen zwölf präparierte Strecken verschiedener Schwierigkeitsgrade. Als Erste bestiegen die deutschen Ingenieure Ranschert, Langenbacher und Wolfschmitt am 20. Juni 1932 den Roque Nublo von der Südostflanke aus. Noch heute wird dieser schwierigste Aufstieg Via del Alemán genannt.

Federación Gran Canaria de Montañismo (F.G.C.M.). Der kanarische Bergsteigerverband. Calle Mari Sánchez 18, bajo, Las Palmas, Tel. 928 46 00 45, www.fgcm.org

Besonders schön ist die Landschaft zur Zeit der Mandelblüte etwa von Mitte Januar bis Mitte März.

Einfach gut!

BIOSPHÄRENRE-SERVAT GRAN CANARIA

Die Bergmassive der Insel werden im Volksmund auch als Los Cumbres, »Die Gipfel«, bezeichnet. Größtenteils sind sie das Herzstück des riesigen Naturschutzgebietes, das das Innere der Insel umfasst. Seit 2005 hat die UNESCO den Naturschutzpark Gran Canaria als Biosphärenreservat anerkannt. Dazu gehören der Parque Natural Roque Nublo, der Parque de Tamadaba und die Reservas Naturales. Bizarre Felsformationen, schroffe Abhänge, Stauseen, malerische Ausblicke und fruchtbare Felder charakterisieren die Gegend. Alles Wissenswerte kann man im Besucherzentrum Centro de Interpretación Degollada de Becerra erfahren. Dort gibt es auch eine Cafeteria für ein Päuschen und eine Aussichtsplattform.

Centro de Interpretación Degollada de Becerra. Tgl. 10–17 Uhr. An der Landstraße Cruz de Tejeda – Pico de las Nieves

Form des Felsens tatsächlich eine Menschengestalt in einer Mönchskutte.

In östlicher Richtung erhebt sich der 1949 Meter hohe Pico de las Nieves. Auf dem höchsten Berg der Insel fallen die zwei weißen Riesenkugeln einer militärischen Überwachungsanlage auf. Ihnen verdankt er seinen Spitznamen Los Pechos, »die Brüste«. In der Caldera erblickt man im Süden das Bergdorf Ayacata und im Nordosten La Culata. In diesen kleinen Siedlungen leben die Menschen vor allem von der Landwirtschaft, neuerdings aber auch von den Touristen. Viele der Jüngeren zieht es von der bescheidenen Abgeschiedenheit der Region in die belebten Metropolen der Insel, wo sie ein breiteres Jobangebot erwartet. Beim Blick nach Westen entdeckt man den 1415 Meter hohen Bentayga, der sich aus der Caldera erhebt.

Wanderparadies

Am Roque Nublo kreuzen sich die großen Königswege, die in früher Zeit die einzige Verbindung zwischen den Inselteilen waren. Auf ihnen zogen die Händler über die Insel. Heute ist das Naturschutzgebiet rund um den Roque Nublo von einem großen Wegenetz durchzogen, das zu unter-

Roque Nublo

Rund um den Roque Nublo

Anfangs-/Endpunkt: Plateau La Goleta, bei KM 11,2 an der GC-600
Ziel: Roque Nublo
Höhenmeter: ca. 230
Dauer: ca. 90 Minuten
Schwierigkeitsgrad: leicht bis mittelschwer
Ausrüstung: Gutes Schuhwerk und ausreichend Wasser sind unabdingbar.

Der mittlere der drei Wanderwege am Plateau La Goleta, der PR-GC-60-Roque Nublo, führt um den Berg herum und links am Hang leicht bergauf. Nach rund 800 Metern passiert man den El Fraile und hält sich dann rechts in Richtung La Culata. Leicht bergab geht es nun, gegen den Uhrzeigersinn und um den Gipfel herum. Nach weiteren 700 Metern hält man sich an der Gabelung Richtung La Culata links und marschiert weiter an der Steilwand entlang. Nach der nächsten Linkskurve hat man einen grandiosen Ausblick auf den Roque Bentayga und die Hochebene Acusa. An der Abzweigung nach Hoyetas del Nublo geht's wieder links, danach steil hinauf bis zur Gabelung Las Palomas. Wieder links halten, dann geht's hinauf zum Gipfelplateau unterhalb des Roque Nublo (1743 m). Zurück geht es zur Gabelung Las Palomas, dann links vorbei an einem Felsen mit mehreren Höhlen, bis man wieder zum Roque Fraile kommt. Geradeaus ist man nach ca. 15 Minuten wieder am Anfangspunkt.

Der Roque Nublo und links daneben der froschähnliche Roque Rana

Oben: Recycling auf kanarische Art: Aus einem alten Auto wird ein Ziegenspielplatz.
Mitte: Berglandschaft rund um den Roque Nublo
Unten: Das harte Leben steht diesem Bauern aus dem Bergdorf La Culata ins Gesicht geschrieben.

schiedlich langen und schwierigen Wanderungen einlädt. Ausführliche Routenbeschreibungen findet man in speziellen Wanderführern. Empfehlenswert sind auch geführte Wanderungen.

Der einfachste und kürzeste Weg führt vom Parkplatz La Goleta aus in rund 45 Minuten hinauf zum Roque Nublo. Der Weg ist zwar bis auf einen steilen letzten Anstieg nicht besonders schwer, dennoch sollte man auf jeden Fall bei diesem Ausflug festes Schuhwerk tragen (nähere Informationen zu dieser Wanderung auf S. 239).

Flora und Fauna

Gran Canaria ist an den meisten Stellen trocken und eine eher karge Insel. Davon spürt man in dieser Bergwelt allerdings nur wenig. Rauschende, aromatische duftende Pinienwälder erstrecken sich auf dem Hochplateau. Salbei, Kanarenginster, Mutterkraut, wilder Fenchel und viele andere Wildpflanzen sind zu entdecken, darunter auch einige Vertreter der endemischen Pflanzenwelt, beispielsweise spezielle Wickenarten, blühende Aeonien oder die bezaubernden Natternköpfe mit ihren meterhohen, im Mai blühenden Blütenrispen. Aus dem Tierreich sind hauptsächlich verschiedenste Eidechsenarten hier vertreten, und aus den Baumwipfeln grüßt den Besucher lautstark eine bunte Vogelwelt, in der man sogar die Blaumeise antrifft.

Roque Nublo

Infos und Adressen

ESSEN UND TRINKEN

Cafeteria Degollada de Becerra. Die Cafeteria mit Panoramablick direkt am Besucherzentrum ist ideal für einen Zwischenstopp für den kleinen Hunger. Landstraße Cruz de Tejeda–Pico de las Nieves, Tel. 649 65 96 01

Casa Melo. Das urige Lokal mit Holzbänken vor dem Haus und einem Springbrunnen liegt direkt an der Landstraße, ist ein Bergsteigertreffpunkt und serviert echte kanarische Küche. Avacata 37, Atalaya, Tel. 928 17 22 61

La Candelilla. Dieses einfache, rustikale Lokal ist mit seiner sehr guten, preiswerten kanarischen Küche und der Terrasse mit Bergblick ein echter Insidertipp, der auch von Einheimischen frequentiert wird. Carretera de Ayacata GC-60, Ayacata, Tel. 928 17 22 81

Restaurant Casa Viera. Ebenfalls direkt an der Landstraße liegt dieses hübsche Restaurant mit rustikalem kanarischem Ambiente, das seinen Gästen große Portionen und leckere Spezialitäten vom Grill serviert. Carretera de Ayacata GC-60, Ayacata, Tel. 928 17 26 15

ÜBERNACHTEN

Die nächsten Hotels gibt es in der Gemeinde Tejeda. In unmittelbarer Nähe zum Roque Nublo liegt ein großer, gut ausgestatteter Campingplatz mitten im schönen Pinienwald, der mit einer Kapazität von 5000 Plätzen aufwartet. Obwohl dort eigentlich immer ein Platz frei ist, muss man sich jedoch mindestens eine Woche vorher über die Inselregierung in Las Palmas eine Genehmigung besorgen, um dort sein Lager aufschlagen zu dürfen.

Campingplatz. Buchung über: Cabildo de Gran Canaria, Edificio insular 1, Calle Agustín Millares Carló s/n, Las Palmas, Tel. 928 21 92 29 oder per E-Mail an oiac@grancanaria.com

Wie Bauklötzchen schmiegen sich die vereinzelten Häuser an die Berge.

Die Mitte

45 Tejeda
Das versteinerte Gewitter

Ein »versteinertes Gewitter« – so poetisch beschrieb der spanische Dichter Miguel de Unamuno das einsame Dorf Tejeda. Rund 1050 Meter über dem Meeresspiegel schmiegt es sich malerisch an die nordöstliche Flanke des Kraters Caldera de Tejeda. Sein Umland prägen raue und karge Felsformationen, landwirtschaftlich genutzte Flächen und Obstplantagen, Wildkräuter und kanarischer Pinienwald.

Tejeda war schon zu Zeiten der Altkanarier ein wichtiges Zentrum, nicht zuletzt durch die prägnanten Gipfel des Roque Nublo und Roque Bentayga. Auf beiden befanden sich rituelle Kultplätze, die als Tor zwischen Himmel und Erde galten. Vor der Eroberung herrschte in dem Gebiet der Fürst Texeda, von dem der heutige Name abgeleitet ist. Bis ins 16. und 17. Jahrhundert lebten die Menschen hier vor allem vom Getreideanbau. Später kamen Obstbäume, Gemüsefelder und die Viehwirtschaft hinzu. Heute bezaubert die Region in erster Linie durch riesige Mandelhaine, die das gesamte Tal ab etwa Ende Januar in ein zartrosa Blütenmeer verwandeln. Die köstlichen Backwaren, die aus den Mandeln gemacht werden, kann man etwa in der Konditorei Dulceria Roque Nublo versuchen.

Flora und Fauna

Mitte: Tejeda, ein versteinertes Gewitter am Fuße des Roque Bentayga
Unten: Das berühmte Kreuz »Cruz de Tejeda«

Etwa 98 Prozent des Gemeindegebiets stehen unter Naturschutz, doch das war nicht immer so. Bis etwa Mitte des 20. Jahrhunderts wurde an den Wäldern Gran Canarias jahrhundertelang Raubbau verübt. Holz war wertvoll und wurde für den Bau von Häusern, Schiffen und Möbeln genutzt. Mit

Tejeda

Wanderung Cruz de Tejeda – Artenara

Anfangspunkt: Hinter dem Hotel Parador Nacional de Gran Canaria in Cruz de Tejeda
Endpunkt: Artenara
Streckenlänge: 8 km
Dauer: ca. 2,5 Std.
Schwierigkeitsgrad: leicht

Hinter dem Hotel beginnt ein ausgeschilderter Weg, der bis zu einem Wasserspeicher führt. Von dort aus folgt man einem schmalen Pfad zwischen Sträuchern und Pinien den Berg hinauf. Horizontal verläuft die weitere Wegstrecke bis zum Mirador Degollada de Las Palomas, der an der Straße nach Artenara liegt. Rechts davon hat man als Orientierungspunkt die Funkantennen auf der Montaña Constantino. Auf dem Kamm über der Caldera de Tejeda entlang gelangt man zum Fuß des Moriscos. Ein Wanderweg führt bergauf. Dies ist das steilste Teilstück der Wanderung.

Weiter geht es in Richtung Paso Blanco. An einem Steinkreuz zweigt der Weg nach Artenara ab. Nach etwa 15 Minuten passiert man die Höhle Cuevas del Caballero, nach rund 30 Minuten kommt man an eine kleine Kreuzung; geradeaus weitergehen. Der Weg führt durch einen Kiefernwald über Hoya del Fraile nach Artenara. Die kleine Seitengasse führt zur Höhlenkapelle Virgen de la Cuevita. Zurück geht's per Taxi oder Bus.

WANDERFÜHRER

Für eine Tour durch diese Bergwelt empfehlen sich Wanderführer oder Wandergruppen, denn die Wanderwege sind nicht immer gut ausgeschildert. Angebote dazu gibt es z. B. unter www.discoverygrancanaria.com.

Blick auf Tejeda und die umgebenden Felder an den Hängen

Die Mitte

ROQUE DE BENTAYGA

Nicht verpassen

Neben dem Roque Nublo ist der 1404 Meter hohe Basaltmonolith Bentayga ein imposantes Wahrzeichen der Insel. Das altkanarische Wort bentaiga bedeutet »mit dem Blick von oben herab«. Am Bentayga befand sich zu Zeiten der Canary ein sogenannter Almogaren, ein ritueller Kultplatz. Bis heute sieht man ein Rechteck, das von Rinnen durchzogen ist, die zu einer zentralen Vertiefung verlaufen. Sie dienten vermutlich dazu, Honig und Milch aufzunehmen, die geopfert wurden, um die Gottheiten zu ehren oder böse Geister aus der Unterwelt versöhnlich zu stimmen. Ein besonderes Naturschauspiel ist zur Tag-und-Nachtgleiche zu beobachten. Dann geht die Sonne genau in einer V-förmigen Felsausbuchtung auf und wirft ein magisch anmutendes Licht auf den Felsen. Im Inneren des Roque Bentayga liegt das tiefe, weitverzweigte Höhlenlabyrinth der Cuevas del Rey. Dort fand man Höhlenmalereien und Schriftzeichen lybisch-berberischen Ursprungs. Am Fuß des Felsens befindet sich ein Besucherzentrum. Der Roque selbst kann bis zur Spitze bestiegen werden, wobei das letzte Teilstück über schwindelerregende Steintreppen führt.

Mulis wurden die gefällten Pinienstämme bis nach Tejeda gezogen und von dort nach Las Palmas transportiert. In den Wäldern wurden zudem Holzteer und -kohle hergestellt, und man verwendete die langen Piniennadeln zum Feuermachen.

Heute bilden Nadelbäume wie die Kanarische Pinie oder die Monterey-Kiefer dichte Wälder in den Gipfelbereichen. Im Unterholz wachsen wilde Kräuter und Sträucher wie Kanarenginster, Geißklee und Margeriten. Geprägt ist die Landschaft von vulkanischen Gesteinsarten: Basalt, Ignimbrit, Tachyt, Phonolith. Sie erzählen von der Jahrmillionen alten Vergangenheit der Insel. Ausschließlich im Macizo de Inagua kann man noch den Gran-Canaria-Blaufink hören und sehen. In den luftigen Höhen zwitschern zudem Finken, Kanarenpieper, Blaumeisen, hämmern Buntspechte, krächzen Raben. Zwergadler und Turmfalken bevölkern den Himmel.

Das Dorf

In dem beschaulichen Dorf verströmen teils enge Gässchen typisch kanarische Häuschen Charme. Das Leben spielt sich vor allem auf der Plaza vor der Kirche Nuestra Señora del Socorro ab. Der einfache Bau aus Holz und Stein zeigt architektonische Einflüsse im Mudejar-Stil. Im Inneren ist eine Holzfigur des Cristo de la Sangre, des »Blutenden Christus«, das zentrale Element. Das Besucherzentrum ist gleichzeitig ein Museum mit Werken des Künstlers Abraham Cárdenes, und es gibt ein Museum für traditionelles Brauchtum sowie ein einmaliges Heilpflanzenmuseum im Ortskern. An der Eingangstür des Hotels Parador de Tejeda befindet sich der geografische Mittelpunkt der Insel. Das grüne Cruz de Tejeda markiert den Mittelpunkt der ehemaligen königlichen Handelswege. Es wurde 1971 als wetterfester Orientierungspunkt aufgestellt.

Tejeda

Infos und Adressen

ESSEN UND TRINKEN
Die beiden Landhotels Parador Cruz de Tejeda und Rural El Refugio auf dem Bergkamm besitzen beide ein gemütliches, kanarisches Restaurant mit einheimischer Küche, das nicht nur den Hausgästen offensteht.

Grill La Cumbre. Die Spezialität des einfachen, typischen Grillrestaurants am Campingplatz ist Fleisch vom Grill. Calle Llanos de la Pez, Tel. 928 17 00 69

La Cueva de la Tea. Das Lokal serviert ausgezeichnete einheimische Küche und bietet kanarisches Ambiente mitten in Tejeda. Calle Hernández Guerra, Tel. 928 66 62 27

ÜBERNACHTEN
Fonda de la Tea. Das rustikale Hotel residiert seit 2007 in einem etwa 100 Jahre alten Haus mitten in Tejeda und gefällt mit antiken Möbeln, geschmackvoller Dekoration und Holzbalkonen. Calle Ezequiel Sánchez 22, Tel. 0034 928 66 64 22, www.hotelfondadelatea.com

Im Restaurant des Parador-Hotels isst man sehr gut. Es befindet sich im wahrsten Sinn des Wortes mitten auf der Insel.

Hotel Rural El Refugio. Das bezaubernde Landhotel mit nur zehn Zimmern lockt mit einem traumhaften Garten mit Panoramablick, einem Pool und seiner Lage auf rund 1500 m Höhe. Calle Cruz de Tejeda, Tel. 928 66 65 13, www.hotelruralelrefugio.com

Parador Cruz de Tejeda. Weiße Mauern und Naturstein sorgen für ein uriges Ambiente und alte Eleganz in diesem Landhotel mit herrlicher Aussicht am Mittelpunkt der Insel. Seit 2010 kann man sich in dem ultramodernen SPA-Bereich verwöhnen lassen. Calle Cruz de Tejeda, Tel. 928 01 25 00, www.parador.es

VERANSTALTUNGEN
Fiesta Almendro en Flor. Rund zwei Wochen Programm bietet das bäuerliche Fest zur Mandelblüte gegen Ende Januar/Anfang Februar. Der genaue Termin variiert von Jahr zu Jahr, man sollte sich vor Ort informieren.

Die Zimmer des Parador-Hotels sind, wie bei den Höhlenwohnungen, in den Berg hineingebaut.

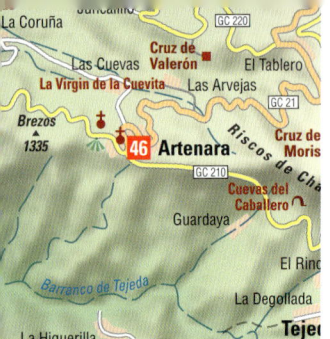

Die Mitte

46 Artenara
Gran Canarias höchstes Dorf

Auf dem Gebirgszug der Caldera de Tejeda liegt Artenara in luftiger Höhe rund 1230 Meter über dem Meeresspiegel. Die idyllische Ortschaft ist damit das am höchsten gelegene Dorf der ganzen Insel. So faszinierend wie seine Lage sind auch die Häuser des Ortes, denn Artenara ist ein malerisches Höhlendorf. Zu erreichen ist es ganz einfach über die GC-210, der man von Tejeda in Richtung Norden folgt.

Artenara ist umgeben von den mächtigsten Bergen Gran Canarias. Dazu zählen der 1949 Meter hohe Pico de Nieves, der 1813 Meter hohe Roque Nublo, die Caldera de Tejeda – ein Vulkankrater – sowie die Bergmassive Tamadaba und Altavista. In dieser ländlichen Idylle leben die Menschen hauptsächlich von der Landwirtschaft oder arbeiten im Wald. Der Pinienwald von Tamadaba ist einer der wenigen, der den Raubbau vergangener Jahrzehnte überstanden hat. Über das Dorf wacht die überdimensionale Figur Sagrado Corazón de Jesús (Heiliges Herz Jesu), ein Symbol für die göttliche Liebe. Die Statue erinnert an die Figur auf dem Zuckerhut in Rio de Janeiro.

Ein Dorf wie gemalt

Artenara besteht zum Großteil aus Höhlenwohnungen. Zunächst erscheint alles ganz »normal«: eine Haustür, zwei Fenster, manchmal ein Garten. Auf den zweiten Blick wird deutlich, dass der Rest des Hauses in den »Bauch« des Berges hineingebaut ist. Besonders schöne Häuser schmiegen sich in eine kleine Gasse, die sich vor der kleinen Plaza bei der Dorfkirche San Matías den Berg hinaufwindet. Am

Die Höhlenwohnungen von Artenara fesseln den Blick und regen die Fantasie an.

Artenara

Panorama-Wanderung von Artenara nach Acusa

Anfangspunkt: Artenara
Endpunkt: Acusa
Streckenlänge: ca. 15 Kilometer
Schwierigkeitsgrad: mittelschwer, bei schlechtem Wetter Gefahr von Steinschlag auf dem Teilstück zwischen Acusa Seca und Acusa Verde.

Das Auto oder die Buslinie 220 aus Las Palmas bringen einen nach Artenara, wo die Wanderung beginnt. Von dort aus wendet man sich zunächst westlich in Richtung Tamadaba und folgt der steil bergauf führenden Straße zum Friedhof. Nach etwa 600 Metern biegt man links in eine Sandpiste ein, wo ein Aussichtspunkt einen sagenhaften Panoramablick gewährt. Danach hält man sich links und auf einem schmalen Pfad, der sich in engen Serpentinen auf der Südseite des Morro de los Cuervos ins Tal schlängelt. Acusa grüßt mit seinen weißen Häuschen schon aus der Ferne.

Weiter geht es über eine glatte Felsplatte und nach weiteren rund 15 Minuten im Bogen um ein Anwesen herum. Kurz danach kommt man auf die Straße nach San Nicolás und folgt dieser bis zum Cruz de Acusa Seca. Hier oben, in rund 960 Metern Höhe, marschiert man rund 1,5 Stunden auf einer glatten, asphaltierten Straße, bis man das zauberhafte Höhlendorf Acusa Seca erreicht. Das gesamte Gebiet war schon von den Altkanariern besiedelt.

Zahlreiche Fundstücke, die in dieser Bergwelt gefunden wurden, sind heute im Museo Canario in Las Palmas ausgestellt.

Auf den Spuren der Canary verlässt man das Dorf wieder und wandert dabei immer an der Felswand entlang. Nach etwa 45 Minuten führt einen der Weg um eine Felsnase herum und belohnt all die Mühen mit einem fantastischen Blick in die bizarr geformte Schlucht. Kurz dahinter beginnt eine Piste, die etwa einen halben Kilometer weit bis zur Straße führt. Wer sich hier rechts hält, erreicht schon bald die Häuschen von Acusa Verde. Vorbei an einem Stausee führt die Straße dann wieder bergauf in Richtung Acusa. Nach weiteren 800 Metern steht man wieder am Cruz de Acusa Seca. Von dort aus geht es auf bekannten Pfaden zurück nach Artenara.

Die kanarischen Echsen lieben es, sich auf warmen Steinen zu sonnen.

Wer seinen Esel liebt, der sorgt dafür, dass er nicht so viel tragen muss.

Die Mitte

Geheimtipp

FIESTA DE LA VIRGEN DE LA CUEVITA

Das größte Fest der Ortschaft ist der Virgen de la Cuevita gewidmet. Immer am vorletzten Sonntag im August wird die Statue in die Pfarrkirche San Matias gebracht. Da die Virgen die Schutzpatronin der Folkloregruppen ist, findet zu dieser Gelegenheit auf der Plaza vor der Kirche stets ein großes Folklore-Festival statt. Dann wird bis Ende August gefeiert, getrunken und gelacht. Am 31. August kehrt die Marienfigur in einer feierlichen Prozession, begleitet von einem Feuerwerk, in ihre Berggrotte zurück. Die Fiesta für die Virgen de la Cuevita ist ein besonderes Fest, das mit Begeisterung und echter Anbetung begangen wird. Sehr beliebt sind die Messen für Radfahrer, die während der Festzeit gehalten werden. Die Radler kommen dazu aus allen Teilen der Insel hierher.

Fiesta de la Virgen de la Cuevita. Beginn immer am vorletzten So im August, ca. 14 Tage lang

Ende trifft man auf die rund 80 Zentimeter hohe hölzerne Statue der »Höhlenjungfrau« Virgen de la Cuevita. Sie ist die Schutzpatronin der Studenten, Folkloregruppen und Radfahrer. Ihre kleine Kapelle ist in die Montaña del Toril gehauen und wurde erstmals 1783 erwähnt. Vermutlich wurde sie einst von Canarios gespendet, die nach Südamerika ausgewandert waren. Dafür sprechen der typische Umhang und die vielfarbige Kleidung. Bis zu ihrer Erweiterung im Jahr 1865 hatten in der Grotte nur rund elf Personen Platz. Heute ist die Kapelle ein Ort der Stille. Wo ab 1693 die Kapelle Nuestra Señora del Rosario gestanden hatte, wurde Ende des 19. Jahrhunderts die Kirche San Matías errichtet. Er ist seither der Schutzpatron des Dorfes und der Pinien, geehrt wird er am Sonntag nach dem 24. Februar. Die Bilder und der Holzaltar wurden von José Arenciba Gil geschaffen. Neben der Kirche gewährt ein Aussichtspunkt einen herrlichen Blick auf die Caldera de Tejeda.

Überraschendes

Unterhalb der Dorfstraße verblüfft ein kleines öffentliches Schwimmbad. Dort kühlen sich im Schatten von Pinien die Einheimischen in der Sommerhitze ab. Darüber hinaus gehört zu dem so hoch in den Bergen gelegenen Ort erstaunlicherweise auch ein Strand. Der Punto Góngora oder Punta de las Arenas genannte Abschnitt an der Westküste ist jedoch nur zu Fuß zu erreichen und damit eher ein Geheimtipp unter anderem für FKK-Fans.

Kunsthandwerk aus Artenara

Traditionell wird in Artenara das Kunsthandwerk gepflegt, allen voran die Töpferkunst. Die ortsansässigen Töpfer formen wie die Altkanarier den Ton ohne Hilfsmittel mit den bloßen Händen und brennen die originellen Stücke in einem Erdloch.

Immer mit der Ruhe, so leben die Bewohner von Artenara in der klaren Bergluft.

Artenara

Infos und Adressen

ESSEN UND TRINKEN

Cueva Molino. Das gepflegte Höhlenrestaurant mit Außentischen und einfacher, guter lokaler Küche wurde einst von dem Industriellen José Jorge Ramós gebaut und diente schon als Elektrizitätswerk, Bäckerei und Schreinerei. Avenida Matías Vega 23, Artenara, Tel. 928 66 62 27

La Casa del Correo. Zentral gelegenes, einfaches Lokal mit guter Küche und gutem Ausblick. Plaza San Matias, Artenara, Tel. 928 66 64 58

Mirador La Cilla. Der Zugang zu dem sehr hübschen Höhlenrestaurant mit Aussichtsterrasse, leckeren kanarischen Gerichten und Tapas befindet sich am Fuß des Berges vor dem großen Denkmal. Camino 9, Artenara, Tel. 928 66 62 27

ÜBERNACHTEN

Das Übernachtungsangebot in Artenara beschränkt sich auf private Vermietungen, Hotels gibt es keine. Man sollte stets bedenken, dass eine Übernachtung in einer Höhlenwohnung zwar eine wirklich besondere Erfahrung ist, aber nicht unbedingt jedermanns Geschmack trifft.

Casa Cueva El Mimo. Die Höhlenwohnung liegt in einem Nachbarort und ist gemütlich eingerichtet. Las Arbejas 38 A, Artenara, Tel. 649 99 26 36

Ferienhaus Mama Nieves. Dieses typische Höhlenhaus befindet sich direkt in Artenara. Calle del Párroco Domingo Báez 45, Artenara, Tel. 649 99 26 36

EINKAUFEN

Töpferzentrum Centro Alfarero. Vor Ort hergestellte, authentische Töpferwaren. Barrio Lugarejos, Tel. 928 66 61 17

INFORMATION

Kunsthandwerkszentrum im Tourismusbüro. Zu finden direkt an der Plaza vor der Dorfkirche San Matías. Calle Parroco Domingo Báez 13, Tel. 928 66 61 02

Autos Fehlanzeige. In diesen kleinen Gassen kommt man nur zu Fuß voran.

AUSFLÜGE RUND UM DIE INSEL

47 Tauchcenter
Mit großen und kleinen Fischen
auf Du und Du   256

48 Teneriffa
Insel der Kontraste   258

49 Fuerteventura
Von heißen Winden geprägt   262

50 Lanzarote
Insel aus Feuer   268

Ausflüge rund um die Insel

47 Tauchcenter
Mit großen und kleinen Fischen auf Du und Du

Die kanarischen Gewässer laden zu Aktivitäten im und rund um den Atlantik ein. Der Ozean ist ein wahrer Spielplatz für alle Wasserabenteurer. Empfehlenswert ist es, sich dabei in die Hände von Profis zu begeben. Andy von der Diving & Adventure Lounge bietet ein breit gefächertes Angebot an, das neben Tauchen auch andere Wasseraktivitäten wie Jetski, Kitesurfen, Hochseefischen oder Safaris an Land mit Buggy oder Jeep bietet.

Tauchen ist eine Sportart, die immer mehr Anhänger findet, es verspricht Einblicke in eine verborgene Welt. Der vulkanisch geprägte Meeresgrund vor der Künste Gran Canarias mit seinen imposanten Landschaften ist ein echtes Taucherparadies: plötzlich steil abfallende Gräben und Schluchten, Berge aus Vulkangestein, in dem Fische Schlupflöcher finden. Besondere Taucherlebnisse ermöglichen die lokalen Tauschschulen, die zahllose Ausflüge in allen Schwierigkeitsgraden organisieren. Wer bislang nichts mit Sauerstoffflasche und Taucherbrille am Hut hatte, kann den Urlaub auch für einen Anfängerkurs nutzen; die Kurse sind meist für Teilnehmer ab 14 Jahren konzipiert. Anfänger benötigen ein ärztliches Gutachten, das ihnen eine ausreichende körperliche Fitness bestätigt.

Vorangehende Doppelseite: Der 1000-jährige Drachenbaum von Icod de los Vinos auf Teneriffa.
Mitte: Delfine in freier Wildbahn zu beobachten, ist ein ergreifender Moment.
Unten: Schwarm von Zweibindenbrassen

Legenden auf dem Meeresgrund

Legenden erzählen, dass die Kanaren einst zum sagenhaften Inselreich Atlantis gehörten. Nicht weniger faszinierend sind jedoch die handfesten Relikte vergangener Zeiten vor Gran Canarias

Tauchcenter

Küsten: Schiffswracks, sichtbare Zeichen versunkener Hoffnungen und Träume. Bei deren Anblick erlebt man als Taucher gemischte Gefühle – Spannung und eine leichte Gänsehaut inklusive. Zu den bekanntesten Zielen der Wracktaucher gehört vor Gáldar eine alte Kanone, die zusammen mit einem Schiff im 17. oder 18. Jahrhundert untergegangen ist. Vor Puerto de Mogán im Südwesten hat sich ein altes Schiffswrack perfekt in das Ökosystem integriert. Heute ist es das Zuhause von Fischschwärmen und eine beliebte Attraktion bei Tauchgruppen. Bei Arguineguín sank 2003 vor El Pajar ein russisches Schiff, in das man durch die Bullaugen ganz hineintauchen kann. Noch interessanter ist das Wrack des 100 Meter langen Dampfschiffs »Alfonso XII.«, das in der Baja de Gando vor Telde liegt.

Tierische Begegnungen

Die meisten Tauchfreunde sind aber vor allem von der Begegnung mit der faszinierenden Tierwelt unter Wasser begeistert. Der Atlantik ist die Heimat vieler Fischarten, doch trifft man häufig auch auf ungewöhnliche Tiere wie beispielsweise Meeresschildkröten oder lustig vorbeihüpfende Seepferdchen. Sogar Delfine kann man mancherorts schwimmen und spielen sehen. Von den 87 bekannten Wal- und Delfinarten sind 29 in den kanarischen Gewässern zu finden. Highlights dieser Art sind nicht planbar, doch im Falle eines Falles ein unvergessliches Erlebnis. Ausflugsfahrten zu den Meeressäugern werden hauptsächlich im Süden der Insel angeboten. Vor allem in den Sporthäfen von Puerto de Mogán und Puerto Rico kann man bei verschiedenen Anbietern zwei- bis fünfstündige Ausflüge buchen, um Wale und Delfine zu beobachten. Es lohnt sich, die Preise und Angebote genau zu vergleichen. Ein ganz besonderes Naturerlebnis ist es auf jeden Fall.

Infos und Adressen

TAUCHGEBIETE
Infos: unter www.grancanaria.com

TAUCHZENTREN
Las Palmas. Centro de Buceo 7 Mares Las Canteras. Calle Tenerife 7, Las Canteras/Las Palmas, Tel. 928 46 00 35, www.7mares.es

Lavysub. Calle Joaquín Blanco Torrent, s/n, am Sporthafen, Las Palmas, Tel. 928 23 25 30, www.lavysub.com

Süden:
Agüita. Maspalomas, C / Los Tenderititos, im Einkaufszentrum C.C. Botánico, San Fernando/Maspalomas Tel. 928 77 76 28, www.aguita.es

Blue Explorers Dive Center. Paseo Maritimo de Playa de Taurito Loc. 4–5, Puerto de Mogán, Tel. 928 56 57 95, www.blue-explorers.com

Calipso Dive Center. Calle Einstein Loc. 18, Hotel Mirador, Maspalomas/Sonnenland, Tel. 928 76 94 64, www.divingcalypso.net

Canary Diving. Playa De Taurito, Mogán, Tel. 928 56 54 28, www.canarydiving.com

Diving & Adventure Lounge. C. C. Atlantic Beach Club 4a, Playa del Inglés – Sur, Tel. 648 13 79 30, da-lounge@web.de, www.divingadventurelounge.com

Diving Center Sun-Sub. Hotel Buenaventura, Plaza de Ansite s/n, Playa del Inglés, Tel. 928 77 81 65, www.sunsub.com

Puerto Rico Diving Centre. Europa Center, Puerto Rico, Tel. 928 56 05 12, www.divingcentergrancanaria.com

Ausflüge rund um die Insel

48 Teneriffa
Insel der Kontraste

Teneriffa liegt westlich von Gran Canaria und ist mit einer Fläche von rund 2034 Quadratkilometern die größte Insel der Kanaren. Ihr Wahrzeichen ist der 3718 Meter hohe Vulkan Teide, dessen majestätischer Gipfel bei guter Fernsicht auch von Gran Canaria aus zu sehen ist. Neben dem höchsten Berg Spaniens hat Teneriffa zudem eine kontrastreiche Landschaft zu bieten, die zumindest im Norden grüner ist als Gran Canaria.

Teneriffa ist eine Insel voller Gegensätze, bietet Einsamkeit und quirlige Städte, eine wüstenähnliche Landschaft im Süden und sattes Grün im Norden. Hier locken weite Strandlandschaften und versteckte Buchten, ein weitverzweigtes Wandernetz in den Bergen sowie stimmungsvolle historische Ortschaften. Der Süden erinnert an Gran Canaria, im Norden ist die Vegetation allerdings üppiger als auf der Nachbarinsel.

Zwischen den beiden Inseln Gran Canaria und Teneriffa bestehen zwei Fährverbindungen. Von Hauptstadt zu Hauptstadt, also von Las Palmas nach Santa Cruz de Tenerife, bringt einen die Fähre »Navierra Armas« in rund drei Stunden über den Atlantik. Die Route von Agaete an der Westküste Gran Canarias bis nach Santa Cruz auf Teneriffa bedient die Reederei Fred Olsen mit einer Schnellfähre, die die Strecke von Insel zu Insel in nur rund einer Stunde bewältigt. Bei der Überfahrt mit dem Boot kann man den eigenen Pkw mitnehmen. Alternativ gibt es Flugverbindungen vom Flughafen Gando auf Gran Canaria nach Teneriffa Süd oder Nord.

Mitte: Skyline von Santa Cruz bei Nacht
Unten: Das Auditorium Adán Martín ist das kulturelle Zentrum von Teneriffas Hauptstadt Santa Cruz. Es wurde von Santiago Calatrava entworfen.

Spaß im Siam Park

Highlights auf Teneriffa

Je nach Interesse und Dauer der Reise bieten sich verschiedene Ziele an. Ein reges kulturelles Leben findet man in der Hauptstadt Santa Cruz und im benachbarten La Laguna – ideal für ein Wochenende in der Stadt, das man mit dem Besuch eines Konzerts, einer Oper oder einer sonstigen Veranstaltung kombiniert. Zudem lockt vor den Toren der Hauptstadt Santa Cruz der Traumstrand Las Teresitas. Wanderer zieht es in die Naherholungsgebiete im wildromantisch zerklüfteten Anagagebirge an der Küste oder in den märchenhaften Esperanzawald. Dort ist die Luft vom Duft der Eukalyptusbäume erfüllt und der Forest Park bietet abenteuerliches Freizeitvergnügen beim Spaziergang zwischen den Baumwipfeln.

La Laguna ist von Santa Cruz aus mit der Straßenbahn zu erreichen. Die geschichtsträchtige UNESCO-Welterbestätte bietet als Universitätsstadt auch modernes Leben und eine bunte Kneipenszene. Das Tourismusbüro organisiert regelmäßig Stadtführungen, auch in deutscher Sprache.

An der Nordküste sind Puerto de la Cruz und das Orotavatal beliebte Ziele. In Puerto de la Cruz

Nicht verpassen

THEMENPARKS
Zwei Highlights für Tagesausflüge sind die völlig unterschiedlichen Themenparks Loro Parque und Siam-Park.

Der Siam-Park in Costa Adeje befindet sich im Süden Teneriffas. Er wird mit seinen unglaublichen Rutschen als größtes Wasserkönigreich in Europa angepriesen.

Im Norden erwartet den Besucher mit dem Loro Parque ein echter Superlativ. Er beheimatet Papageienarten, die teilweise vom Aussterben bedroht sind. Weitere Attraktionen sind die faszinierenden Shows der Orcas und die Vorführungen mit Delfinen, Seelöwen und Papageien. Ein Besuch im Loro Parque ist schon fast ein »Muss« für Besucher auf Teneriffa.

Siam-Park. Calle Finlandia s/n, Costa Adeje, Tel. 922 69 14 29, www.siampark.net, Eintritt: 32 €
Loro Parque. Carretera Punta Brava s/n, Puerto de la Cruz, 922 38 49 35, www.loroparque.com, Eintritt: 33 €

Ausflüge rund um die Insel

SEINE MAJESTÄT EL TEIDE

Einfach gut!

Ein unvergessliches Erlebnis bietet das rund 19 Hektar große Naturschutzgebiet Las Cañadas del Teide. In dieser faszinierenden Mondlandschaft am Fuß des Teide fühlt man sich wie auf einem anderen Stern. Die bizarren Lavafelsen dienten schon als Kulisse für die Neuverfilmung des Hollywood-Epos *Kampf der Titanen*. Vom Schutzgebiet aus fährt täglich eine Seilbahn auf den Gipfel des Teide. Wer aber bis ganz oben auf den Krater möchte, muss sich vorher anmelden. Am besten lässt man sich vor Ort in einem Tourismusbüro helfen. Als reizvolle Alternative kann man auch in einer Schutzhütte übernachten und von dort früh am Morgen auf den Gipfel steigen. Zauberhaft sind die Cañadas zudem im Mai, wenn die endemische rote Tajinaste blüht. Im Winter liegt in dieser Höhe manchmal sogar Schnee.

Seilbahn auf den Teide.
Tgl. 9–16 Uhr, hin und zurück
Erw./Kind 25 €/12,50 €.

konzentrieren sich die meisten Hotels und das touristische Angebot des Nordens, wobei sich der Fremdenverkehr harmonisch in das Leben der Einheimischen integriert. Das beschauliche, besonders charmante Puerto de la Cruz lockt Kurzbesucher zum Kunstfestival MUECA, zur Fiesta del Carmen Mitte Juli oder zum Karneval. Abwechslung bietet zudem der Loro Parque direkt vor der Stadt. La Orotava besticht mit historischem Flair und ist vor allem für seine Feierlichkeiten zu Fronleichnam bekannt: Auf dem Rathausplatz entsteht dann ein beeindruckendes Gemälde aus Vulkansand in den unterschiedlichsten Farbtönen.

Im Nordwesten beginnt hinter dem Weinstädtchen Icod de los Vinos mit dem berühmten Drachenbaum die Isla Baja. Zu diesem Nordwestzipfel der Insel gehören Garachico, Los Silos und Buenavista del Norte an der Küste sowie El Tanque in den Bergen. Das Gebiet ist eher ein Geheimtipp für Naturliebhaber und Wanderfreunde, die hier Abgeschiedenheit, Idylle und viel Natur finden. Das Dorf Garachico besaß einst den größten Hafen der Insel, der jedoch vor rund 200 Jahren bei einem Vulkanausbruch verschüttet wurde. Seit Mai 2012 dient dort ein Sport- und Fischereihafen wieder als (zumindest kleines) Tor zur Welt. Liebhaber von Künstlerpuppen und Teddybären finden im Ortsteil Santa Barbara in einer zauberhaften Finca das Puppenmuseum Artlandya.

Im touristisch geprägten Süden Teneriffas gibt es zahlreiche Unterkünfte, von einfachen Ferienanlagen bis zu Luxushotels. Hervorragende Golfplätze sorgen für sportliche Herausforderungen. Teneriffa und Gran Canaria stehen als die größten touristischen Zentren der Kanaren traditionell in Konkurrenz, doch hat jede Insel ihren ganz eigenen Reiz. Ein Ausflug auf die Nachbarinsel lohnt sich!

Teneriffa

Infos und Adressen

ÜBERNACHTEN

Santa Cruz:

Iberostar Hotel Mencey. Das frisch restaurierte historische Fünfsternehotel direkt an den Ramblas und dem Parque García Sanabria bietet eine moderne Ausstattung, Eleganz und einen tropischen Garten. Calle Doctor José Naveiras 38, Santa Cruz, Tel. 902 99 55 55, www.iberostar.com

Süden:

Gran Hotel Costa Adeje. Das Fünfsternehotel im Süden Teneriffas ist eine Luxusanlage mit tropischem Park, vier Pools und Wellnessbereich. Zur Hotelkette gehören noch andere, teilweise Viersternehotels im Süden. Avenida Bruselas 16, Costa Adeje, Tel. 922 71 94 21, www.gfhoteles.com

Osten:

Reserva Ambiental San Blas. Die schöne Ferienanlage mit See und weitläufigem tropischem Garten für die ganze Familie liegt in einem eigenen Barranco mit Naturschutzgebiet. Urbanización San Blas, Carretera Los Abrigos, San Miguel de Abona, Tel. 922 74 90 10, www.sanblas.eu

Norden:

Hotel Botánico. Das historische Fünfsternehotel gegenüber dem botanischen Garten lockt mit tropischem Garten, Pool, mehreren Restaurants und orientalischem Spa. Avenida Richard Yeoward 1, Puerto De La Cruz, Tel. 922 38 14 00, www.hotelbotanico.com

Westen:

Melia Hacienda del Conde

Das Luxushotel direkt an einem Golfplatz bietet moderne, elegante Zimmer in einer sehr schönen Anlage im Stil eines kanarischen Dorfes mit Meerblick. Calle La Finca, Buenavista del Norte, Tel. 922 06 17 00, www.melia.com

Schutzhütte auf dem Teide. Reservierung über das Büro der Seilbahn: Oficina del Teleférico, Calle San Francisco 5, 4. Stock, Santa Cruz, Tel. 922 01 04 40

ANREISE

Fähren:

Fred Olsen. Verbindung zwischen Agaete auf Gran Canaria und Santa Cruz de Tenerife. Hauptquartier: Fred. Olsen S.A. Polígono Industrial Añaza, Santa Cruz de Tenerife, Tel. 922 62 82 00, www.fredolsen.es

Navierra Armas. Verbindungen zwischen Las Palmas de Gran Canaria und Teneriffa, Lanzarote oder Fuerteventura sowie zwischen Fuerteventura und Lanzarote. Büro GC: Calle Juan Domínguez Pérez 2, El Sebadal/Las Palmas, Tel. 928 32 73 83. Oder direkt am Hafen, Muelle Sanapú, Puerto de La Luz, Las Palmas, Ticket-Telefon tgl. von 8 bis 20 Uhr, Tel. 902 45 65 00

Büro TF. Direkt am Hafen, Dársena de Anaga, Muelle de Enlace, Santa Cruz de Tenerife, Tel. 922 53 40 50, www.navieraarmas.com

Fluglinien:

Binter Airways. Flüge zwischen allen kanarischen Inseln, Ticketschalter am Flughafen von Teneriffa oder Gran Canaria geöffnet von 6 bis 21 Uhr, Ticketverkauf per Telefon 902 39 13 92, Kundentelefon 902 87 57 87, www.bintercanarias.com

Islas Airways. Interinsulärer Flugverkehr auch über Islas Airways, Ticketschalter auf den Flughäfen Gran Canaria und Tenerife Nord. Zentralbüro: Avenida Punta Anaga 36, Edificio Traysesa, Industriegebiet Cuevas Blancas, Santa Cruz de Tenerife, Tel. 922 38 99 33, www.islasnet.com

Moderne Hotelanlage in Santa Cruz de Tenerife

Ausflüge rund um die Insel

49 Fuerteventura
Von heißen Winden geprägt

Fuerteventura liegt nordöstlich von Gran Canaria nur rund 120 Kilometer von der marokkanischen Küste entfernt. Mit einer Fläche von 1660 Quadratkilometern ist Fuerteventura die zweitgrößte Kanarische Insel, zählt jedoch nur etwa 101 000 Bewohner – kaum mehr als eine durchschnittliche deutsche Stadt. Die höchste Erhebung der Insel, der Pico de la Zarza, ist bescheidene 807 Meter hoch.

Mitte: Aloe-Vera-Pflanze mit roter Blüte
Unten: Stürmische Wellen an der Westküste

Mit einem Alter von ungefähr 20,5 Millionen Jahren ist Fuerteventura die älteste Insel der Kanaren. Seitdem vor rund 4000 Jahren ihre letzten Vulkane verloschen, ist die Insel ruhig geblieben. Wind und Sonne setzen ihr jedoch täglich so zu, dass die Bodenerosion zu einem massiven Problem geworden ist. Fuerteventura trägt nicht umsonst den Beinamen »Wüsteninsel«, und selbst Dromedare sind hier heimisch. Sie wurden früher als Arbeitstiere in der Landwirtschaft eingesetzt, heute schaukeln Touristen auf den »Wüstenschiffen« über die Insel. Sand und Sonne sind die vorherrschenden Elemente auf Fuerteventura, für Besucher bedeutet dies vor allem weitläufige Traumstrände mit malerischen Dünen – ideal für den perfekten Badeurlaub. Trotz der Nähe zu Afrika sorgen der Atlantik und der Passatwind für angenehme, nicht zu heiße Temperaturen.

Eine Überfahrt mit der Fähre von Las Palmas auf Gran Canaria nach Morro Jable im Süden Fuerteventuras dauert etwa drei Stunden. Ein Übersetzen an die Ostküste nach Gran Tarajal oder in die Hauptstadt Puerto del Rosario im Nordosten ist mit sieben Stunden relativ lang und erfolgt über

Romantisches Morro Jable bei Nacht

Nacht. Alternativ bietet sich der Flug mit einer der kleinen Airlines an, die zwischen den Inseln fliegen.

Fuerteventura erfreut sich bei deutschen Urlaubern einer großen Beliebtheit, aber auch unter den Ortsansässigen findet man eine beachtliche deutsche Gemeinde. Wer im Sommer unbedingt Sonne und Strand pur haben möchte, der ist auf Fuerteventura richtig. Einwohner von anderen Inseln nutzen Fuerteventura gern für eine kleine Auszeit oder ein verlängertes Wochenende. Nach einem kleinen »Inselsprung« ist man schon in einer anderen Welt. Unter Feinschmeckern ist Fuerteventura für sein hervorragendes Meersalz bekannt, das in Salinen gewonnen wird. Selbst Gourmetköche schwören auf seine Qualität. Ein echter Genuss ist zudem der exzellente Ziegenkäse der Insel, der schon mehrfach Preise gewonnen hat. Darüber hinaus wird in großem Stil Aloe Vera angebaut, deren Heilkraft man auf den Kanaren seit Generationen zu schätzen weiß. Heute werden die Wirkstoffe auch gern in feuchtigkeitsspendenden Gesichtscremes verarbeitet. Aloe-Vera-Produkte und küchenfertig abgepacktes Meersalz erhält man in inseltypischen Geschäften.

Geheimtipp

HISTORISCHES FUERTEVENTURA

Das Ökomuseum Ecomuseo de Algocida liegt im Nordwesten der Insel am Dorfrand von Tefía. Dort wurden verlassene Bauernhöfe in einem Museumsdorf zu neuem Leben erweckt und man kann sich dort einen Eindruck vom Leben auf Fuerteventura verschaffen, bevor der Tourismus Einzug hielt. Dabei sind die Vorführungen der Handwerker besonders interessant.

401 Meter hoch liegt das Naturdenkmal La Montaña Tindaya bei La Oliva. Es soll schon zu Zeiten der Ureinwohne, eine heilige Stätte gewesen sein. Unter dem Projektnamen »Chillada« gibt es Pläne, den Berg auszuhöhlen und zu einem Museum der Leere zu machen.

Ecomuseo. Di–Sa 10–18 Uhr.
An der Landstraße FV-207, direkt an der Ortsausfahrt von Tefía, Puerto del Rosario.
Tel. 928 85 14 00,
www.majorero.com/laalcogida

Oben: Cotillo: Heller Sand und blaues Meer, so weit das Auge reicht.
Mitte: Windmühlen sind sehr charakteristisch auf Fuerteventura, hier die Molino von Antigua.
Unten: Frühling auf der Wüsteninsel
S. 266: Stolzer Reiter auf der Pferdeshow in Corralejo

Ausflüge rund um die Insel

Highlights auf Fuerteventura

Die Westküste von Fuerteventura ist steil und aufgrund gefährlicher Strömungen nicht zum Baden geeignet. Wahre Badeparadiese findet man hingegen an der Ostküste und im Norden bei Corralejo. Dieser Urlaubsort hat sich aus einem Fischerdorf entwickelt und ist für seine sandigen Traumstrände bekannt. Südöstlich erstrecken sich die seit 1982 geschützten Wanderdünen El Jable. Diese bis zu zehn Meter hohen Dünen aus zerriebenen Muschel- und Meeresschneckenschalen laden zu traumhaften Spaziergängen ein und zieren zahlreiche Postkarten als Fernweh weckendes Motiv. Zu dem Dünenparadies gehört außerdem die kleine vorgelagerte Insel Los Lobos. Zwischen Corralejo und dem rund elf Kilometer entfernten Strand Playa Blanca auf Lanzarote verkehrt im Stundentakt eine Fähre. Die Überfahrt dauert etwas mehr als eine halbe Stunde.

Fuerteventura ist aber nicht nur ein Eldorado für Sonnenanbeter, sondern auch ein Mekka für Wassersportler. Zum breit gefächerten Angebot gehören Wasser- und Jetskifahren, Tauchen und Schnorcheln, vor allem jedoch Surfen, Wind- und Kitesurfen. In diesen Disziplinen werden vor der Insel auch regelmäßig internationale Wettbewerbe ausgetragen.

Stadtleben sucht man auf Fuerteventura übrigens eher vergebens – selbst die Hauptstadt Puerto del Rosario ist vielmehr ein großes Dorf als eine echte Metropole. Der Fokus liegt auch hier mehr auf dem Strand- als auf dem Nachtleben. Vergnügungsmeilen oder Bars, die bis zum Morgengrauen öffnen, sucht der Urlauber vergeblich. Partygänger sind eindeutig auf der falschen Insel. Im Vergleich zu den anderen Kanareninseln ist Fuerteventura außerdem relativ teuer.

Fuerteventura

Inselrundfahrt

A Puerto del Rosario – Inselhauptstadt seit 1860
B La Oliva – Hier erhebt sich der imposante Montaña Tindaya, eine ehemalige Kultstätte der Ureinwohner. Nach jüngsten Plänen soll im Inneren des Berges ein »Museum der Leere« entstehen.
C Corralejo – unter Naturschutz stehende Dünen
D El Cotillo – ein malerischer Strand und der Vulkan Calderón Hondo, beliebtes Wanderziel
E Tefía – interessantes Freilichtmuseum
F Antigua – wunderschöne alte Herrenhäuser und eine große Windmühle
G Morro Jable auf der Halbinsel Jandía – kilometerlange Sandstrände und der Pico de la Zarza
H Costa Calma – die Lieblingsgemeinde der Deutschen mit Oasis Park, Palmenwald und Traumstrände
I Caleta de Fuste – ausgedehnte Strände und eine alte Burg

Fuerteventura

Infos und Adressen

ÜBERNACHTEN
Puerto del Rosario:
JM Puerto Rosario. Das gepflegte Drei-Sterne-Haus direkt am Hafen von Puerto del Rosario bietet Aussicht auf den Hafen und Kreuzfahrtschiffe, eine moderne Ausstattung und Stadtatmosphäre. Avenida Ruperto Gonzalez Negrin 9,
Tel. 928 85 94 64,
www.hoteljmpuertodelrosario.com

Süden:
H10 Tindaya. Das Vier-Sterne-Urlaubshotel bietet zwischen weißem Sand und türkisblauem Meer ein Thalasso-Wellness-Zentrum, einen Kinderclub und einen großen tropischen Park mit Poollandschaft. Calle Punta del Roquito, Costa Calma, Tel. 928 54 70 20, www.hotelh10tindaya.com

Osten:
Sheraton Fuerteventura Beach. Die luxuriöse Ferienanlage mit Thalasso-Wellness-Bereich liegt direkt am Strand und neben einem Golfplatz. Carretera FV-2 Km 11, Urb. Fuerteventura Golf Resort, Antigua, Tel. 928 49 51 00

Norden:
Atlantis Fuerteventura Resort. Die sehr schöne Ferienanlage im dörflichen Stil mit kleinen weißen Häuschen in einer exotischen Gartenanlage bietet sieben Pools und eine fantastische Lage direkt an den Dünen. Calle Las Dunas s/n, Corralejo,
Tel. 928 53 52 58, www.atlantishotels.com

Westen:
Cotillo Beach. An der touristisch wenig erschlossenen Westküste treffen sich im Cotillo Beach Hotel vor allem begeisterte Surfer. Das sommerlich frische Hotel bezaubert mit kanarisch-gemütlichem Urlaubsflair. Carretera Los Lagos, Puerto del Rosario/Cotillo, Tel. 928 53 88 48

Naviera Armas auf Fuerteventura. Am Hafen, Edificio Área de Puertos, Puerto de Morro Jable, Morrojable, Tel. 928 54 21 13,
www.navieraarmas.es

Weitere Flug- und Fährgesellschaften für die Anreise sind auf S. 261 gelistet.

Weiße Häuschen und blauer Himmel – diese Kombination ist typisch auf Fuerteventura.

Ausflüge rund um die Insel

50 Lanzarote
Insel aus Feuer

Lanzarote liegt im äußersten Nordosten des kanarischen Archipels nur rund 140 Kilometer von der nordwestafrikanischen Küste entfernt. Die »letzte« europäische Insel vor Afrika ist knapp 846 Quadratkilometer groß. Sie umfasst damit etwa elf Prozent der Gesamtfläche der Kanarischen Inseln. Lanzarote fasziniert mit bizarren vulkanischen Landschaften und ist seit 1993 ein UNESCO-Biosphärenreservat.

Vor rund 36 Millionen Jahren entstand Lanzarote durch die Kontinentalplattenverschiebung und unterseeische Eruptionen, und vor 15,5 Millionen Jahren wuchs sie über den Meeresspiegel hinaus. Zeugnisse der frühen Entstehungsgeschichte sind der älteste Gebirgszug Famara, Los Ajaches, die Rubicón-Ebene und Vulkane rund um Tías. Die letzten Eruptionen fanden zwischen 1730 und 1736 sowie 1824 in den sogenannten Feuerbergen, den Montañas del Fuego im Nationalpark Timanfaya statt. Dort reicht die Hitze aus dem Erdinneren aus, um Heuballen zu entfachen oder Eier zu kochen – bei Führungen durch den Nationalpark werden diese Naturkräfte gern vorgeführt. Auf einem Vulkan zu stehen ist faszinierend und unheimlich zugleich. Schwarzes Vulkangestein, dazwischen weiße Häuschen, die Akzente setzen, sind die Kontraste, die Lanzarote-Fans lieben. Südwestlich der Montañas del Fuego liegt die grüne Lagune bei El Golfo. Der Krater des Vulkans Montaña de Golfo ist teilweise im Meer versunken. Eine Lagune, die sich etwa 50 Meter vor der Küste gebildet hat, ist durch unterirdische Kanäle mit dem Atlantik verbunden und leuchtet dank zahlloser Algen fantastisch grün. Der Krater selbst öffnet sich als halbkreisförmiger

Mitte: Der Mirador del Rio. Er gewährt einen Ausblick auf die kleinen Inseln vor Lanzarote.
Unten: Jameos del Agua im Lavafeld des Vulkans Corona wurde von dem Künstler und Naturschützer César Manrique zu einer Kulturstätte gestaltet.

Lanzarote

Inselrundfahrt

A **Arrecife** – die Inselhauptstadt
B **Costa Teguise** – das größte touristische Zentrum Lanzarotes, in den 1970er-Jahren unter anderem von dem kanarischen Künstler und Architekten César Manrique mitgestaltet. Mehrere künstlich angelegte Sandstrände
C **Jameos del Agua** – Lavaröhren, eine begehbare grüne Höhle und ein Vulkanbecken
D **Órzola** – am nördlichsten Zipfel der Insel
E **La Graciosa** – nur per Boot zu erreichen
F **La Caleta de Famara** – hervorragende Fischrestaurants, eine hübsche Bucht und ein Wrack
G **Nationalpark Timanfaya** – Die Montañas del Fuego, die heißen Quellen und die Lavafelder hier sind ein »Muss«!
H **El Golfo** – eine berühmte grüne Lagune
I **Playa Blanca** – Traumstrand für Sonnenanbeter
J **Playas de Papagayo** – sechs Strände mit wundervoll weißem Sand, klarem Wasser und geschützten Buchten

Ausflüge rund um die Insel

NATIONALPARK TIMANFAYA AUF LANZAROTE

Seit 1824 hat es auf Lanzarote keinen Ausbruch mehr gegeben, dennoch ist die vulkanische Aktivität auf keiner anderen Kanareninsel so hautnah spürbar wie auf Lanzarote. Im weltberühmten Naturschutzgebiet Timanfaya sprudeln heiße Quellen und sind Erdlöcher so warm, dass man Eier darin garen kann. Hier gibt es unterirdische Lavatunnel, Vulkankessel und Kegel ehrfürchtig zu bestaunen. Die Vulkanberge strahlen je nach Sonneneinstrahlung bedrohlich schwarz oder leuchtend rot – ihr Beiname Montañas del Fuego, »Feuerberge«, bezieht sich auf dieses Farbenspiel und ihr feuriges Innenleben. Auch ein Ritt auf Dromedaren durch die Aschefelder ist ein beeindruckendes Erlebnis. Im zum Park gehörenden Restaurant El Diablo wird das Feuer des Vulkans noch heute zum Kochen benutzt. Empfohlene Besuchszeiten 9 bis 10.30 Uhr oder 15 bis 17 Uhr. Es werden halbstündig geführte Bustouren angeboten. Letzte Führung 17 Uhr, Restaurant: 9 bis 15.30 Uhr.
Eintritt: 8 Euro Erwachsene,
4 Euro Kinder von 7 bis 12 Jahre.
Tel. 928 84 00 56

Nicht verpassen

Strand zum Atlantik. Hier liegt man auf schwarz-grünem Sand aus Vulkangestein und Olivin. Ein weiteres Highlight sind die Papagayo-Strände bei Playa Blanca im Süden.

Heiß und doch mild

Lanzarote ist in jeder Hinsicht »heiß« und mit einer durchschnittlichen Niederschlagsmenge von 112 Millimetern Regen die trockenste Insel des Archipels. Dank des Trockenanbaus wachsen trotzdem Trauben und Tomaten. Sie nutzen die wasserspeichernde Eigenschaft des Vulkangesteins und dessen Fähigkeit, der kühleren Nachtluft die Feuchtigkeit zu entziehen. Die Regenwahrscheinlichkeit ist zwischen Januar und März am höchsten. Das meiste Trinkwasser wird durch Meerwasserentsalzungsanlagen gewonnen. Deshalb ist Wasser ein kostbares Gut. Die wasserverwöhnten Nordeuropäer verbrauchen in der Regel fast doppelt so viel Wasser am Tag wie die Einheimischen.

Inselschützer und Künstler

Auf dem Archipel ist der Name César Manrique allgegenwärtig. Der Maler, Bildhauer und Architekt wurde im April 1919 in Arrecife geboren und starb 1992 in Tahiche. Sein ehemaliges Wohnhaus ist heute ein Museum. Die großen Themen seines Lebens waren Kunst und Umweltschutz. Dass auf Lanzarote lange keine Gebäude mit mehr als drei Stockwerken gebaut werden durften, ist seinem Einfluss zu verdanken. Genauso das klassische Weiß der Häuser, mit Türen und Fensterläden, die blau oder grün leuchten. César Manrique schuf das Denkmal für den Campesino (Bauern) an der Landstraße zwischen Mozaga und San Bartolomé, den Aussichtspunkt Mirador de Rios in 475 Metern Höhe auf dem Famara, den künstlichen See bei Jameos del Agua und vieles mehr.

Lanzarote

Infos und Adressen

Der Charco de los Clicos in der grünen Lagune bei El Golfo

HOTELS AUF LANZAROTE

Arrecife: Grand Hotel. Das moderne Stadthotel ist zentral und in Hafennähe gelegen und bietet modernen Komfort. Avenida de Fred Olsen 1, Arrecife de Lanzarote, Tel. 928 80 61 23

Arrecife: Navierra Armas. Calle Jose Antonio 90, Arrecife, Tel. 902 17 32 72

Süden: H10 Timanfaya Palace. Das sehr schöne Viersternehotel im maurischen Stil bietet einen exotischen Garten mit Poollandschaft sowie moderne Zimmer mit stilvoller Eleganz und Meerblick. Calle Gran Canaria 1, Montaña Roja, Playa Blanca/Yaiza, Tel. 928 51 76 76, www.hotelh10timanfayapalace.com

Osten: Sands Beach Resort. Die familienfreundliche moderne Ferienanlage im Stil von 1001 Nacht bietet arabisch-afrikanisches Urlaubsflair direkt am Meer. Avenida Islas Canarias 18, Teguise, Tel. 928 59 58 20, www.sandsbeach.eu

Norden: El Varadero. Das kleine, einzige Hotel auf der unter Naturschutz stehenden Insel Graciosa bietet Einsamkeit und Ruhe – ein besonderes Erlebnis. Avenida Virgen del Mar 123, Teguise, Tel. 928 84 21 75

Westen: El Hotelito Del Golfo. Das zauberhafte kleine Hotel liegt direkt südlich des Nationalparks Timanfaya in einem charmanten ruhigen Fischerdorf ohne Nachtleben. Avenida Marítima 6, Yaiza, Tel. 34 928 17 32 72

Für Flug- und Fährgesellschaften, siehe S. 261.

Fischer auf dem Charco de San Gines in Arrecife

REISEINFOS

Gran Canaria von A–Z 274
Anreise, Autofahren und Mietwagen, Banken, Busse, Einkaufen, Geld, Hotels, Information, Inselküche, Medizinische Versorgung, Polizei, Rauchen, Sonnenschutz, Telefon, Trinkgeld, Zoll

Gran Canaria für Kinder und Familien 280

Kleiner Sprachführer 284

Die Kathedrale in Arucas bei Nacht

Reiseinfos

Anreise

Die meisten Touristen reisen per Flugzeug an. Chartermaschinen verbinden Gran Canaria regelmäßig mehrmals pro Woche mit Deutschland, Großbritannien, Österreich, Frankreich, Italien, den Niederlanden, Belgien und der Schweiz. Auch in osteuropäische Staaten und nach Russland bestehen jede Woche mehrere Flugverbindungen. Manche Reisende, die keine Direktflüge mehr ergattern können, greifen auf einen Umweg über das spanische Festland zurück. Von den spanischen Metropolen Barcelona und Madrid wird Gran Canaria von verschiedenen Gesellschaften mehrmals täglich, von anderen spanischen Großstädten im regelmäßigen Turnus angeflogen.

Autofahren und Mietwagen

Wer von einer Nachbarinsel mit Fährverbindung nach Gran Canaria übersetzt, für den lohnt es sich, mit dem eigenen Auto anzureisen. Ansonsten findet man auf der Insel auch ein großes Mietwagenangebot. Je nachdem, wo das Urlaubsdomizil liegt oder wie man seine Ferien gestalten möchte, kann man sich für die gesamte Dauer des Urlaubs oder nur für einige Tage, an denen man gezielt Ausflüge einplant, ein Auto mieten. Wer als Überwinterer den eigenen Pkw mitbringen möchte, muss sich auf eine lange Autofahrt einstellen. Vom Festland aus existiert jeweils eine wöchentliche Verbindung von Huelva oder von Cádiz aus nach Gran Canaria. Die Straßen auf Gran Canaria sind in der Regel in einem guten Zustand. Auch in den Bergen hat man keine Probleme. Es gelten die üblichen europäischen Verkehrsregeln. Die Promillegrenze liegt bei 0.25 Prozent. Die spanischen Versicherungen bieten im Falle einer Panne meist einen Abschleppservice an (inklusive). Am besten einfach den Vermieter informieren.

Banken

Es gibt ein weitverzweigtes Netz verschiedener Banken, darunter auch deutsche und englische Großbanken. In der Regel öffnen sie von Montag bis Freitag von 9 bis 14 Uhr. Manche Banken öffnen zusätzlich am Donnerstagnachmittag oder in den Urlaubsgebieten manchmal am Samstagvormittag.

Abenteuerlich winden sich die Serpentinenstraßen durch die romantische Landschaft, wie bei Mogán.

Aussicht vom Berg Arucas auf die Nordküste

Busse

Auf Gran Canaria gibt es ein gut ausgebautes öffentliches Verkehrsnetz. Von Ort zu Ort und über längere Distanzen von Nord nach Süd kommt man mit Bussen voran. In der Hauptstadt Las Palmas decken gelbe Linienbusse den Stadtverkehr ab. Die blauen Busse von Global fahren aus Las Palmas hinaus und verbinden es mit anderen Städten rund um die Insel. Im Süden kann man auch auf geführte Ausflüge zurückgreifen, die regelmäßig die Hauptattraktionen anfahren.

Einkaufen

In den Urlaubs- und Einkaufszentren oder im Stadtzentrum der Hauptstadt haben die Geschäfte in der Regel von 9 oder 10 Uhr morgens durchgehend bis 20 oder 22 Uhr geöffnet. Die Öffnungszeiten sind auf den Kanaren flexibel und variieren je nach Ort und Nachfrage. In Randbezirken oder in den Dörfern wird dagegen zwischen 13 und 17 Uhr eine Siesta eingelegt. Am Abend werden die Läden zwischen 19 und 20 Uhr geschlossen. Von Januar bis März sowie von Juli bis September kommen die Schnäppchenjäger im Schlussverkauf auf ihre Kosten. In Outlets findet man Artikel bekannter Marken zu reduzierten Sonderpreisen.

Geld

Die Kanarischen Inseln gehören zur Europäischen Union und zur Eurozone. Der Euro ist daher das gängige Zahlungsmittel. Ansonsten ist natürlich die Kreditkarte oder EC-Karte eine Alternative. Je nach Bank werden beim Abheben an Bankautomaten oder beim Bezahlen mit EC-Karten Gebühren berechnet. Diese sind je nach Bank unterschiedlich.

Reiseinfos

Am besten, man erkundigt sich in der Filiale zu Hause über mögliche Gebühren, ehe man in den Urlaub fährt. In den touristischen Zentren kann man in der Regel in Supermärkten, Lokalen, Hotels, Tankstellen etc. mit den üblichen EC- oder Kreditkarten zahlen. Fährt man allerdings in die Berge, sollte man vorsichtshalber genügend Bargeld einstecken. In den kleinen Familienbetrieben setzt man doch noch lieber auf Bares als auf »Plastikgeld«.

Hotels

Auf Gran Canaria steht eine große Auswahl moderner Urlaubshotels zur Verfügung. Je nach Budget und Vorliebe kann man von kleinen Pensionen bis zum Fünf-Sterne-Luxushotel fündig werden. In der letzten Zeit hat vor allem der sogenannte Rural-Tourismus an Beliebtheit gewonnen. Darunter versteht man kleine Landhotels oder auch Ferienhäuser, die in typisch kanarischen Anwesen eingerichtet wurden. Sie bieten dank ihres Lokalkolorits einen ganz besonderen Charme.

Information

Fremdenverkehrsbüro.
Pueblo Canario, Plaza de Las Palmeras 3,
Las Palmas de Gran Canaria,
Tel. 928 21 96 00, www.grancanaria.com

Deutsches Konsulat.
Calle Albareda 3, zweiter Stock,
Las Palmas/Santa Catalina,
Tel. 0034 928 49 18 80,
www.las-palmas.diplo.de

Öffnungszeiten für den Besucherverkehr:
Mo-Fr 9-12 Uhr (ausgenommen Feiertage) und nach telefonischer Vereinbarung

In Notfällen: Tel. 659 51 76 00

Im Restaurant »Meson Salmantino« in der Avenida de Canarias in Vecindario

Inselküche

Wie überall auf der Welt gibt es auch auf den Kanarischen Inseln bestimmte Gerichte, die trotz aller Einflüsse von außen einfach typisch für die Region sind. Besonders Kaninchen oder Ziege in Sauce, die in Meersalzwasser gekochten Runzelkartoffeln *Papas arrugadas* mit grüner oder roter Mojo-Sauce oder Eintöpfe gehören zu den Spezialitäten aus »Großmutters Küche«.

Medizinische Versorgung

In allen größeren kanarischen Gemeinden gibt es in der Regel ein Centro de Salud, ein Gesundheitszentrum, in dem Allgemeinmediziner arbeiten. Wer einen europäischen Versicherungsschein seiner gesetzlichen Krankenversicherung dabei hat, wird dort kostenlos behandelt. Privatversicherte können sich auch an niedergelassene Ärzte oder an private Zentren wenden. In der Regel streckt man dort als Patient die Behandlungskosten vor und bekommt sie dann zu Hause wieder von seiner Versicherung zurück.

Polizei

Obwohl die Kriminalitätsrate auf den Kanaren, auch bedingt durch die Insellage, sehr niedrig ist, gibt es eine relativ hohe Polizeipräsenz. Fast jede Gemeinde hat ihre lokale Polizei, die für kleine Straftaten oder Verkehrsregelungen bei Festen zuständig ist. Die Guardia Civil und die Nationalpolizei sind für internationale Fahndung, Raub und Gewaltverbrechen zuständig. Die Guardia Civil Tráfico führt Verkehrs- und Alkoholkontrollen durch. Neuerdings trifft man auch manchmal auf rot-schwarz gekleidete Beamte der Policia Canaria. Diese autonome Truppe untersteht der Kanarenregierung und arbeitet mit allen anderen Polizeieinheiten zusammen.

Eine Spezialität: gegrillter Ziegenkäse mit Tomatenmarmelade, Olivenöl und Toastbrot

Reiseinfos

Rauchen

Rauchen ist in Spanien in allen Restaurants, Bars, Diskotheken und öffentlichen Gebäuden verboten. Lediglich auf Terrassen unter freiem Himmel darf der Gastronom seinen Gästen das Rauchen erlauben. Auch vor Schulen und auf Kinderspielplätzen herrscht Rauchverbot.

Sonnenschutz

Die Sonneneinstrahlung auf Gran Canaria ist sehr intensiv. Daher sollte man immer auf einen ausreichenden Sonnenschutz während des Sonnenbades achten. Besonders am Anfang des Urlaubs sollte man die Sonnendosis gemächlich steigern, das gilt besonders für Kinder. Denken Sie unbedingt auch an eine schützende Sonnencreme, wenn eine leichte Brise weht und man die Temperaturen als eher kühl empfindet. Leicht wird dabei die Kraft der Sonne unterschätzt und man kommt mit einem Sonnenbrand nach Hause, den man sich völlig unbemerkt eingefangen hat.

Telefon

Spanien und damit auch Gran Canaria hat die Vorwahl 0034. Wer nach Deutschland telefonieren möchte, wählt die 0049, nach Österreich die 0043 oder in die Schweiz die 0041 vor. Danach wird die erste Null der Ortsvorwahl weggelassen. Es gibt auf Gran Canaria öffentliche Telefonzellen, die mit Karte oder Bargeld funktionieren. In Zeiten von Handy und Internet wird auf diese aber nur noch selten zurückgegriffen. Hotels und manche Lokale verfügen über WLAN-Verbindungen, über die man sich kostenlos ins Netz einklinken kann. Wer sich längere Zeit auf der Insel aufhält, nutzt meist eine Prepaid-Karte oder Modems. Die Deutsch-Canarische Telefongesellschaft bietet spezielle Tarife für deutsche Ansässige und Überwinterer sowie eine deutsche Telefonauskunft an. Das deutsche Kundentelefon ist vor Ort unter 928 145 111 erreichbar. Informationen dazu erhält man auf www.deutsch-canarische-tele.com oder im Büro im Edificio Mercurio 1, 2. Stock in Maspalomas. Die Nummer der deutschen Telefonauskunft ist 11841.

Speedboote können unter anderem am Strand Playa Anfi gemietet werden.

Lokal in la Vegueta und Triana

Trinkgeld

In der Regel ist das Trinkgeld in den Preisen enthalten. Da die Löhne und Gehälter auf den Kanaren aber sehr niedrig sind, freuen sich Kellner, Servicemitarbeiter oder Hotelangestellte über eine kleine Aufmerksamkeit.

Zoll

Nach Deutschland, Österreich und in die Schweiz darf Folgendes zollfrei mitgenommen werden:

200 Zigaretten oder 100 Zigarillos oder 50 Zigarren oder 250 Gramm Tabak; 1 Liter Spirituosen mit mehr als 22 Vol.-% Alkohol oder 2 Liter Spirituosen unter 22 Vol.-% Alkohol oder 4 Liter Wein oder 16 Liter Bier (Mindestalter 17 Jahre).

Waren in einem Wert von über 430 Euro müssen verzollt werden. Bei der Einreise müssen Bargeldbeträge über 10 000 € angemeldet werden. Kauft man Waren ein, die den Wert von 430 Euro überschreiten, müssen diese verzollt werden.

Olivenöl aus Gran Canaria erhält man in gut sortierten Souvenirgeschäften.

GRAN CANARIA
für Kinder und Familien

Sonne, aufregende Wasserrutschen und jede Menge Spaß – diese Mischung macht Kinderherzen glücklich.

Kinder sind auf den Kanaren allgemein sehr willkommen. Jede Gemeinde verfügt über wenigstens einen öffentlichen Spielplatz, auf dem sich die Kleinen nach Herzenslust austoben können. Sowohl in den Bergen als auch in der Nähe von Dörfern befinden sich Hinweisschilder mit der Aufschrift »Zona Recreativa«. Diese Wegweiser führen zu Plätzen, die mit Grill- und Spielzonen ausgestattet sind. Sie eignen sich ideal als Zwischenstopp bei einer längeren Fahrt.

Wasserabenteuer

Die bananenförmigen Boote aus Hartgummi werden von Motorbooten abgeschleppt. Die rasanten Fahrten sind jedoch erst für Kinder ab rund zehn Jahren geeignet und werden an mehreren Urlaubsstränden als Attraktion angeboten, darunter beispielsweise in Puerto Rico oder Playa del Inglés. Sie versprechen ein nasses Vergnügen mit ein wenig prickelndem Nervenkitzel.

Wal- und Delfinbeobachtung

Ein echtes Erlebnis sind die Ausfahrten zu Walen und Delfinen. Die Tiere hautnah in freier Wildbahn im Ozean zu erleben ist wirklich erhebend, und ganz nebenbei macht die Bootsfahrt auch noch sehr viel Spaß. Diese Aktivitäten werden zum Beispiel in Puerto Rico und Puerto de Mogán angeboten.

Cocodrilo Park

Diese Auffangstation für beschlagnahmte exotische Tiere ist vor allem für ihre zahlreichen Krokodile und Reptilien sowie die Krokodilshow bekannt. Erst in zweiter Linie, auch um sich zu finanzieren, wurde daraus ein zoologischer Garten mit Schwerpunkt auf Reptilien.

Carretera General, Los Corralillos, Villa de Agüimes, Tel. 928 78 47 25, Sommer So–Fr 10–18 Uhr, Winter 10–17 Uhr, www.cocodriloparkzoo.com

Museo y Parque Arqueológico Cueva Pintada

Das Archäologische Museum liegt direkt über einer historischen Fundstätte. Ein Spaziergang zwischen den Ruinen regt die Fantasie an.

Calle Audiencia 2, Gáldar, Di–Sa 9.30 bis 20 Uhr, Sonn- und Feiertage 11–20 Uhr, www.cuevapintada.com

Holiday World

Der Vergnügungspark Holiday World lockt ganzjährig mit zahlreichen Attraktionen, Karussells, Achterbahn und noch mehr Nervenkitzel, aber auch mit Kegelbahn und Restaurants. Am Eingang kauft man Wertgutscheine, die es in verschiedener Höhe gibt. Diese werden dann an den einzelnen Attraktionen abgestempelt.

Avda. Touroperador Tui, Maspalomas, Sommer tgl. 18–24 Uhr, Winter So–Do 17–23 Uhr, Fr–Sa bis 24 Uhr, www.holidayworld-maspalomas.es

Schon früh beginnen die kanarischen Jungen mit dem Wellenreiten.

Gran Canaria für Kinder und Familien

Gran Carting Club
Mit seiner Piste von 1,6 Kilometern Länge lockt der Gran Carting Club mit einer der längsten Kartstrecken Spaniens. Auf dieser Kartbahn werden auch Rennen ausgetragen.

Ctra. Gral. del Sur KM 46 (GC 500), Juncallilo del Sur, Tel. 928 15 71 90, www.grankartingclub.es

Wasserparks locken mit spannenden Rutschen, auf denen es mit Adrenalin ab ins Wasser geht.

Mundo Aborigen
Wie wohnten sie, was taten sie, wie lebten sie? Die Geschichte der Ureinwohner Gran Canarias kann man in diesem archäologischen Museum hautnah und spannend unter freiem Himmel nacherleben.

Macizo de Amurga, Carretera a Fataga bei KM 6, Fataga, Tel. 928 17 22 95, täglich 9–18 Uhr, www.facebook.com/pages/Mundo-Aborigen

Museo Elder
In diesem Museum für Technik und Wissenschaft in Las Palmas werden Physik und Biologie auf sehr spannende und unterhaltsame Art mit vielen Experimenten zum Selber- und Mitmachen der Gäste erklärt. Attraktionen für Kinder ab dem Schulalter sind unter anderem das Cockpit eines Flugzeugs mit Simulator, Skelette und themenbezogene 3-D-Filme. Das Museum kann für Kindergeburtstage mit einem anderthalbstündigen Programm gebucht werden.

Parque de Santa Catalina, Las Palmas de Gran Canaria, Tel. 828 01 18 28, Di–So 10–20 Uhr, www.museoelder.org

Palmitos-Park
Dieser zoologische Garten auf Gran Canaria wurde als Papageienpark gegründet und ist heute ein großer Erlebnispark für Tier- und Landschaftswelten. Highlights sind die Delfin- und die Greifvogelshow, das Aquarium, die Krokodile und Reptilien sowie die größte Orchideensammlung

Sandburgbauen und Schlammschlacht – das gehört zu einem Badeurlaub einfach dazu.

der Kanaren. Barranco de Los Palmitos s/n, Maspalomas, Tel. 928 79 70 70, tgl. 10–18 Uhr, Eintritt 28 € für Erwachsene, Kinder von 5 bis 10 Jahren 20 €, Kinder von 3 bis 4 Jahren 8 €, www.palmitospark.es

Happy Horse
Urlaubsglück auf vier Beinen. Die Natur lässt sich besonders spannend auf dem Rücken eines Pferdes erkunden, beispielsweise bei:

Happy Horse, Tel. 620 71 63 30, www.happy-horse.org

Sioux City
Eine echte Westernstadt für das ultimative Wildwest-Feeling. Hier kann man täglich Shows mit Cowboys, Indianern und Banditen besuchen sowie die größte Sammlung giftiger Schlangen der Kanaren bewundern. Freitags ist immer Barbecue-Nacht mit einer Spezialshow. Am besten ist man bis spätestens 11 Uhr vor Ort, damit man alle Tagesshows ansehen kann.

Barranco del Aguila, San Agustín, Di–So 10–17 Uhr, Barbecueparty Fr 20–24 Uhr, www.siouxcity.es

Angry Birds Activity Park
Nach dem Vorbild aus dem Computerspiel ist ein witziger Park entstanden, in dem Spaß und Spiel oberstes Programm sind.

Avenida de la Cornisa 2, Puerto Rico, Mogán, Tel. 928 15 39 76, Mo–Fr 10–21 Uhr, Sa–So 11–21 Uhr, www.activityparkcanarias.com

Kleiner Sprachführer

ALLGEMEIN
Hallo hola
Auf Wiedersehen hasta luego
Guten Morgen buenas días
Guten Tag/Abend buenas tardes
Gute Nacht buenas noches
Ja sí
Nein no
Bitte por favor
Danke gracias
Gern geschehen de nada
Entschuldigung perdona
Entschuldigung (Um Aufmerksamkeit bitten) disculpe
Ich heiße Me llamo
Woher sind Sie? ¿De donde viene Usted?
Ich bin aus Soy de
Deutschland Alemania
Österreich Austria
Schweiz Suiza
Wie geht es Ihnen? ¿Como está Usted?
Danke, sehr gut Gracias, estoy muy bien
Schön, Sie kennenzulernen Encantada conocerle
Sprechen Sie Deutsch? ¿Habla Usted Alemán?
Bitte sprechen Sie langsamer Por favor habla más despacio
Ich spreche nur wenig Spanisch No hablo mucho español
Das gefällt mir gut Esto me gusta
Was kostet das? ¿Cuando sale?
Das ist zu viel Es demasiado
Wie viel Uhr ist es? ¿Qué hora es?
Wo ist ...? ¿Donde está ...?
Ich muss gehen Tengo que irme
Montag lunes
Dienstag martes
Mittwoch miercoles
Donnerstag jueves
Freitag viernes
Samstag sábado
Sonntag domingo
Feiertag festivo
Arzt médico, doctor
Krankenhaus hospital

UNTERWEGS
Hilfe! Socorro
Helfen Sie mir bitte Ayudame por favor
Ich habe mich verlaufen Estoy perdido/a
Wo ist der nächste Supermarkt ¿Donde está el supermercado más próximo?
Wo ist die Bushaltestelle? ¿Donde está la parada de guaguas?
Wo ist der Flughafen? ¿Donde está el aeropuerto?
Wo ist die Autovermietung? ¿Donde está el alquiler de coche?
Ich suche ein Hotel Estoy buscando un hotel
Ich habe ein Zimmer reserviert He reservado una habitación
Ist noch ein Zimmer frei? ¿Hay una habitación disponible?
Ist das Frühstück im Preis inbegriffen? ¿El precio incluye el desayuno?

EINKAUFEN/RESTAURANT
Ich suche ... Estoy buscando ...
Haben Sie ...? ¿Tiene Usted ...?
Ich möchte bitte ... Quisiera por favor ...
Ich schaue mich nur um Solamente estoy mirando
Drogerie farmacia
Schuhe zapato
Kleidung ropa
Haben Sie das eine Größe kleiner/größer ¿Tiene Usted esto en una talla más pequeña/grande?
teuer/billig caro/barato

Sie sind sehr hübsch Usted es muy guapa
Die Rechnung bitte La cuenta por favor
Das Essen hat mir geschmeckt La comida ha sido muy rica

ESSEN UND TRINKEN

Frühstück desayuno
Mittagessen almuerzo
Abendessen cena
Essen comida
Fleisch carne
Schweinefleisch cerdo
Rindfleisch carne de res
Huhn pollo
Kaninchen conejo
Fisch pescado
Meeresfrüchte mariscos
Würstchen salchichas
Schinken jamón
Aufschnittwurst embutidos
Salz sal
Suppe sopa
Salat ensalada
Kartoffeln patatas
Nudeln pasta
Reis arroz
Hackfleischbällchen albóndigas
Hamburger hamburguesa
Gemüse verduras
Obst frutas
Apfel manzana
Banane plátano
Birne pera
Orange naranja
Pfirsich melocotón
Karotten zanahorias
Knoblauch ajo
Lauch puerro
Zwiebeln cebolla
Getränk bebida
Alkoholfrei sin alcohol
Bier cerveza
Kaffee café
Kaffee mit Milch café con leche
Mineralwasser aqua mineral (con/sin gas)
Apfelsaft jugo de manzana
Orangensaft jugo de naranja
Rotwein vino tinto
Schnaps aguardiente
Sekt cava/champagne
Tee té
Weißwein vino blanco
Zucker azúcar

SPEZIALITÄTEN:

Runzelkartoffeln papas arrugadas
Sauce rot/grün mojo rojo/verde
Kanarischer Eintopf (wörtlich: alte Klamotten) ropa vieja
Gulasch carne con salsa
Kaninchen in Sauce conejo en salmorejo
Ziegenfleisch carne de cabra
Ziegenkäse queso de cabra

SPEISEFISCHE

Da Fisch auf den Kanaren zu den absoluten Spezialitäten gehört und fangfrisch in die Pfanne oder auf den Grill kommt, ist es ganz nützlich, wenn man die einzelnen Sorten unterscheiden kann.
Fisch wird auf den Kanaren gekocht, frittiert oder *á la plancha*, das heißt aufgeschnitten und gegrillt, serviert. Letztere Version ist am meisten verbreitet und wird von viel Knoblauch begleitet.

Steinköhler abadejo
Thunfisch atún
Kabeljau bacalao
Silberbarsch cherne
Kalamar calamar
Goldbrasse dorada
Garnelen gambas
Napfschnecke lapa
See-/Wolfsbarsch lubina
Miesmuscheln mejillones
Pampano o. Bläuel pampano
Tintenfisch pulpo
Lachs salmón
Rotbrasse sama
Weißbrasse sargo
Hai tiburón
Papageifisch vieja

Register

Agaete 9, 21, 62 ff., 195, 258, 261
Agüimes 10, 19, 132, 136, 139, 140 ff., 237
  Cuevas del Gigante 141
Aldea-Tal 74 f.
Aloe Vera 262 f.
Altkanarier (bzw. Canary) 16, 20, 36, 42, 64, 66, 70 f., 82, 149 f., 156 ff., 166 ff., 172, 178, 184, 188, 194, 207 f., 212 f., 218, 224, 232, 234, 236, 238, 240, 246, 251, 252
Anden Verde 62, 69
Anfi del Mar 92 f.
Arguineguín 24, 80, 93 ff., 257
  Fiesta del Carmen 83, 97
  Parque Arguineguín 96
  Playa de la Lajilla 96
  Playa de Las Marañuelas 96
Arinaga 116 ff., 143
  Fiesta del Pino 137
  Fiesta Vará del Pescado 137
  Leuchtturm 136 ff.
  Montaña de Arinaga 136 ff.
  Museo de la Cal de Risco Verde 136
  Playa de Arinaga 138 f.
  Playa del Cabrón 138 f.
Artenara 11, 68, 75, 234, 247, 250 ff.
Arucas 151, 172 ff., 185, 190, 273, 275

Barranco de Azuaje 180, 184 f.
Barranco del Aguila 116, 118 f., 283
Barranco de Fataga 10, 121, 123, 159, 231, 234
Barranco de Guayadeque 11, 114, 140, 142 ff., 147, 158
Barranco de Maspalomas 103
Barranco de Moya 202

Barranco de Tirajana (Caldera, Krater) 219, 230 f., 234, 236

Caldera de Tejeda 246 f., 250, 252
Canarios 18, 24, 30, 53 f., 82, 88, 144, 222, 231, 252
Canary (s. Altkanarier)
Castillo del Romeral 22, 130 f.
Cenobio de Valerón 11, 194 f., 200
Cocodrilo Park 11, 142 f., 280
Cruz de Tejeda 222, 227, 242, 245 ff.

Fahrradverleih 34
Fataga 10, 13, 16, 114, 120 ff., 282
  Mundo Aborigen 10, 121, 123, 159, 282
Fiestas 34, 52 ff., 83, 137, 153, 208, 222
Firgas 184 ff.
  Fiesta de San Roque 185
FKK 58, 104, 112, 252
Fuerteventura 12, 14, 17, 20, 28, 261 ff.
  Puerto del Rosario 262 ff.

Gáldar 11, 64, 72, 159, 200 f., 206 ff., 257, 281
  Museo y Parque Arqueológico (Archäologiemuseum) Cueva Pintada 11, 72, 159, 200, 206 ff., 212, 281
Gay-Szene (gay-friendly, Gay Pride) 24, 55, 104, 111
Geschichte Gran Canarias 20 f.
Gofio (Gofiomühle) 122 f., 145, 179, 185 f., 198, 220, 225, 235
Golfen (Golfplatz, Golfhotel) 85 ff., 98 ff., 106, 117, 124 ff., 130, 148, 150, 155, 166, 169, 260 f., 267

Hochseeangeln (-fischen) 79, 90, 101, 256
Höhlenwohnungen (Wohnhöhlen) 15, 160 f., 168, 206 ff., 249 f., 253
Honig 145, 158, 161, 166, 173, 179, 198, 221, 229, 232, 248

Ingenio 142 f., 146 f.
  Playa del Burrero 147

Juncalillo del Sur 130 f.

Kaffee (-strauch, -bohnen) 63, 66 f.
Kamelsafari (-reiten, -ritte) 106, 109, 122 f.
Karneval 53 ff., 108, 153, 208, 260
Käse (Ziegenkäse, Frischkäse etc.) 73, 75, 142, 177, 179, 193, 198 ff., 221, 224 f., 238, 263, 277
Kitesurfen 32, 264
Klettern 217
Klima Gran Canarias 12 f., 23, 25, 125
Kultur (-geschichte) Gran Canarias 19, 156 ff.
Kunsthandwerk 37, 72, 96, 121, 146 f., 155, 166 f., 179, 183, 192, 200 f., 231, 252 f.

La Aldea de San Nicolás 10, 25, 65, 68 ff., 75
Cactualdea 25, 72 f.
  Fiesta de la Rama 64, 70
  Playa de Güi-Güi 69
La Vega de San Mateo 218 ff.
Lanzarote 12, 17, 20, 28, 261, 264, 268 ff.
  Arrecife 269 ff.
Las Palmas 9, 17 ff., 28 ff., 62, 65 ff., 70 f., 100, 107 f., 134, 136, 148 f., 153, 166 f., 181, 188, 195, 199, 218, 220, 223, 241, 245, 248, 251, 257 f., 261 f., 275 f., 282
  Casa Museo de Colón 37, 41
  Casa Museo Pérez Galdós 38 f., 41
  Castillo de San Cristóbal 37, 57
  Castillo de San Francisco 37, 57
  Centro Atlántico de Arte Moderno (CAAM) 31, 40 f.
  Fiestas 34, 53
  Jardin Canario 42 ff.
  La Isleta 46, 49, 56 ff.
  La Vegueta 28 ff., 41, 279
  Leuchtturm (Faro de la Isleta) 58
  Museo Canario 31, 36 f., 41, 66, 71, 149, 167, 251
  Museo de Arte Sacro 31
  Museo Elder de la Ciencia y la tecnologia 39 ff., 282
  Museen 36 ff.
  Parks 42 ff.
  Parque Doramas 42 f., 45, 205
  Parque Santa Catalina 29, 33 f., 43 ff.
  Playa de Las Alcaravaneras 34, 46, 48
  Playa de Las Canteras 29, 33 ff., 45 ff., 54, 56, 58 f.
  Playa Las Lajas 46, 48
  Poema del Mar 9, 50 f., 57
  Pueblo Canario 18, 28 f., 39, 41, 43, 45, 276
  Strände 46 ff.

Markt 83, 135, 192 f., 209 ff., 232
  Bauernmarkt 83, 96, 135, 166, 169, 179, 199, 201, 221, 225
  Fischmarkt 95
  Kunsthandwerkmarkt 81, 83, 149, 201, 203, 205

286

Wochenmarkt 96 f., 175
Maspalomas 55, 98, 100, 102 ff., 113, 123, 125 f., 130, 134, 231, 257, 281, 283
Dünen von Maspalomas 10, 102 ff., 113, 121, 125, 130, 230
Gay-Pride-Festival 24, 104
Holiday World Vergnügungspark 103, 105, 281
Leuchtturm 98, 102, 104 f., 107, 126
Palomitas Park 103
Playa de las Mujeres 107
Playa de Maspalomas 104
Playa de Pocito Bea 107
Meersalz 131, 263, 277
Meloneras 98 f., 106 f., 126, 231
Meloneras Golf 126 f.
Mineralwasser 64, 184 f.
Minigolf 88
Mogán 68 f., 73, 78, 82 ff., 87 ff., 95, 100, 107, 274, 283
Montaña Bermeja 160
Montaña de las Cuatro Puertas 160 f.
Mountainbike(-touren) 82 f., 220, 232
Moya 180 ff., 201

Olivenöl 49, 142, 198, 277, 279

Pasito Blanco 100 f., 126
Patalavaca 92 f.
Pflanzen- und Tierwelt Gran Canarias 14 ff.
Pico de las Nieves 218 f., 221 f., 242, 245
Playa de los Amadores 10, 84 ff., 89, 91
Playa de Morro Besudo 117
Playa del Aguila 117
Playa del Inglés 24, 84, 98, 104 f., 110 ff., 120, 231, 257, 281
Pozo Izquierdo 132 f.
Centro Internacional de Windsurf 133
Cutre Windsurf Center 133
Preso Canario 14
Puerto de Mogán 10, 78 ff., 95, 97, 114, 257, 281
Puerto Rico 10, 80, 83 f., 88 ff., 95, 257, 281, 283
Pinar de Inagua 89

Queso de Flor 199 ff.

Reiten (Reiter, Reitausflüge, Ponyreiten) 103, 109, 148, 150, 169, 220, 223, 232, 264
Roque de Bentayga 248
Roque Nublo (Berg, Nationalpark) 11, 17, 114, 120, 122, 219, 232, 240 ff., 250
Rum 172 ff., 232

Salinas de Tenefé 133
Saline 130 f., 136, 263
Salz (-gewinnung) 53, 133, 136
San Agustín 110, 116 ff., 122, 231, 283
Playa de las Burras 117
Westernstadt Sioux City 118 f., 283
San Bartolomé de Tirajana 54, 106 f., 110, 116, 130, 230 ff.
Santa Brígida 15, 30, 43, 166 ff., 219
Santa Lucia de Tirajana 134, 236 ff.
Santa María de Guía 194 f., 199 ff.
Sardina del Norte 212 ff.
Shopping (-paradies, -meile, -zentrum) 31, 111, 134, 163
Shuttle (-Boot, -Service, -Bus) 93, 95, 112, 123
Souvenir (-laden, -geschäft) 16, 39, 72, 81, 96, 99, 135, 142, 147, 155, 173, 181, 183, 200, 203, 279
Stausee 70, 74 f., 122, 227, 231, 233 ff., 237 ff., 242, 251
Surfen/Surfer (-wettbewerbe, -meisterschaften etc.) 30, 35, 47, 56, 58, 86, 93, 119, 131 ff., 208, 264, 267

Tamadaba (Parque Natural bzw. Pinar de) 62, 65, 85, 228, 242, 250 f.
Tauchen/Taucher (-center, -kurs, -gang etc.) 47, 79 f., 83, 86, 90, 101, 107, 112, 133, 138 f., 165, 213, 215, 256 f., 264
Taurito 84 ff.
Tejeda 11, 68, 89, 246 ff.
Telde 30, 148 ff., 160 ff., 206, 225, 231, 238, 257
Casa-Museo de León y Castillo 152 f., 155
Centro Comercial Las Terrazas 163

Fiesta de La Caña Dulce 153
Fiesta de la Traida del Agua 153
Museu de Arte Sacro 153, 155
Playa de la Garita 162
Playa de Melenara 163 f.
Playa de Tufia 163, 165
Playa Ojo de Garza 162
San Francisco (Kirche, Stadtviertel) 149, 152 ff.
San Juan (Kirche, Stadtviertel) 148, 151 ff.
Teneriffa 14, 16 f., 20 f., 30, 51, 54, 95, 97, 114, 130 f., 208, 214, 218 f., 240 f., 256, 258 ff.
Santa Cruz de Tenerife 20, 30, 258, 261
Teide 97, 114, 208, 218 f., 240 f., 258, 260 f.
Teror 179, 188 ff., 223
Töpfern (-waren, -werkstatt etc.) 37, 71 f., 157, 167, 169, 203, 252 f.
Töpferzentrum Centro Alfarero 253
Töpferzentrum (-museum) Centro Locero 15, 167, 169,

Valleseco 178 f., 182, 229
Valsequillo 153, 198 f., 220, 224 ff.
Vecindario 134 f., 239, 276
Avenida de Canarias 134 f., 276
Museo de la Zafra 135

Wandern (Wanderung) 11, 25, 65, 75, 89, 104, 114, 122 f., 205, 220, 227, 230, 233, 235, 239, 244, 247, 251
Wanderparadies 25, 242
Wanderrouten (-netz, -weg) 11, 25, 65, 141, 224, 233, 243, 247, 258
Wellenreiten 47, 93, 117, 164, 281
Wellness (-bereich, -zentrum, Spa, Thalasso) 35, 67, 87, 91, 99, 111, 117, 119, 249, 261, 267
Windsurfen (-surfer, -zentrum) 47, 117 ff., 132 f., 138, 147, 164, 204

Zeitgenössische Kunst 40 f.
Zucker 146
Zuckermühle 146 f., 150
Zuckerrohr 28, 64, 71, 81, 146, 150, 153, 173, 176 f., 185, 189

287

Impressum

Verantwortlich: Ulrich Jahn, Alina Gillen
Lektorat: Charlotte von Schelling
Korrektorat: Anke Höhne
Layout: Roman Bold & Black
Repro: LUDWIG:media
Kartografie: Kartographie Huber, Heike Block
Herstellung: Bettina Schippel
Printed in Slovenia by Florjancic

Sind Sie mit diesem Titel zufrieden? Dann würden wir uns über Ihre Weiterempfehlung freuen.

Erzählen Sie es im Freundeskreis, berichten Sie Ihrem Buchhändler, oder bewerten Sie bei Onlinekauf.

Und wenn Sie Kritik, Korrekturen Aktualisierungen haben, freuen wir uns über Ihre Nachricht an Bruckmann Verlag, Postfach 40 02 09, D-80702 München oder per E-Mail an lektorat@verlagshaus.de.

Unser komplettes Programm finden Sie unter

 www.bruckmann.de

Alle Angaben dieses Werkes wurden von den Autoren sorgfältig recherchiert und auf den neuesten Stand gebracht sowie vom Verlag geprüft. Für die Richtigkeit der Angaben kann jedoch keine Haftung übernommen werden.

Bildnachweis:
Alle Bilder des Innenteils und des Umschlags stammen von Christoph Mohr, außer:
Fotolia : 213 (macdivers), 256 o. (Täubel, F.), 256 u. (macdivers); Petra Oberhofer: S. 52, S. 54, 108 o., 108 u.; Shutterstock: S. 98 o. (Ivalin), S. 98 u. (holbox), S. 112 (gumbao); Ulrich Brodde: S. 51; Sabine Virgin: S. 50 o., loro parque medusas: S. 50 u.; Mauritius: S. 100 u. (mauritius images/Barrie Harwood/Alamy), S. 101 (mauritius images/Washington Imaging/Alamy), S. 159 (mauritius images/David Kilpatrick/Alamy); Look: S. 274 (Juergen Richter/Lookphotos)

Umschlag: Vorderseite
Detailbild: Kaktusfrüchte (Picture-Alliance/Bildagentur)
Porträt: Beim Mandelblütenfest in Tejada (Bildagentur Huber/Schmid, R.)
Hauptmotiv unten: Blick in das Tal von Agaete (Bildagentur Huber/Schmid, R.)
Rückseite
links: Kaskade in Paseo de Gran Canaria (Oleg Znamenskiy/Shutterstock)
rechts: Blick auf die Küste von Puerto de Mogan (Valery Bareta/Shutterstock)
Das sollten Sie sich nicht entgehen lassen: Frau spaziert durch Dünen von Maspalomas (ESK Imagery/Shutterstock)

Die Deutsche Nationalbibliothek verzeichnet diese Publikation in der Deutschen Nationalbibliografie; detaillierte bibliografische Daten sind im Internet über http://dnb.d-nb.de abrufbar.

2. überarbeitete Auflage
© 2017, 2012, Bruckmann Verlag GmbH, München

ISBN 978-3-7343-0844-4